让幸福通向未来

——哈尔滨市风华中学课程建设的实践研究

周瑛 主编
刘国华 王丽坤 副主编

黑龙江人民出版社

图书在版编目(CIP)数据

让幸福通向未来:哈尔滨市风华中学课程建设的实践研究 / 周瑛,刘国华,王丽坤主编. —哈尔滨:黑龙江人民出版社,2019.9(2021.8重印)
ISBN 978-7-207-11926-1

Ⅰ.①让… Ⅱ.①周…②刘…③王… Ⅲ.①中学—课程建设—研究—哈尔滨 Ⅳ.①G632.3

中国版本图书馆 CIP 数据核字(2019)第 212171 号

责任编辑:刘恺汐
责任校对:张志坚
封面设计:张 涛

让幸福通向未来
——哈尔滨市风华中学课程建设的实践研究

周 瑛 刘国华 王丽坤 主编

出版发行	黑龙江人民出版社
地　址	哈尔滨市南岗区宣庆小区 1 号楼（150008）
网　址	www.hljrmcbs.com
印　刷	三河市佳星印装有限公司
开　本	787×1092　1/16
印　张	22.25
字　数	350 千字
版次印次	2021年8月第1版第2次印刷
书　号	ISBN 978-7-207-11926-1
定　价	68.00 元

版权所有　侵权必究　　　　举报电话:(0451)82308054
法律顾问:北京市大成律师事务所哈尔滨分所律师赵学利、赵景波

目 录

第一章 学校学生培养模式 …………………………………… (1)
 第一节 办学理念 …………………………………………… (1)
 第二节 培养目标 …………………………………………… (11)
 第三节 发展愿景 …………………………………………… (16)

第二章 学校课程建设顶层设计 ……………………………… (25)
 第一节 总体思路 …………………………………………… (25)
 第二节 课程结构与设置 …………………………………… (34)
 第三节 实践路径 …………………………………………… (42)

第三章 国家课程的实践探索 ………………………………… (51)
 第一节 语文课程的资源构建与实施 ……………………… (52)
 第二节 数学课程的资源构建与实施 ……………………… (60)
 第三节 英语课程的资源构建与实施 ……………………… (71)
 第四节 物理课程的资源构建与实施 ……………………… (93)
 第五节 化学课程的资源构建与实施 ……………………… (100)
 第六节 政治课程的资源构建与实施 ……………………… (119)
 第七节 历史课程的资源构建与实施 ……………………… (132)
 第八节 地理课程的资源构建与实施 ……………………… (149)
 第九节 生物课程的资源构建与实施 ……………………… (161)

让幸福通向未来
——哈尔滨市风华中学课程建设的实践研究
RANG XINGFU TONGXIANG WEILAI
HAERBINSHI FENGHUA ZHONGXUE KECHENG JIANSHE DE SHIJIAN YANJIU

  第十节 音乐课程的资源构建与实施……………………（174）

  第十一节 美术课程的资源构建与实施……………………（185）

  第十二节 体育课程的资源构建与实施……………………（196）

  第十三节 信息技术课程的资源构建与实施………………（202）

第四章 校本课程的实践探索………………………………（212）

  第一节 舞蹈课程……………………………………………（219）

  第二节 合唱课程……………………………………………（221）

  第三节 尤克里里课程………………………………………（223）

  第四节 建筑模型课程………………………………………（225）

  第五节 素描课程……………………………………………（227）

  第六节 戏剧欣赏课程………………………………………（229）

  第七节 相遇鲁迅课程………………………………………（231）

  第八节 水浒人物谈…………………………………………（233）

  第九节 诗词诵读课程………………………………………（236）

  第十节 风华小驻——记者团课程………………………（239）

  第十一节 历史风云课程……………………………………（241）

  第十二节 天下地理课程……………………………………（244）

  第十三节 生物时代课程……………………………………（246）

  第十四节 趣味数学课程……………………………………（249）

  第十五节 化学探索课程……………………………………（251）

  第十六节 西方节日趣谈……………………………………（253）

  第十七节 英语影视欣赏……………………………………（255）

  第十八节 创客空间课程……………………………………（257）

  第十九节 篮球课程……………………………………………（259）

  第二十节 排球课程……………………………………………（260）

  第二十一节 啦啦操课程…………………………………（261）

第五章 德育活动系列课程的实践探索 (263)
  第一节 德育活动课程实施方案 (264)
  第二节 德育活动课程内容及实施 (270)
  第三节 德育活动课程的实施示例 (277)

第六章 学校教学常规管理 (289)
  第一节 教学常规管理概述 (289)
  第二节 教学常规管理制度 (295)
  第三节 风华中学教学档案 (302)

后记 (349)

第一章　学校学生培养模式

第一节　办学理念

一、理念

"理念"(Idea)一词是指理智的对象或理解到的东西。柏拉图哲学中的"观念"通常被译为理念,康德、黑格尔等人的哲学中的观念是指理性领域内的概念,有时也译作"理念"。由于世界观和方法论的不同,不同的人对理念的理解和使用也有所不同。《辞海》(1989)对"理念"一词的解释有两条,一是"看法、思想。思维活动的结果",二是"理论,观念(希腊文 idea)。通常指思想。有时亦指表象或客观事物在人脑里留下的概括的形象"(《辞海》第1 367页)。理念与观念关联。上升到理性高度的观念叫"理念"。百度百科对此的解释是:人类以自己的语言形式来诠释现象——事与物时,所归纳或总结的思想、观念、概念与法则,称之为:理念。如:人生理念、哲学理念、学习理念、时空认知理念、成功理念、办学理念、推销理念、投资理念或教育理念等等。《新现代汉语词典》把"理念"注释为"观念"。《汉语大词典》则把"理念"直解为"理性概括"。王战军在《中国研究型大学建设与发展》一书中提出,"理念"可以看作是一个能反映某类事物或现象中每个个体或个别现象的普遍概念,它既包括认识思想、价值观、信念、意识、理性、理想等,又涵盖诸如目的、目标、宗旨、原则、追求等抽象思维的表现物。

二、教育理念

当前学者对教育理念的认识主要有如下三种观点:

（1）教育理念是人们在教育实践过程中形成的对教育发展的指向性的理性认识。

（2）教育理念是人们追求的教育。

理想，是建立在教育规律基础之上的一种"远见卓识"，它能正确反映教育的本质和时代的特征，科学地指明教育前进的方向，也是实施教育行为的方法论。

（3）教育理念是关于教育发展的一种理想的、永恒的、精神性的范型。

三、办学理念

（一）办学理念

沈曙虹 2013.10.《江苏教育》

（1）有学者认为办学理念是指随时代进步而变化的、影响和决定学校整体发展的、反映教育本质要求的、来源于办学实践又作用于办学实践的理性认识和价值追求；（2）有的认为办学理念是校长基于"办怎样的学校"和"怎样办好学校"的深层次思考的结晶；（3）有的认为办学理念即学校发展中的一系列教育观念、教育思想及其教育价值所追求的集合体，是学校自主建构起来的教育哲学；（4）有的认为办学理念是建立在对教育规律和时代特征深刻认识基础之上的，它回答的是"学校是什么""学校具有什么使命""学校发挥什么作用"等一些基本问题；（5）还有人将其界定为学校成员创造并共享的核心教育观念，集中反映了学校的价值追求，决定着学校的发展方向。

以上界定都在一定程度上揭示了办学理念的特征，但也存在思考不周密之处。第一种说法失之于笼统，第二种说法过于强调校长个人的作用，第三种说法将办学理念等同于一般的教育观念，第四种说法缺乏对办学理念涉及诸问题的提炼，第五种说法则没有表达出办学理念的丰富性。综上所述，我们认为，办学理念是学校全体成员创造并共享的核心价值，以及在核心价值的统领下对学校办学思想、管理观念、学校文化、办学特色等的理性表述和实践行为准则。

办学理念主要包括办学思想、学校文化、管理理念和办学特色等。

（二）办学思想

是教育理念、信仰、价值观在学校教育教学工作中的体现，是学校发展的基本指导思想,办学思想现代化主要体现在学校将立德树人作为根本任务的教育理念的形成,国家教育方针政策的贯彻落实,面向世界、面向未来的发展眼光。

(三)学校文化

广义的学校文化是指由全体师生在学校长期的教育实践过程中积淀和创造出来的,并为其成员所认同和遵循的价值观、精神、行为准则及其规章制度、行为方式、物质设施等。学校文化既包括了校园建筑、环境布置等显性的要素,也包括了人际环境、心理环境等隐性要素。学校文化实质上是种德育隐性课程,能够对学生进行道德熏陶,帮助学生在潜移默化中接受道德规范,实现道德成长。

(四)学校管理理念

是在特定的环境下,学校管理者实现教育目的过程中所遵循的基本原则和理性认识。

(五)办学特色

特色最根本的要义就是不同寻常,或者说它的本质属性就是差异,有属于自己的独立个性。共性是基础,特色是卓越。追求特色是当代中国教育的主题之一。教育特色是围绕办学理念而展开的教育活动,它是对办学理念的践行、丰富、发展和完善,它能发展为学校的亮丽名片,沉淀为学校的办学品牌。

四、学校的办学理念及解读

(一)办学理念:"让幸福通向未来"

内涵:风华中学的办学理念是继承风华传统,弘扬民族文化,吸收现代办学思想,面向人的未来发展,融会自身办学思想与实践的结晶。风华中学自1983年建校以来,从企业办学到政府办学,从小规模办学到两个校舍共同办学,始终坚持党的教育方针,把"立德树人"放在首位,把"培养德智体美劳"全面发展的人放在首位,始终坚持"德育为首、全面提高"的办学思想。办学理念也逐步由"爱成就未来"上升为"幸福·未来",再到现在的"让幸福通向未来"。实践与提升过程中,我们认识到:学校教育的目的在于为人生造福,不仅为教师造福,并通过教师为学生造福;教育的目的是让人幸福快乐,让人幸福快乐首先应让人在受教育的过程中感到幸福快乐,应该让所

有与教育发生关系的人过一种幸福完整的生活。因此我们认为教育就是以"使别人并使自己快乐幸福"作为自身价值的体现。学校领导将教师作为自己的服务对象,教师将学生作为自己的服务对象,学校中每一个人都是唯一的、宝贵的、值得尊重的。学校生活每一天都应是快乐愉悦的,幸福甜美的。

外延:风(Feng)华(Hua)二字全拼首字母为FH,英文单词未来(Future)、幸福(Happiness)首字母也为FH。

(二)风华LOGO

在继承风华优秀传统精神元素的基础上,风华LOGO寻求新的探索和突破,经过多次推敲,确定了承载着风华师生美好愿景的LOGO。

LOGO轮廓像一棵高耸屹立的大树,郁郁葱葱,枝繁叶茂,寓意教育事业是"十年树木,百年树人"的事业,教育是关乎民族、关乎国家、关乎未来的大事业;同时寓意着风华学校蓬勃生机,蒸蒸日上,风华学子健康成长,早成栋梁。

LOGO主体由艺术加工的"风华"二字组成,具备强烈视觉传达效果,体现标识具体内容——风华中学校名。在主体中,"风"字由曲线构成,显示出线条柔美,代表性格温婉的女生;"华"字由直线构成,显示出线条硬朗,代表性格阳刚的男生。此二字构成的寓意为阴阳相济的柔和,学生共处的和谐之美,从现代美学角度体现传统文化的精髓。"华"字在处理过程中侧重体现出一种中式传统建筑的结构感,正如世博会上的中国馆,这种中式的榫卯结构是一种异常坚固的建筑结构,是人类建造史上的创举,以此结构构图,寓意风华以优秀的教学为坚实基础,秉承中华五千年来的优良传统,支撑起学生们的美好未来。

LOGO整体色调为蓝色,寓意着青春,充满现代科技感,同时也符合学校的传统色调,我们将此蓝色命名为"风华蓝"。外包围的圆形使整个LOGO显得更加圆润,英文标识使LOGO更具国际化,"1983"字样则显著标识了学校的开创时间。

LOGO刚柔相济,色彩青春亮丽,在现代设计中蕴含中华古典的智慧。校园设计中处处可现风华LOGO,每个班级教室都挂有风华LOGO设计的风华钟表,给每个风华学子以审美的愉悦,更有精神的力量。

(三)环境文化

1.立己达人石

"立己达人"出自《论语·雍也》"己欲立而立人,己欲达而达人",这是孔子的重要思想,也是实行"仁"的重要原则。如果能够"推己及人"也就做到了"仁"。这也是儒家道德修养中用于处理人际关系的重要原则,即忠恕,忠恕要求根据自己内心的体验来推测别人的思想感受,达到推己及人的目的。

"立己达人"石就是希望风华学子能够以"推己及人"的情怀来面对世界,以"忠恕"之思想来友爱他人,以"仁爱"之心来包容万物。

"立己达人"石背后刻有孟照飞老师所作的《风华赋》,读之使人心潮澎湃,激情满怀,爱校之心油然而生:"美哉风华,名激松江之水;壮哉风华,誉满冰城万家……风华师魂,境界高伟,学高德高,无愧师范……美哉我风华学子,金玉兮满堂;壮哉我学子风华,琮璜兮璀璨!

雄哉风华,山登绝顶我为峰;浩哉风华,海到尽头天作岸!"

2. 四维卷

中华文明,早在春秋时期起,国之四维——礼、义、廉、耻始终是中华民族的治国根本。《管子·牧民》说,礼义廉耻,国之四维,四维不张,国乃灭亡。意思是:如果礼义廉耻不能得到推行,国家就会灭亡。

孙中山先生在《三民主义》中树立了"礼义廉耻"和"忠孝仁爱"的公民道德观作为国民道德。如今将传统与现代价值观相融合,推出风华之四维——"忠孝礼廉"。在现代社会中,忠为立世之基,孝为为人之本,礼为处世之道,廉为做人之律,风华学子应以此四维为立世处世之根本,行为规范之准则,做人做事之圭臬,传承中华之根,流淌华夏之血,做一个堂堂正正中国人!

3. 德润亭

德润亭取"以德润身,以文化人"的意义。"德润"出自孔子《中庸》,原文是:富润屋,德润身。意思是:富裕可以养护好房屋,然而对身体的爱护、滋润及保养却要靠"仁德"。正所谓:修身、齐家、治国、平天下,良好品德的形成是青少年成长道路的奠基石。

德润亭设置楹联一副:

志道据德慎独修身,立己达人济世经国。

"志道"就是探索高效学习新方法、探索人才成长新途径;"据德"就是教师要用高尚的师德影响学生,用健全的人格感染学生;学生要持续修身,争做"品德高尚、身心健康、学业优秀、个性鲜明"的时代英才。

4. 知行廊

知行廊取"知行合一"之意。"知行合一"语出王阳明,中国古代哲学家认为,不仅要认识("知"),尤其应当实践("行"),只有把"知"和"行"统一起来,才能称得上"善",秉承"良知",在日用行事中省察自己的内心。

其含义有二:

知中有行,行中有知。如果不去行动,不能算是真知。

以知为行,知决定行。王守仁说:"知是行的主意,行是知的功夫;知是行之始,行是知之成。"

德润亭设置楹联两副:

行矣知矣知行合一,知之行之知行共进。

日新其德仁智修双,三省吾身知行合一。

"三省吾身"出自《论语·学而》,代指自觉地反复检查自己的行为。"日新其德"出自传说中的商汤《盘铭》:"苟日新,日日新,又日新。"比喻不断洗涤自己的灵魂,不断提高自己的品德。"知行""仁智"是先哲思索的哲学命题,知是认识,行是实践;仁智是孔子提倡的两个主要品德,即良心和理性。本联的意思是:经常反省自己,关键要注意做到知行合一,而每天坚持进步,在良知与理性上都有成长。

5. "三省"组雕

概念取自"吾日三省吾身",取思考自省之意。原文为:孔子曰:"吾日三省吾身:为人谋而不忠乎?与朋友交而不信乎?传不习乎?"

组雕样式选取三朵玉兰花花苞形态。

玉兰花弃妖冶之色,去轻佻之态,无意与群芳争艳,不惹蜂蝶狂舞。它不选择在温暖舒适的暮春中吐艳,而在冷雨中挺立,在寒风中怒放。无论高缀枝头,还是飘落在地,始终保持着一尘不染的品格。即使埋入泥土,也是一片芳心一片情,洁白无瑕。身披圣洁白纱的白玉兰,把芬芳在人间播散,洁白的白玉兰从不与百花争颜色,执意把春讯传达给人间。

白玉兰花象征高洁、向上、从容、优雅。

屈原《离骚》"朝饮木兰之坠露兮,夕餐菊之落英",喻示君子当卓尔不群,高洁傲岸,不同流合污,不随波逐流。

《晋书·谢安传》"譬如芝兰玉树,欲使其生于庭阶耳"。成语"芝兰玉树"语出于此,喻指有出息的子弟,有作为的青年。喻示风华学子当自强,向上有为肯担当;积极进取勤奋进,振兴中华好儿郎。

《玉兰》一诗曾这样赞颂玉兰花:"净若清荷尘不染,色如白云美若仙。微风轻拂香四溢,亭亭玉立倚栏杆。"玉兰绰约姿态,优雅风韵,从容气度,高洁形象于此诗中可见一斑。

风华学子要学习玉兰之品格,要有独立的人格,高洁的风骨;要有从容的气度,宽容的雅量;要有优雅的生命,高贵的精神;要有积极的状态,向上的人生!

6.桃李仿真树

所谓十年树木,百年树人。桃李就是教师百年"树人"所得的硕果,往往比喻老师辛勤栽培的学生。《韩诗外传》卷七:"夫春树桃李,夏得阴其下,秋得食其实。"后遂以"桃李"比喻栽培的后辈和所教的门生。

"桃李满天下"就是说老师教育出来的优秀学生遍布全世界,赞美教师辛勤育人。盛开的桃树、李树寓意教师的事业是桃李天下的事业,是培育花朵的事业,是孕育果实的事业,是春天的事业。

同时,桃树、李树中间直通进入大厅的小路,也取义"桃李不言,下自成蹊"之意。"桃李不言,下自成蹊"出自《史记·李将军列传》,比喻为人真诚,严于律己,自然会感动别人,自然会受到人们的敬仰。

人海的深处是平静的,花朵的一生是无声的,巍峨的山峦是缄默的。大自然中许多蔚为壮观的生命往往以沉默示人,而人的生命是否亦当如此?"桃李不言,下自成蹊",即喻指教育工作者用自己高尚的人格,真诚的态度,严谨的品质,勤奋的精神赢得学生和家长的尊敬和爱戴,也喻指风华人的精神,用持之以恒、坚持不懈、默默奉献、无私付出赢得社会各界的认可和尊重。

7."善"书馆

图书馆设计的主题体现"善"字。我们以一面"善"字造型的隔断,作为突显主题的点睛之笔,学生阅读区的沙发亦以"善"字拼音首写字母"S"为造型,后期再辅以扇面造型的软装(扇谐音"善"),多角度立体地表现主题。

"善",这是一个饱含中国传统韵味的文字。"善"是中华传统文化中最重要的特质和核心价值。《国语·晋语》说:"善,德之基也。"宣传和弘扬"善文化"既是传承嘉善传统人文美德的需要,也是弘扬时代精神、引领道德价值取向的需要。图书馆中的"善"文化首先是告诫所有的读书人:读书的一个重要目的就是做人要善良,要做一个好人,这也体现学校"与人为善"的育人宗旨。同时也是在提醒学生:学习一定要做到"善学""善思""善问",不能浅尝辄止,浮光掠影。

图书馆入口处的玄关处理简洁,这在中国传统建筑理论中称为"照壁"。经过千百年的文化积淀,照壁已经从最初挡风、遮蔽视线的作用慢慢演化为传达建筑人文情怀的艺术品。在风华图书馆的照壁上,有一方印章,为小篆刻字"阅者爱书"。"阅者爱书"是一个普通读者对待书籍应有的态度,所以入口抬眼便能看见这四个字,希望所有进入风华图书馆的读者都能成为爱书之人。而且此四字还可以读为"爱书者阅""书,爱者阅"等,均可体现读书人对待书的态度。

整个图书馆分为教师阅览区、学生阅览区、电子阅览区、集中阅览区四大部分,对应相应的功能定位,使得图书馆不再是一个功能单一的使用空间。尤其值得一提的是图书馆的阳光花园,花园中植物常绿,给北方冰雪校园带来江南小桥流水的舒适,在闲适中畅游于浩瀚书海,翱翔于知识天空。纵观全局,既融合了中国传统、又体现了现代审美,风华图书馆值得看、值得品,正以一个完全开放的姿态迎接每一个爱书的人。

8. 精神文化

学风:笃学　善思　竞优　创新
教风:严谨　睿智　多元　合作
校风:朴实　求真　规范　和谐
校训:诚实　团结　勤奋　进取

9.《风华赋》

天地元气激荡,生发雄风;伏羲轩辕开辟,肇育中华。始知"风华"渊深裔皇,秉持天地雅正,流淌血脉华夏。自为庠校,沃土育葩。卅载求索敬勉,气象蒸蒸日上;六年继往开来,桃李灼灼其华。美哉风华,名激松江之水;壮哉风华,誉满冰城万家。

民族文化为源,先进理念扬帆。回溯人性之根本,确立人生之大端。让幸福通向未来,让生命得以成全。珍视人之天性,尊顺人之自然;依重人之能动,导引人之应然;祈向人之自主,启迪人之超然。诚实团结勤奋进取,严谨睿智合作多元,笃学善思竞优创新,朴实求真和谐规范。风华文化,居高瞻远!

学苑沃兮兰芷来,园丁勤兮葳蕤绚。立己达人,黾勉不倦;甘为人梯,红烛春蚕。远奢华而心定,近淡泊而意酣。风扶摇而直上,翼奋展而垂天。风华师魂,境界高伟,学高德高,无愧师范!

风华学子,学优德焕。健康阳光文明,优秀乐学友善。生命旺盛兮精神高贵,智慧卓越兮情感丰满。志道据德,跨入高校之门;依仁游艺,走进堂奥之殿。美哉我风华学子,金玉兮满堂;壮哉我学子风华,琼瑶兮璀璨!

雄哉风华,山登绝顶我为峰;浩哉风华,海到尽头天作岸!虹桥千架,但由吾而直贯;崇山百座,亦有吾而勇攀。振奋民族,义不容辞;圆梦中华,由吾荷担!

(一)管理理念

尊重、理解、包容、责任、和谐

"没有规矩,无以成方圆。"多年来,学校在充分征求教师意见的基础上,出台了涉及考勤、评优、常规管理等各类制度。在管理过程中,我们尊重制度,更注重行为管理向文化管理转化。

文化管理是一种以人为本的管理模式,其本质是以人为本,以人的全面发展为目标,通过共同价值观的培育,在系统内部营造一种健康和谐的文化氛围,使全体成员的身心能够融入系统中来,变被动管理为自我约束,在实现学校发展最大化的同时,实现个人价值的最大化。

学校文化管理的核心是"尊重、理解、包容、责任、和谐"。班子成员每天站在前厅微笑着迎送教师,是对教师一天劳动成果的尊重;教师放学后把学生送到操场行礼问好,是师生之间劳动成果的相互尊重。开展丰富多彩的教师文体活动,增进教师间的理解;特殊节日录制短片,唤起家属对教师工作的理解。孩子生病导致的迟到,值班领导不必追究,因为他的孩子还在医院;有的学生考试从来不及格,教师不必指责,因为他已经尽力了。毕业班月考结束后,领导与每科老师们一起进行质量分析到深夜;一天的工作结束后,班主任与学生和家长进行沟通和交流到很晚;学生生病了而又联系不上家长,老师会第一时间把孩子送到医院;学生与家长闹矛盾了,班主任会放下自己的家庭与孩子,到学生家去做思想工作;政治、历史、地理、生物结业考试,老师们会牺牲自己的休息时间,给孩子义务辅导……所有这些,营设出学校领导与教师的和谐,教师与家长的和谐,教师与学生的和谐,最终促进了学校的发展和谐。

文化管理造就了教师的行为自觉:老师们主动研究、潜心育人;文化管理造就了学生的行为自觉:学生主动学习、乐于探究。所以学校管理者听课,不再只关注课的优劣,更关注如何挖掘每位教师的特点,帮助其成为有风格的教师;教师教课,不再只关注学生成绩的高低,更关注不同孩子的差异性,帮助其成长进步。

(二)办学特色

学校特色定位。

1. 教育的现实

素质教育提了十几年,课程改革走过了十几年,取得了一些令人可喜的成绩。但现实的功利教育唯分数论成败,学生成了考试的工具,教师成了出题、讲题、批卷的工具,结果学生学得不快乐、教师教得不快乐,生命的魅力得不到彰显,幸福变成简单的文字符号。

2. 风华的传统

学校秉承"让幸福通向未来"的办学理念,本着为学生负责、为社会负责的态度,不放弃任何一名学生,在大面积提高教育教学质量的同时,依靠正确的办学方向和风华人特有的精神赢得了社会良好的口碑。

3. 风华特色

在特色创建中,我们关注教育价值的选择:基于人的成长,基于对风华优良传统的传承和对幸福的不懈追求,基于学生完善人格的课程重构,基于学习设计的课堂教学转型,办让每一个学生的个性得到张扬的适合教育,我们将办学特色定位为"尊重规律、成全生命"。

尊重规律,即尊重教育规律和学生身心发展规律——共性与差异性;尊重事物的发展规律——对立性与统一性;尊重管理的基本规律——科学性与人文性。

成全有三层含义:一是顺然,即教育不能违背受教育者的天性自然,但顺其自然并不是消极放任;二是应然,即对受教育者做必要的人生价值导向;三是超然,即教育的终极目标在于启迪受教育者的自我成全。教育的责任和宗旨在于成全那些受教育的个体生命以最有效的方式汲取既有的人类文化成果,把受教育者成全为合于他们天性而又富有人文教养和创造精神的人。

成全生命,即生命化教育。它以尽人的生命的天赋为宗旨,它尊重每个人的自在的生命,重在对人的生命的自觉引导,它承认每个人是自己生命的主宰,因而最终把自我教育视为教育的中心环节。

"尊重规律、成全生命"的教育,以学校的精神文化建设为统领,环境文化建设为基础,以课程文化建设为载体,以教师队伍建设为保障,以"有趣、有效、成长"的课堂文化为主阵地,通过开展丰富多彩的师生活动,促进每一位个体生命的自觉成长,成就师生当下和未来的幸福。

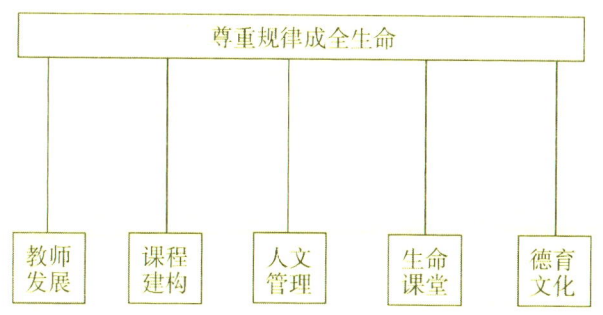

第二节　培养目标

培养目标,是指依据国家的教育目的和各级各类学校的性质、任务提出的具体培养要求。

教育目的,是指教育所要培养的人的质量和规格的总要求,即解决把受教育者培养成什么样的人的问题。教育目的对制定教育目标、确定教育内容、选择教育方法、评价教育效果等起着决定性的指导作用,也对教育事业的发展起着举足轻重的作用。纵观新中国成立以来,我国教育目的的发展过程,可以清晰体现出国家在不同历史阶段对人才培养的需求。

1949年,第一次全国教育工作会议要求:提高人民文化水平,培养国家建设人才,肃清封建的、买办的、法西斯的思想,发展为人民服务的思想。

1957年,毛泽东在《关于正确处理人民内部矛盾的问题》中提出:我们的教育方针,应该使受教育者在德育、智育、体育几方面都得到发展,成为有社会主义觉悟有文化的劳动者。

1982年,《中华人民共和国宪法》规定:国家培养青年、少年、儿童在品德、智力、体质等方面全面发展。

1999年《中共中央国务院关于深化教育改革全面推进素质教育的决定》:以培养学生的创新精神和实践能力为重点,造就有理想、有道德、有文化、有纪律的德智体全面发展的社会主义建设者和接班人。

2015年,《关于修改〈中华人民共和国义务教育法〉等五部法律的决定》,义务教育必须贯彻国家的教育方针,实施素质教育,提高教育质量,使适龄儿童、少年在品德、智力、体质等方面全面发展,为培养有理想、有道德、有文化、有纪律的社会主义建设者和接班人奠定基础。

2017年,习近平在十九大报告中指出:要全面贯彻党的教育方针,落实立德树人根本任务,发展素质教育,培养德智体美全面发展的社会主义建设者和接班人。

综上所述,我国各阶段人才培养的总体要求是"立德树人"。

一、学校培养目标及解读

基于这样的根本任务及未来社会人才培养的需要,结合学校办学理念,确定风华中学的培养目标是"培育有个性特长的合格中学生"。

(一)合格的中学生是一个全面发展的人

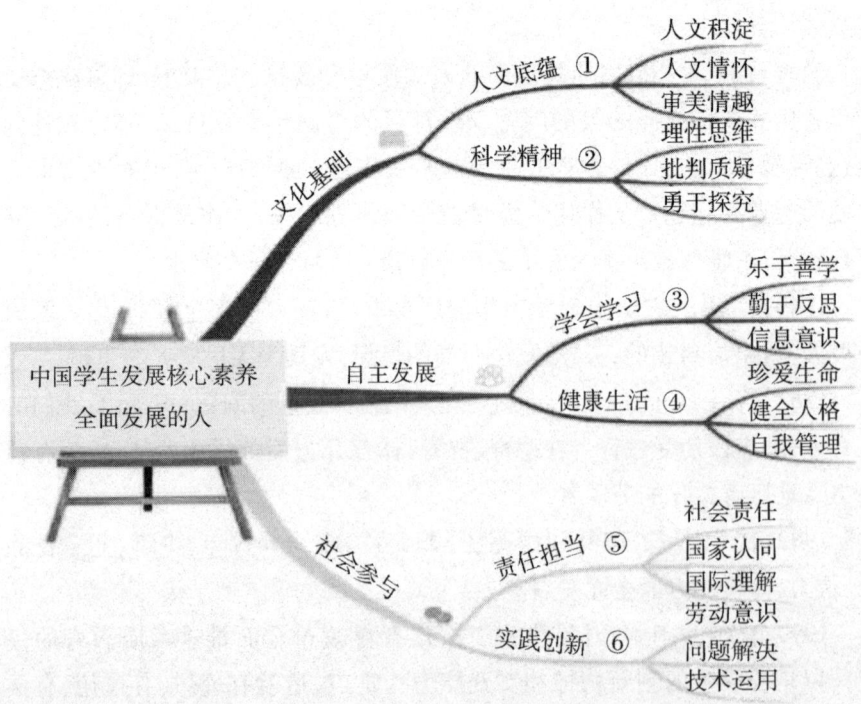

第一章
学校学生培养模式

（二）合格的中学生基于人的生命成长

基于我国的教育目的，基于学校的办学理念，我们始终关注人的生命成长，关注人的主动生存方式的形成。生命化教育尊重每个人的自在的生命，重在对人的生命的自觉引导，它承认每个人是自己生命的主宰，因而最终把自我教育视为教育的中心环节。

（三）基于合格中学生的个性特长

有个性：即有德、有志、有才、有能。有德：培养学生学会爱，懂得爱。在学校爱老师、爱同学；在校外，爱长辈、爱社会；讲文明礼貌，树传统美德。有志：培养学生有朴实勤俭、意志坚定、追求奋斗的精神。有才：有扎实的科学文化知识，形成浓厚的学习兴趣和较强的学习能力。有能：培养学生互相团结、友好相处、相互协调的社交能力。

有特长：即尊重学生的个性差异，尊重学生的兴趣爱好，培养学生掌握一门技能。

合格中学生：培养遵守中学生日常行为规范，在德、智、体、美等方面都全面发展的风华学子。

二、学校培养目标的实施

学校培养目标的实现，需要多层面、多维度、立体的思考与实践，这里既包括学校教育，也包括家庭教育和社会教育，仅就学校层面，又包括校长的办学思想、教师的教育理念、学校的人文环境等。这里仅就学校课程建设、课堂教学进行说明，并在后续章节中进行具体阐述。

（一）以课程建设为载体

面对时代的发展和未来的挑战，为了学生终身的成长和幸福奠基。我们重视基础课程的校本化实施，开设丰富多彩的课程，促进学生基于个人兴趣及特长进行自主选择；强调大德育的功能，学得轻松、学得坚持、学得有担当；重视学习动机、学习方法，特别是高尚人格的教育。通过非智力因素的发展，促进个人潜能的开发。因此，在实施"三级课程"时，时刻注重以"有趣、有效和成长"为主题，以"成全个体生命"为目标，逐步形成了"国家课程校本化、校本课程师本化、德育活动课程化"的课程特色。

(二)以课堂教学为主阵地

"课堂教学需要让学科内容隐含的伟大事物的魅力显现出来,让学科教学更显深刻",让课堂延伸,让学习有效发生。我校的课堂教学,以"有趣、有效、成长"为主题,以知识为载体,以人格培养为目标,激发生命潜能,促进师生生命的共同成长。我们提倡课堂教学的"四个带进"与"四个多":即把良好的习惯带进课堂,把学习的兴趣带进课堂,把宽阔的视野带进课堂,把合作探究带进课堂;四个多即多思考、多体验、多讨论、多提问。并以问题为导向,把各目标贯穿始终。

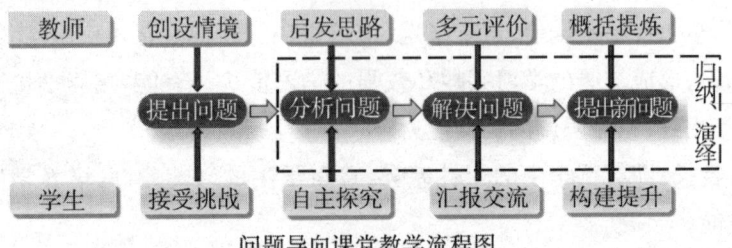

问题导向课堂教学流程图

(三)以习惯培养为重点

我校学生习惯培养,概括为以下十字方针:听说读写思,信动静净敬。

1. 听:即倾听、听纳

倾听即在课堂上要认真听讲,不做与课堂无关的事,不做违反课堂纪律的事,边听边思,还要认真听取同学的发言,如有不同意见,应在该同学发言结束后,举手向老师示意,得到允许后再表达自己的观点。

听纳即要虚心听取老师、父母的教导和同学的意见与建议,如果不同意对方观点,应选择合适的时间和地点心平气和地向对方阐明自己的观点。

2. 说:即积极踊跃说,思考之后说,有理有据说

课堂发言应积极踊跃,声音洪亮,与老师、同学分享你的方法和观点,但要想好再说,说得有理有据。

3. 读:即朗读、阅读

朗读时要端坐,书本与桌面成45度角,声音洪亮,注意力专注。

阅读即要养成爱读书的好习惯,名著、散文、诗歌、历史、传记等都可以读,而且要大量地读,边读边思,还可以写读书笔记。

4. 写：即写字、写作业、写笔记

写字姿势要端正，保持"一尺、一寸、一拳"的距离，写出的字美观、大方、工整。写作业要按时、高效、专心，不应付了事，不边写边玩。写笔记即听课过程中把重点、难点、疑点及时记录下来，以便复习时用。也可以在每个单元结束后，自己梳理本单元知识。

5. 思：即思考、思维

思考即对课堂上老师提出的问题、作业中的问题、生活中自己发现的问题进行分析、总结、梳理，形成自己对问题的认识。不断提出问题，不断思考，自己的思维才能不断发展。

6. 信：即诚信、信念

7. 动：即运动、活动、行动

运动即要积极参加体育锻炼，认真上好体育课，间操和眼保健操动作规范、到位，分列式行进过程中，精神饱满，步伐整齐，动作到位，口号声音响亮。

活动即要积极参加学校组织的各种大型活动。活动过程中听从指挥、注意安全，有强烈的集体荣誉感，不做有损学校、班级和个人形象的事。

行动即一旦计划、思考好的事，立即行动，不拖拉，不放弃。

8. 静：即冷静、安静

冷静即沉着而不感情用事、不冲动、不鲁莽，遇事三思而后行。

安静即自习要安静：早自习进教室后，安静有序地把书包放好，把要交的作业放在桌角，端坐好认真学习。不呆坐、不东张西望。平时的自习课上，应安静读书、写作业，无论谁进来，应视而不见，更不能随意走动，甚至打扰别人学习。

走廊行进要静：下课铃响后，班长或体委组织同学有序出教室，进入走廊要站成一排（无其他班级时可以两排）靠右侧出教学楼，行进期间保持安静。

操场站队要静：上课预备铃打响后迅速站成两路，安静有序地由体委带队进入教学楼。

中午就餐要静。为了保证文明就餐、健康就餐。每班要有专门同学负责组织分发快餐。就餐过程中，要坐在自己的位置，不要大声喧哗，不要把

饭菜弄到地上或课桌上。添餐时,排队添餐。就餐结束后把饭盒有序地放回饭箱。为了保证同学们的身体健康,要养成不吃零食的好习惯。

9. 敬:即敬仰、尊敬

敬仰即参加升旗仪式要面向国旗,脱帽肃立,国歌响起、国旗升起过程中,所有同学都应停止手中工作,面向国旗立正站好。

尊敬即尊敬师长、不顶撞师长。进入老师办公室应轻声敲门,得到允许后方可进入。上课铃响进入教室后,把上课用的书、本及相关学习备品准备好,然后端坐,由文艺委员组织唱好课前一支歌,要求声音洪亮、精神饱满,有激情。然后师生行礼问好。上课过程中,不随意进出教室。

10. 净:即干净

教室备品摆放整齐,窗明几净。个人学习用品摆放整齐,书桌清净。校服、发型符合风华学生要求,个人洁净。不在操场、走廊等公共场所乱扔垃圾,或见到垃圾随手捡起,人人爱护环境。

第三节 发展愿景

学校发展愿景是学校对未来理想和长远战略目标所描绘的纲领性蓝图,是学校的发展目标,也是全体师生的共同愿望。

《现代汉语词典》将"愿景"解释为"所向往的前景"。"愿景"与"远景"的区别在于"远景"是关于未来的蓝图和目标,是可以实现的。"愿景"强调的是人们内心的向往与憧憬,其力量在于可实现而又不可实现的模糊状态,它是宏伟的又是激动人心的,是一个预见未来的美景,这个美最给人以动力,给人以奋进的精神支柱。"学校愿景是一个特有的、全体教职工共同的对未来希冀的景象,它创造出了众人一体的感觉,并使这个感觉遍布学校的各种活动中,从而使整个学校的各项工作,各项活动融会起来。要实现学校内部高效、健康、持续的发展,必须形成学校的发展愿景,愿景清晰了,学校发展的灵魂也有了,发展的方向和路径也就明了了。"——郑金洲先生的文章《学校发展愿景:内涵发展的方向和核心价值》

中国新教育发起人朱永新在《我的教育理想》一书中,对理想学校的憧憬是:突出学校特色,彰显学校品位,有一个富有人格魅力、远大理想的校长,有一支富于创新、充满活力的教师队伍,有一批善于探索、具有良好习惯的学生,有一个面向所有学生的课程体系,有永远对学生开放的图书馆和计算机房。

一、未来学校需要什么样的人

2016年,谷歌AlphaGo在围棋大战中战胜人类顶尖棋手李世石,微软研发的人工智能设备Echo的语言理解能力击败人类,IBM人工智能医疗机器人Watson仅用时10分钟首次确诊人类罕见白血病。

2017年,AlphaGo Zero无师自通100∶0战胜旧版AlphaGo,百度CEO李彦宏乘坐无人驾驶汽车上五环。

特别是2017年7月,国务院颁发《新一代人工智能发展规划》,规划指出:"人工智能发展进入新阶段。经过60多年的演进,特别是在移动互联网、大数据、超级计算、传感网、脑科学等新理论新技术以及经济社会发展强烈需求的共同驱动下,人工智能加速发展,呈现出深度学习、跨界融合、人机协同、群智开放、自主操控等新特征。"

加拿大科技工作者亚历珊德拉·塞缪尔在《华尔街日报》上提出了一些建议。

(一)让孩子学习编程

说起编程,已经不是新鲜词了。就连奥巴马的两个孩子都在学习编程。苹果创始人乔布斯说:"我觉得每一个人都应该学习如何编程,因为编程教会你如何思考。"

美国现在有500万孩子在学编程,中国一线城市孩子也开始涉猎。

今年教育部明确表示,编程已经列入普通高中信息技术课的必修内容。

让孩子早早熟悉编程,不是为了升学和就业,而是为了了解人工智能,驾驭人工智能,用计算机思维思考和解决问题。

(二)强化艺术教育

音乐、舞蹈、绘画以及相关领域,对培养孩子的想象力、创造力很有帮助。过去家长们是把考级,入学,甚至造星蹿红挣大钱,当作孩子搞艺术的主要目标。只有一些远见卓识的家长把学习艺术,当成开发智力,以及提高幸福指数的举措。

今后，要转变观念，把培养创造力当作学艺术的主要方向和目标。

这是因为，相比那些常规性，可预测或处理大量信息的工作，需要创造力的工作被自动化取代的可能性比较小。比如私人定制，私人教练，文学音乐舞蹈创作，产品创意设计，传统文化发掘改造等等。

这里要注意的是，在学习当中，一定要注重孩子创造性思维的培养，而不要成为照本宣科，"唯手熟耳"的艺术工匠。因为只会按标准量产的工匠是首先被淘汰的对象。

(三)教孩子学会质疑

传统教育从听话照办的角度，给孩子定规矩。但实际上，服从恰恰是机器人的最大特长。人类再努力，也比不上机器人有力量。所以，家长要有意识培养孩子的质疑意识，独立思考，善于创意，这才是未来打败机器人的趁手武器。

为了让孩子具备独立思考，善于创新的能力，从小就必须尊重孩子的身心发展规律，给孩子构建自我让出空间。尤其当孩子一次次说"不"的时候，家长要用爱与真诚，给予接纳包容，不要为了自己的权威，对孩子喝止和讥讽，导致孩子的自主意识阻断，面对不断涌来的新知识新问题束手无策。

(四)学会玩

当大量体力和重复性工作被机器人取代，人们的闲暇时间更富裕。将人们的业余生活创意得丰富多彩，喜闻乐见，会成为未来最有潜力的职业。讲故事，授课，朗诵，表演，健身，插花，烹饪，甚至吃，都可以成为热门。

未来的社会属于人工智能时代，未来的学校，在培养目标、学习方式等方面必然赋予新的内容，才能成为培养幸福人的摇篮，成为培养社会主义建设者和接班人的优秀学校。

二、学校的目标定位

(一)坚持以"立德树人"为根本任务

面对人工智能大潮的袭来，学生的学习方式、课程体系、组织管理、学习路径等都在发生着新的变化,甚至知识的内容都在不断更新。但不管内容、形式、方法怎样发生变化,立德树人的根本目的都不会发生改变。这是坚守教育本真,回归教育本源。

百年大计,教育为本,教育工作,德育为首。要完成这一根本任务,就要坚持"德育为首,全面发展"的办学思想,坚持"让幸福通向未来"的办学理念。实施新时代立德树人工程,构建全面发展的培养体系,形成全员育人、全面育人的良好局面,建立健全学校、家庭、社会三位一体的德育培养体系。

要在爱国主义情怀、民族复兴、民族文化上下功夫,在思想品德培养上有力度。正如《中国学生核心素养》所要求的:具有国家意识,了解国情历史,认同国民身份,能自觉捍卫国家主权、尊严和利益;具有文化自信,尊重中华民族的优秀文明成果,能传播弘扬中华优秀传统文化和社会主义先进文化;了解中国共产党的历史和光荣传统,具有热爱党、拥护党的意识和行动;理解、接受并自觉践行社会主义核心价值观,具有中国特色社会主义共同理想,有为实现中华民族伟大复兴的中国梦而不懈奋斗的信念和行动。

(二)树立全球化的教育视野

1983年,邓小平提出:"教育要面向现代化,面向世界,面向未来",其实质就是要求教育要走国家化道路。习总书记在深入分析世界发展的趋势后,提出"人类命运共同体"的概念。充分体现了世界对中国的影响以及中国在世界的重要地位和责任担当。教育只有顺应世界潮流,通过彼此交流与互动,促进各国学生相互了解,才能培养出真正为人类和平与发展贡献力量的下一代。现在,国际上已有众多有识教育之士,通过多种形式和途径,为培养这样的人才进行了卓有成效的前瞻性实践。

韩国"21世纪委员会"提出的教育国际化培养目标是:努力提高学生的国际化意识,包括提高外国语言能力,增强"自主的世界公民意识,加深学生对各国多种多样的社会、文化知识的理解,制订系统的国际问题研究计划,加强对世界各国政治、经济、社会、历史、宗教等问题的研究,强化国际交流与合作,加强国际间的相互理解"。

20世纪80年代,日本提出"要培养世界通用的日本人""只有做一个出色的国际人,才能做一个出色的日本人,在国际社会中要想生存下去,除了牢固掌握日本文化外,还应该对各国的文化和传统加深理解"。培养目标

让幸福通向未来
——哈尔滨市风华中学课程建设的实践研究
RANG XINGFU TONGXIANG WEILAI
HAERBINSHI FENGHUA ZHONGXUE KECHENG JIANSHE DE SHIJIAN YANJIU

为:要求学生"懂技术、通外语、会经营管理,具有较强的国际意识,通晓国际贸易、金融、法律知识,能够适应国外工作和生活环境"。

上述发达国家培养目标的共同点是:培养学生具有国际观念、国际意识,克服狭隘的民族主义,树立为全球服务、向全球开放的观点;培养学生具有国际交往能力,能与外国人和谐相处,尊重外国的风俗和宗教信仰,维护本民族尊严和法律权威;培养学生至少熟练地掌握一门外语;培养学生具有一定的国际知识,了解外国的历史、政治、地理、风土人情等。

在一些学校,已经把这种国家层面的教育目标转化为学校的具体实践。

美国 THINK Global School,被誉为没有边界的学校。虽然 THINK Global School 的总部是在纽约,但实际上它并没有一个真正的实体校园。这所学校的学生,每年前往三个国家,让学生把全世界当作教室。从 2010 年成立至今,THINK Global School 学生的足迹已经踏遍了四大洲(除了南极洲)。他们到哥斯达黎加的雨林中去寻找吼猴的行踪,收集濒危植物样本;到北极圈附近去了解当地土著拉普兰文化;到波黑参加模拟联合国项目,与阿訇进行深入交流;到爱奥尼亚海乘帆远航,辗转于希腊群岛之间再现《荷马史诗》中的"奥德赛"。

法国的 Ecole 学校没有课本、没有宿舍、没有教室,却通过线上线下混合学习培养出很多优秀的软件工程师。

国际经合组织 PISA 项目中,中国学生多次取得佳绩,充分说明中国的基础教育在全球的重要地位,也吸引着众多国家参考和借鉴中国基础教育的经验。

兼顾国际视野和本土认同,学校必将要走向世界,世界也更需要我们基础教育的经验。

三、课程体系的丰富

课程是培养目标的重要载体,培养目标内涵与外延的深化和丰富,必然要求课程体系的重新建构。

(一)STEM(科学,技术,工程,数学教育总称)课程

STEM 是科学(Science),技术(Technology),工程(Engineering),数学(Mathematics)四门学科英文首字母的缩写,其中科学在于认识世界、解释自

然界的客观规律;技术和工程则是在尊重自然规律的基础上改造世界、实现对自然界的控制和利用、解决社会发展过程中遇到的难题;数学则作为技术与工程学科的基础工具。由此可见,生活中发生的大多数问题需要应用多种学科的知识来共同解决。

STEM 课程重点是加强对学生四个方面的教育:一是科学素养,即运用科学知识(如物理、化学、生物科学和地球空间科学)理解自然界并参与影响自然界的过程;二是技术素养,也就是使用、管理、理解和评价技术的能力;三是工程素养,即对技术工程设计与开发过程的理解;四是数学素养,也就是学生发现、表达、解释和解决多种情境下的数学问题的能力。

(二)国际化的视野

2006 年 1 月 31 日,美国总统布什在其国情咨文中公布一项重要计划——《美国竞争力计划》(American Competitiveness Initiative,ACI),提出知识经济时代教育目标之一是培养具有 STEM 素养的人才,并称其为全球竞争力的关键。由此,美国在 STEM 教育方面不断加大投入,鼓励学生主修科学、技术、工程和数学,培养其科技理工素养。

2016 年教育部出台的《教育信息化"十三五"规划》中明确指出有效利用信息技术推进"众创空间"建设,探索 STEM 教育、创客教育等新教育模式,使学生具有较强的信息意识与创新意识,养成数字化学习习惯,具备重视信息安全、遵守信息社会伦理道德与法律法规的素养。

2017 年 11 月,教育部颁发《中小学综合实践活动课程指导纲要》,明确提出综合实践活动是义务教育和普通高中课程方案的必修课。

学校的课程建设必将带有综合性、实践性,让学生在这样的课程体系下,综合素养得以提升。

四、学习方式的变革

随着课程体系的丰富和完善,传统的教学方式不再适应课程的需要,新型教学方式应运而生。以研究性学习、翻转课堂、混合式学习、项目式学习、深度学习等为代表的教学方式将和讲授式教学方式一样,成为学生学习的主要方式。

（一）探究式学习

探究性学习，即 Hands-on Inquiry Based Learning(HIBL)，指学生在学科领域内或现实生活情境中选取某个问题作为突破点，通过质疑、发现问题；调查研究、分析研讨，解决问题；表达与交流等探究学习活动，获得知识，掌握方法。

探究性学习是一种学生学习方式的根本改变，学生由过去主要听从教师讲授，从学科的概念、规律开始学习的方式变为学生通过各种事实来发现概念和规律的方式。这种学习方式的中心是针对问题的探究活动，当学生面临各种让他们困惑的问题的时候，他就要做出各种猜测，要想法寻找问题的答案，在解决问题的时候，要对问题进行推理、分析，找出解决问题的方向，然后通过观察、实验来收集事实，也可以通过其他方式（如查阅文献资料、检索等）得到第二手的资料，通过对获得的资料进行归纳、比较、统计分析，形成对问题的解释。最后通过讨论和交流，进一步澄清事实、发现新的问题，对问题进行更深入的研究。

探究式学习作为一种学习方式，它不同于科学家的探究活动。与科学家的探究过程的主要区别在于，探究性学习必须满足学生在短时期内学到学科的基本知识和学科的结构，所以这个过程在许多情况下都要被简化，比如，提出问题这个环节，在大部分的教学活动中，都是由教师提出问题，或由教材提出问题。在获取事实这个环节，常常是由教师和教材来确定研究方法、步骤、所用材料等，这样就省去了学生设计实验的环节。探究性学习中也要给学生提供进行完整科学探究活动的机会，这样的活动虽然要用更多的时间，但对学生体验科学家的探究过程是非常必要的。

探究性学习的最终目的是要学生掌握科学研究的方法，如果不亲自参与探究，学生就无法理解科学探究的艰难，无法体会科学家在科学研究中可能遇到的各种问题，以及科学家怎样通过一次一次的尝试来解决问题。参与探究可以帮助学生领悟科学的本质。

（二）翻转课堂

2000年，美国 Maureen Lage, Glenn Platt and Michael Treglia 在论文"Inverting the Classroom: A Gateway to Create an Inclusive Learning Environment"

中介绍了他们在美国迈阿密大学教授"经济学入门"时采用"翻转教学"的模式,以及取得的成绩。但是他们并没有提出"翻转课堂式"或"翻转教学"的名词。2000 年,J. Wesley Baker 在第 11 届大学教学国际会议上发表了论文"The classroom flip: using web course management tools to become the guide by theside"。2007 年,美国科罗拉多州 Woodland Park High School 的化学老师 Jonathan Bergmann and Aaron Sams 开始使用视频软件录制 PPT 并附上讲解声音。他们录制的视频上传到网络,以此为缺席的学生补课。不久他们进行了更具开创性的尝试——逐渐以学生在家看视频、听讲解为基础,在课堂上,老师主要进行问题辅导,或者对做实验过程中有困难的学生提供帮助,并推动这个模式在美国中小学教育中的使用。随着互联网的发展和普及,翻转课堂的方法逐渐在美国流行,并被世界许多国家的教师使用。

(三) 项目式学习

项目式学习(Project based learning)是一种动态的学习方法,通过 PBL 学生们主动地探索现实世界的问题和挑战,在这个过程中领会到更深刻的知识和技能。项目式学习在美国被中小学普遍采用,锻炼了美国中小学生的创造力、团队合作和领导力、动手能力、计划以及执行项目的能力。除此以外,对项目的选择也让中小学生更早和更深入地面对和解决现实生活中的问题。这些能力则是中国应试教育下的孩子缺少的应对来自世界,面向未来挑战的能力。

项目式学习是一种以学生为中心的教学方法,它提供一些关键素材构建一个环境,学生组建团队通过在此环境里解决一个开放式问题的经历来学习。需要注意的是,项目式学习过程并不关注学生们通过一个既定的方法来解决这个问题,它更强调学生们在试图解决问题的过程中发展出来的技巧和能力。它们包括如何获取知识,如何计划项目以及控制项目的实施,如何加强小组沟通和合作。项目式学习过程最初是为了医学教学而发展出来的,从那以后被广为传播,继而使用在其他各个学科的教学中。项目式学习这个过程赋予学习者应对未来挑战的能力。

现代教学论研究指出,从本质上讲,感知不是学习产生的根本原因,产生学习的根本原因是问题。因为没有问题也就难以诱发和激发求知欲;没有问题就感觉不到问题的存在,学生也就不会去深入思考,那么学习也就只能停留在表面。所以现代学习方法特别强调问题在学习过程中的重要性。通过对问题的思考,便形成了学习的动力和起点,同时它也贯穿于学习过程的始末。因此,我们必须认识到学习过程就是发现问题、提出问题、分析问题和解决问题的过程。特别是探究性学习更要注重问题意识的形成与培养。问题意识会激发学生强烈的求知欲,以及学生敢于探索,勇于创造和追求真理的科学精神。没有强烈的问题意识,就不可能调动学生的"冲动性",激发学生活跃的思想,更不可能开发学生求异思维和创造思维。

所以,这种基于真实问题的项目式学习,必将成为今后学生学习的主要方式之一。

第二章　学校课程建设顶层设计

顶层设计,是针对全面系统考虑问题,并使问题的解决更加科学、有效的一些要求,自中共中央关于"十二五"规划的建议中首次出现后,成为新五年规划的新名词,也在各行各业不同呈现。而关于学校课程建设的顶层设计,则需要学校统领课程建设的科学性和前瞻性,从全局考虑课程建设的教师、学生、家长等多因素的共同作用效果,从而统筹规划,以科学的理念支撑、集中有效资源,高效完成课程建设的重要使命,从而助力人的成长。顶层设计源于工程学术语,其本意是统筹考虑项目各层次和各要素,追根溯源、统揽全局,在最高层次上寻求问题的解决之道。由此可见,学校承担课程建设的总设计师,需要立足人的培养规划,依托学校文化,整体构建,并指导实施,从而实现由高层规划到底层落实,由核心构建到分步达成,由整体布局到具体实践的课程构建体系。在此顶层设计过程中还需考虑三个重要因素:一是顶层决定性,指向明确,具有由高层到底层的具体化实施流程和要求;二是整体关联性,各环节、各要素都具有内在的紧密联系,影响过程中力求彼此促进、相互融合;三是实际可操作性,设计的成果以及成果的实施途径,具有可实施、可操作、可控制、可调整性。总之,学校课程建设的顶层设计,既需要有美好的愿景,更需要脚踏实地,切实可行。

第一节　总体思路

课程是学校教育的基本途径。自课程改革以来"以教师为主导、学生为主体""全面实施素质教育""提升学生学科素养"等新理念一直指导学校的

让幸福通向未来
——哈尔滨市风华中学课程建设的实践研究
RANG XINGFU TONGXIANG WEILAI
HAERBINSHI FENGHUA ZHONGXUE KECHENG JIANSHE DE SHIJIAN YANJIU

课程建设,完善课程建设、优化课堂教学,全面提升人才培养质量,这是学校发展不变的目标。

一、学校课程改革的现状及面临问题

2001年6月国家颁布《国家基础课程改革指导纲要》,2001年9月开始正式全面实施新课程改革,贯彻党的教育方针,全面推行素质教育,培养有理想、有道德、有文化、有纪律全面发展的"四有"新人。在课程设置方面,按照新课改要求,设置九年一贯制课程种类,实行国家课程、地方课程、学校课程三级课程管理,增强课程对地方、学校和学生的适应性。学校经过一段时间的研究实践,不断反思学校课程建设的各层面中所凸显的问题。

(一)学校课程体系彼此割裂

由于各学科都有明确的课程标准,但限于对课程改革的深度理解,单一和泛化了课程标准,教师还没有足够的理解和适应新课改的要求,不能将学科教学与学生发展建立必然联系,并明确必然责任。

(二)课程目标单一

面临中考或应试思想的根深蒂固,难以从重知识的角度转向能力培养或是素养培育,缺少对知识本源的探究,以及知识之间的深度融合,从而造成低效学习,难以产生学习的动力和对学习的必要方法的掌握。

(三)课程内容固化

教师对教材内容难以拓广,受教材的约束较重,难以理解教材中所蕴含的深度的整合思想,包括对学习方式、思维习惯、合作意识、探究意识等多维能力的培养,缺少创造性使用教材的意识。

(四)课程资源薄弱

重知识、重传授的结果势必导致课程资源的简单和薄弱,过多注重显性内容,忽略内在挖掘,注重已有资源的反复打磨,不能建构新的具有创造性的资源整合,脱离学生的生活实际和自身特点,无法兼顾更多学生的个性需求,也难以满足人才培养的需求。

(五)实施方式及评价方式单一

新课改之初,急于改变原有的课程实施方式,造成表象化,教学中难以使教师及学生内心产生共鸣,热闹的课堂和变化多端的问题,从外在看似乎符合新课程下的新理念,但实则缺少内在的"魂",由此容易造成丢失了沉稳,增加了浮夸。在如此实施过程中,难以以科学合理的评价方式加以纠正和调整,影响了学校教育效果。

二、我校课程建设的基本导向

在2010年颁布实施的《国家中长期教育改革和发展规划纲要(2010—2020年)》中明确提出,要全面实施素质教育,提高义务教育质量,严格执行义务教育国家课程标准,深化课程与教学方法改革。为适应新时期基础教育改革与发展的客观需求,引领课程改革的进一步深化,必须对学校的教学内容、教学方式、评价方式等进行重新审视。对于新课改,老师们经历了学习—研究—实践—反思的多年体验与调整,深入其中,总结面临的问题,并思考未来课程建设的发展方向,从而需要对课程建设整体构划,实现课程的育人作用,同时也彰显学校的育人目标。

(一)立足学生自主发展

在课程改革过程中,学校应从实际出发,保持和发扬重视基础、重视能力训练、重视教材教法研究和重视素质培养的风格,最终将促进学生的自主发展。力求做到减轻负担以提升质量、重视基础以培养能力、提高素质以发展个性,真正落实学生的个性自主发展。通过对课程改革内涵的深度理解,彻底改变教学行为的定位,教师的主导性和学生的主体性应牢固树立,将如何教转向如何指导学生学,着眼于学生的终身发展和未来幸福。所以立足学生自主发展的课程建设导向,我们重视了以下几个方面:

1. 决策人性化

选择开始什么样的课程?确定或补充哪些教学资源?学生需要什么样的课?等等,根据教师的能力、特长、研究范围以及学生的兴趣、爱好及身心成长规律,调查研究为先导,保证课程的有效和持续发展。

2. 课程规范化

不管从什么角度设立的课程,必须保证遵循课程标准、遵循师生的生命成长规律,要保证从课题制定、内容选取、教材或资源编写等等,确实能促进学生发展。

3. 实施科学化

课程实施注重师生的互动交流，多向、多维交流，注重过程的学习实践，关注情感体验，力求学生主动学习、主动参与、主动建构知识体系，从而完成真正的学习，达成未来发展的有效积淀。

（二）多学科发展并重

复合型人才培养是课程改革的重要目标，初中阶段是学生思想情感、兴趣爱好、思维习惯等形成发展的重要时期，对于未来发展还有无法确定的可能，广泛而深入地学习各方面知识，获取能力是尤为重要的，从自然科学到科技与人文学科无一例外，都将深度影响学生未来成长，作为课程建设，多学科并重思考是必要的，应着重关注以下几个方面：

1. 优化基础型课程

基础型课程的课程改革一直以来是学校课程改革的难点，基础课程是学生发展成长的基础，历年来也是教师教学关注的重点，也是考试的重点，所以在难度和深度方面一直有增无减，缺少的是实践体验的过程，增加表达机会、重视实验技能、关注课题研究等等，使基础型课程得以优化落实。

2. 深化拓展型课程

为促进学生个性特长的发展和创新能力的培养，学校逐渐增加选择性课程开设，多数以校本课程和学科活动课程的形式呈现，先后在传统文化、科技制作、艺术体验类以及中西方文化等方面，按照课程要求，从课程标准的制定到教材的编写、课程实施等，深挖内涵、深度融合，保证课程的科学规范，同时真正与学生兴趣达成一致，与此同时拓展型课程的开设，也能有效增加基础课程的学习。

3. 关注研究型课程

建立适合初中学生的研究小课题，从多学科融合的角度确定研究方向，通过教师的专业指导以及学生之间的合作探究，获取多维学习效果，使学习的知识鲜活而有实效，在研究实践的过程中，学生们可以借助多方力量，学校的、家庭的、社会的，自觉获取学习资源，主动思考多学科知识的综合运用，从而从思维与操作的角度，在合作中获得成功体验。在研究的过程中，学生获取的不仅仅是研究的结果，更重要的是研究的意识、方法、能力以及创新精神。

(三)课程资源拓展整合

课程资源是课程建设之源,在实际教学中,课程资源大部分源于教材,随着课程改革的深入,教材所提供的资源更多时候是一个方向性的引领,也是落实课程标准的方式之一,而更多的需要学校和老师们去重组构建,没有绝对的优质资源,只有适合的优质资源,因此课程资源的选择也是实施课程改革的首要环节,应突出以下几点:

1. 多角度选取

突破教材限制,从学科发展史、生活中的应用、学科间的联系等角度选取,对于教材中的内容也可以针对实际情况进行适当取舍,在例证和示范的材料中,可以与时俱进选取具有时代特点的内容或者是当下学生感兴趣的内容。在理科学习中,应该增加实验与动手实践的开发和拓展,增强体验式学习,不固化实验的形式和实施环节。

2. 多层面应用

在资源应用方面,注重多种课型的使用,新课教学中可以补充资料,增加多感官体验,从而调动多感官参与学习。在复习课、专题课中增加知识的拓展应用,从不同角度来理解体会课程资源内容。另外,在探究性学习和研究性学习中,也可以进行相同课程资源的延续或深入思考。总之,资源相同,但出于学习的目的和发展的目标,可以综合性使用,也可以多角度挖掘。

3. 多维度评价

结合教材的课程资源整合能够在学生学习的过程中拓宽视野,获得体验。在经历和使用资源的过程中,恰当评价也是资源获取的重要指导和动力。课程资源的多元评估是进一步优化资源选取的必要环节,主要立足于资源拓展的合理性、资源类型的多样性、资源内容的综合性、资源对学生发展的科学性等。

(四)课程实施途径多维

课程实施是课程建设的落实环节,是有效实现预期教育效果的手段或方式。课程实施是将课程计划付诸实施,是实实在在的教学活动和研究活动。对于初中课程实施,在考虑学生身心发展特点的前提下,有效落实,需要研究考虑多种实施途径。课程实施的过程既要考虑课程计划的落实,同时也要进行研究反思,获取下一步课程实施的经验积累。

1. 有效的课堂教学

课堂教学是学校课程实施的主阵地,"有趣、有效、成长"是我校课堂教学的文化主题,构建科学有效的课堂教学是完成教学预设、达成教学目标的唯一载体,有效课堂教学的两部分要素需要明确,一个是内容方面,资源选取、问题设计、习题设计、探究方法、反馈评价等等;另一个部分是学生参与课堂的活动设计,课堂环节设计、课堂活动设计、学生学习方式设计等等。良好的资源内容,辅之以科学合理的方式,才能构建科学有效的课堂教学,这是课程改革的重点,也是教师们的关注点。

2. 丰富的探究活动

在日常学习中,各个班级结合学生的学科特点及兴趣爱好,建立学习小组,针对不同的分组原则,建立课堂研讨小组、课下学习小组,共同参与感兴趣的问题探究或者对于学习内容的互相交流分享,这在课程实施中是自主性学习活动的重要体现,由于学习活动是在小范围内得以深化,会产生良好的教学效果。

3. 多彩的学科活动

学校的每个学科,结合学科特点,结合年级特点,在学校整体规划的前提下设计并实施学科活动,从而将课程深度融合后得以实施,在实践中体验、在活动中延展、在交往中互进。学科活动源自学科教师的设计,充分考虑学生的阶段需求,增加学习兴趣的同时,真正提升学科素养,成全个性成长,成为有学校印记的学生。

4. 有趣的社团活动

学校课程取自不同的角度和不同的类型,学生的个性发展是教育的终极目标,个性特长的发展是学校课程实施的重要任务,科技、信息、艺术、人文、体育、健康等多主题社团活动,是学校特色课程的有效载体,是课程实施的重要途径。

5. 个性的研究活动

开展研究性学习,培养学生创新精神和实践能力是如今知识快速更新、创新的时代要求,从被动地接受知识到主动地获取知识,这是课程改革的重大使命,世界的多元发展,已经让知识的获取不再困难,但判断、选择、加工、应用却受到了前所未有的挑战,开展研究性学习,确定专题或主题,组织学生形成团队,开展深度学习和研究,将为未来社会培养更多的创造性人才,从而回答"钱学森之问",学校肩负使命。

(五)课程评价多元

课程评价是庞大系统工程,以检查课程的目标、编订和实施是否实现了教育目的,程度如何,从而判断课程实施效果,并对下一步课程实施提供改进决策。作为学校的课程评价,应逐渐构建并完善课程评价体系,评价的主旨是促进学生的素养提升和生命成长,促进教师的专业成长和幸福感的提升,由此课程评价应注重以下几个方面:

1. 关注自我评价

无论是作为学生还是老师,在课程实施过程中都有自身的体会感悟,这是教育过程中双方共同经历的个性化感受,促进自我评价的实施,能够准确了解教学过程的得失情况,从而使课程调整更有针对性,由此可知评价的功能是促进再提高而非对结果的定性。

2. 关注过程性评价

学习过程是具有极大的发展变化性的,过程中会有多种因素共同作用,既有显性的课程内容及实施方式,也有隐性的情感状态、心理状态,由此所达成的教育效果是难以完全量化的。关注过程中的知识获取程度、能力和思维的改变程度以及自身的学习体验感受是尤为必要的,同时关注过程中的变化,也是真实呈现课程的实施过程,有助于对课程的调整或改变。

3. 关注差异性评价

差异性在人的培养、成长过程中是不言而喻的,传统教学往往很难兼顾,也阻碍了学生的个性发展。评价过程中设计多维的评价维度,从个性发展的角度给予评价,从而让不同差异的学生,既能明确努力方向,同时明确自身不足,自信地学习和发展。

4. 关注指导性评价

评价的设计需要满足指导实践的功能,每一项学习活动或教学工作,需要通过评价来确定开展情况,并为后续开展积累经验和教训,所以评价要具有指导性,依据课程实施的总体要求,并结合实际情况,开展有指导性的评价。

（六）重视课程建设的多层面保障

保障课程体系的建构，并创造性实施，是课程建设保障体系的重要职责。多层面保障需要从课程的设计开发、实践研究论证、课程实施过程保障等相关方面提供支持和帮助，以助力课程建设的顺利进行，并保证课程体系的高效构建。

1. 学校通过多渠道培训，保障课程建设的理念指导和目标指导

我校融合理论学习和实践考察，确定科学合理的课程建设思路，并具有明确的目标指令和实施要求。在课程建设的设计阶段，需要充分听取教师的意见、学生的需求及专家的指导，多方获取信息，保障课程建设顺利实施。

2. 领导充分重视，给予教师广泛的研究机会

课程建设是学校指导下的，教师的主动建构行为，充分调动教师积极参与，认同并发展课程建设的实施环节，从而有效调控、及时调整。学校校长的重视与决策在课程建设中起到了引领方向、助力改革的重要决定性作用，这是毫无疑问的。

3. 搭建多种发展平台，保障师生拥有较多的研究实践机会

学校的工作需要保障教师们具有良好的研究平台，校内交流、多校联动、区域分享等等，都能够促使教师从多角度观测课程建设情况，从而增加研究实践的主动意识和研究方法，保障课程建设在正确的轨道上前行。

4. 必要的资金保障，以及奖励制度保障，使课程建设获得更多的有力支持

研究过程中，参观学习、资料收集、文件材料等都需要必要的经费保障，同时也应该建立必要的奖励机制，课程建设是创造性劳动的过程，给予充分的制度保障是必要的。

5. 课时保障和研究实践的时间保障

课程建设需要经历一定的时间，需要通过固定的周期才能实现对比分析和对比发现，从而优化课程建设的中间环节，所以有些如探究性学习、研究性学习、学科活动等需要给予必要的学时保障，同时对课程建设所需时间也是重点考虑规划的重要因素。

三、学科课程建设的具体思路

学校课程中，不同学科承担不同的育人任务，同时不同学生对各学科的

理解又不尽相同,因此应根据国家课程标准制定并完善各学科建设的具体思路。从学科角度划分为思想品德、语文、数学、英语、科学(或物理、化学、生物)、历史与社会(或历史、地理)、体育与健康、艺术(或音乐、美术)以及综合实践活动,以上学科中重点进行国家课程的策略性实施以及学科相关课程的整合构建与实施。

(一)数学学科

整合国家课程资源,拓展数学史内容和中外数学趣题,改革课堂教学,落实思维能力培养目标,明确学科素养培养目标,构建校本课程和活动课程体系,突出专题性和探究性。

(二)语文学科

整合传统文化,增编语文校本教材,突出阅读兴趣与方法培养,融合多种文学形式与艺术表达形式,在课堂教学、校本课程、大型传统活动等参与过程中内化学生文学素养。在此基础上,关注高中及后续语文学习的内容及方法,适当加以渗透。

(三)英语学科

整合中西方文化,突出口语表达和营造英语环境,融合知识和语言学习方法,以激发兴趣为要点,形成英语学习的系列载体。重视学科活动的创造性开展,以活动促学习、以交流促体验,适当开展对外交流活动。

(四)科学学科

突出动手实践与体验,整合教材,注重学科间的联系和融合,整体构建学生进行科学探究的必备品质培养体系,分阶段设置目标,创造性开发研究性课题,引领学生科学探究。

(五)历史与社会

教材进行重组加工,创造性融入区域重要史实、地貌特征等等,恰当选择博物馆、地质公园等社会教育基地,使学生对知识的学习能够鲜活。结合初中生生活经历和现有储备,从多种角度调动其学习参与,并为终身学习奠定基础。

(六)思想品德

结合社会热点、生活实际开展研究性学习,整合教材内容,拓展学习资

源,让思想教育的启迪融合到实践活动中,通过发现问题、探究问题、解决问题的学习过程,体验优秀的思想情感对自我的影响,从而更好地自我发展。

(七)体育与健康

改变体育课堂的单一功能,以增强学生身体素质为核心,确定适合学生健康成长的系列指导性课程,将科学健康的运动方式引入课堂,在特长培养等方面,提供课程支持并搭建平台。

(八)艺术学科

选择性应用教材,结合教师特长和学生兴趣,引入鉴赏课程,引导学生学会发现美、欣赏美、创造美,将艺术与科学相结合,将名家名作引入课程,拓展课程资源,给学生以艺术熏陶,深度培养学生审美情趣。

(九)综合实践活动课程

与学科教学整合,结合教材考虑学生实际、地域特点、生活环境,确定主题式探究活动或实践活动,考虑学生知识能力储备,借助学科教学,引导学生自主完成实践活动,做好积累总结,反向指导学科教学。

第二节 课程结构与设置

美国著名心理学家布鲁纳运用结构主义的方法论原理,借鉴皮亚杰的认知心理学研究成果,提出了学科基本结构理论,针对学科学习的诸多要素系统阐述了其学科基本结构的基本观点。在教学中布鲁纳强调基本知识与基本原理的重要性,指出学生学到的观念越是基本,几乎归结为定义,则它对新问题的适用性越广。布鲁纳的观点对课程建设具有重要影响,如何通过课程结构安排和课程设置实现教学目标,并达成良好的教学效果,这是学校课程建设中需要重点思考的问题。我校的课程结构和课程设置经过了较长时间的实践和调研,结构决定了课程的支架,支撑起整个系统,随之在此基础上完善课程设置,使课程能够在既定的目标要求下,实现设计想法,并能够形成具体的实施建议。

一、课程结构和设置的基本原则

学生的个性差异是学校教育中面临的紧要问题,这是新课程改革提出的重要问题。培养创新型人才,已经迫切要求学校教育关注个体发展,改变统一的课程机构,融入课程的多样性和选择性特点,使学生对课程学习充满期待,并能获得成功体验。由此思考学校的实际情况,结合学生及教师特点,确定如下课程结构和课程设置的基本原则。

(一)均衡发展原则

课程结构需关注两方面的均衡发展,一方面是学生所学的多学科均衡,初中学生对未来发展充满未知,知识、能力、兴趣、爱好及特长都处于形成过程中,不能定位或决定未来的发展类型,因此课程结构需均衡考虑,科学与艺术并重、健康与快乐同行。另一方面是学生学习与体验的均衡发展,改变知识技能与知识体系和应用实践脱节的现象,利用课程的规范实施,使学生将所学知识与现实生活紧密结合,关注生活、关注社会发展和科技进步,并积极开展探究活动,实现学生综合素养的全面形成。

(二)综合性原则

实现学科整合,或者学科间的相互融合,既实现跨学科统整,也实现同学科中课程内容的统整,需要兼顾,实现学习领域内容和教育价值的统整。对于课程的综合性,还体现在对不同学科的内容设置及安排比例中,通过时间、内容、方式等不同的要素来体现综合性。在进行课程设置中还要考虑多种实践课程,这是对知识综合性应用能力的重要培养依据。

(三)选择性原则

课程结构应具有可变性,或者具有自主微调的预设,在学科课程体系建构中,要充分考虑教师特点和学生特点,留有自主开发或选择的机会与平台,结合个性特点以选取适合的课程教学或学习,从而达成多途径获取成功的重要愿望。选择性还体现在课程的研发和创造性课程使用过程中,在课程结构中留有分支,在课程设置中适当留白,这本身也是课程建设的需要。

二、课程类型与具体课程设置

作为课程结构的构建和课程的选择性设置,应该更多地关注个性,涵盖教师的个性和学生的个性。我校制定的课程类型,考虑了学校的已有课程结构,尝试优化重组,同时结合新课改的理论指导,充分意识到课程结构在

让幸福通向未来
——哈尔滨市风华中学课程建设的实践研究

课程建设中的纽带桥梁作用,充分理解课程结构和课程设置,并将其进行恰当分解,从而更加有效完成各部分课程构建。

（一）课程类型及课程内容

课程结构关乎课程建设的骨架与主线。我校明确定位课程结构是以国家课程为主线,完善课程结构,从类型上分为国家课程、校本课程、德育课程。以"三足鼎立"的形式支撑起学校整体课程结构,在此结构中比重较大的是国家课程,其他课程并行。

国家课程也称为必修课程,含有依照国家课程标准规定实施的所有学科课程内容,含有地方课程,由于学科明确,学科知识及学科素养载体清楚,所以课程内容重点为课程资源开发整合和课程实施的优化,实现的是资源建设与创造性实施,同时加以科学评价。在国家课程中,以课程标准为方向指导,以教材为依托,从团队研发的角度构建并完善课程内容。同时,国家课程是所有学生的必修课程,也是所有教师深入钻研的课程,需要有时间和制度的支持保障。对于必修课程的地方课程,融合了地域特点,适合大部分地区整体使用的课程内容,在课程结构中占有一定比例,不容忽视。但要注意课程的整合,相近学科之间相互融合,促进其专题性学习研究。在地方课程中,目前重点课程内容为人文与社会、技术和生命教育,在保证专有课时的前提下,关注整合性、创新性和融合性发展。

校本课程隶属学校的选修性课程,既是国家课程的必要补充,更是学生成长和发展的必要补充课程,在课程结构中占有较大比重,分设课程内容涵盖学生核心素养的诸多方面,科学、人文、艺术、健康等等,是课程建设的重要部分,也是难点部分,它受课程标准、人才培养规划、教师素养、学生特点、社会环境等多因素制约和影响。因此,校本课程构建是我校多年来致力于研究的课程结构分支。通过对校本课程的不断优化和丰富,目前已经成为学生特别重视和喜欢的课程,学校也因此更加充满激情和活力。培养有学校印记的学生,校本课程功不可没。目前的校本课程共有四个系列近40门课程,每一年的课程开设会根据教师情况进行微调,每位教师需研究本学科领域内的一项内容,作为校本课程的研发资源,在最大范围内丰富校本课程的开设。

德育活动课程是学校的综合性课程,涵盖德育教育和学生养成教育的各个层面的教育活动，整合和改变以往学校随机、杂乱、缺少主题构划的学生活动，将活动课程化，形成活动育人的新的结构体系。德育活动课程列为课程结构分支，充分表明了在课程建设中，对育人目标的充分落实，突出对人的培养，使得学生成为社会中合格的人和有责任、有担当、守规则的人，从而实现学校的真正育人目的，完成教育的使命。我校德育活动课程分为五个系列近20项课程，为学生补充和内化国家课程以及校本课程所涉及的知识、能力和学习的良好品质。按照课程实施要求，构建德育活动课程体系，也是目前我校在课程建设中卓有成效的部分，将在以下章节中做具体阐述。

(二) 课程领域与平台

如今的初中课程，涵盖范围较广，涉及社会生产生活、社会历史发展、社会热点问题等各个层面，这也是如今信息时代的重要特征，获取学习资源的领域更加广泛，从而也势必对课程领域的拓广和延伸具有重要作用。我校在课程领域的选择和确定方面，充分考虑初中学生特点和所在城市哈尔滨的地域特点，遵循学校文化构建的诸多方面，从而慎重选择不同学科的不同领域，并依据领域选取和课程建设总目标的确定，构建平台。我校经过多年的实践积累，如今在课程领域与平台的开发方面主要具有以下特点：

1. 地域文化

哈尔滨是冰雪名城，将城市资源、环境、文化以及城市发展历史等元素，融合到课程建设中，在各类课程中得以应用，并由此搭建学生发展、教师发展平台，城市重点项目参观、交流互访、科学宫和博物馆以及走进高校等，依托城市地域特点，深挖可利用的课程资源和课程实施平台，促进课程领域的深度拓广。

2. 传统经典

中国的经典文化精髓，是必须传承和发展的，这是学校教育必须关注的重要领域，也是课程构建的重要因素，利用多种学科，融合传统文化中的文学、艺术、科学以及哲学、宗教等，借助各种活动课程、走访参观、主题交流等多种平台开展交流学习，真正实现传统文化的传承与发展。

3. 科技制造

融合STEM的课程理念，是我校近年来一直尝试研究的内容，在实践中体验、在真问题中思考，这是知识应用和学习的源动力。因此应在物理、化学、生物等学科中,重视实验和科技制作,及时了解和获取当今社会科技制造的资源领域,从中获取科学有效的资源丰富于学校教育教学工作。学校建立未来教室,将基本工程制作、创造发明、机器人等项目引进未来教室,学生可以尝试研究,进行创造性学习。

4. 社会热点

了解社会,适应发展是目前学生比较欠缺的意识,知识与实际相联系时,才能鲜活有效,才能具有深入研究和探讨的兴趣。因此在课程建设中,我们也将社会热点作为课程拓展的领域之一,在各个学科中,关注与本学科教学适合的新闻或重要事件,加以融合,或者开展综合实践课及项目式学习等,构建多种学习平台,实现符合现代社会发展的人才培养过程。

5. 劳动实践

具有劳动意识和劳动能力也是学生必备素养,消除"只要读好书"的错误育人思想,创造和搭建劳动的机会与平台,在劳动中增强社会参与、合作交流、增长智慧的意识与能力。开展校园内劳动、志愿者活动、公益劳动以及家庭劳动等等,在各种劳动实践中学习交流合作、体验劳动过程、实现自身价值,从而从更多的角度获取成功体验,分享学习快乐。

6. 自然环境

人与自然和谐相处,是现代社会文明发展的重要责任,初中生尤其应该亲近自然,在大自然中体会成长的乐趣和生命的真谛。我校在课程领域的确定中,将自然环境作为重要开发领域,哈尔滨独特的湿地资源和多种动植物保护区,都是重要的可学习资源。提供学生亲近自然的机会,结合地方课程和校本课程,更好地了解自然,懂得自然规则,做到真正地热爱自然。

(三)阶段课程调整

在课程类型和设置的安排上,需要不断进行优化和调整,在主旨思想不变的情况下,可以在实施过程中,考核评价,采取合理的方式加以调整,目的是更好地适应老师,更切合学生的实际。在调整的过程中,需要兼顾以下几个方面:一是不改变整体结构和课程构建理念,否则易造成课程的随意性和不确定性,影响课程建设持续稳定的发展。二是结合资源建设情况进行选取,软硬件配置、师资力量、季节特点、外部环境等等,充分调研、有的放矢。学校发展受多方影响,课程建设受约束的情况更多,当资源设备不满足时,需要及时调整,不可强行推进。三是评估学生阶段性需求,进行适当的课程调整,每个学段的学生在不同阶段会有不同的任务,既要有充分的预设,也要考虑生成的效果,各学科之间相互沟通和整体协调,对于课程的设置进行微调。四是课程类别和课程设置的阶段性调整,面对社会的不断发展变革,新思想和新思路的不断融合发展,学校课程建设也需与时俱进,在课程类别上进行阶段性调整,依据课程建设的基本思路和原则,根据课程发展阶段进行适当改变,这是符合课程建设要求的,一般情况下,每年都需要进行测评和调整。

三、课程设置管理

在学校课程建设过程中,课程设置管理是保障课程实施的重要环节,建立和完善各种管理办法和管理制度是必要的。课程管理一方面实现的是监管,同时更多的是过程中的调查研究,帮助、指导、交流、研讨课程设置的科学性和合理性,评价课程设置的效果,并多角度挖掘资源,推动课程设置的良性发展。

(一) 管理机构

课程设置需要由专业教师进行调研和评估确认,面对整个的课程建设体系,课程设置属于体系的基础,要为体系构建做好前提准备。建立健全管理机构,有利于确定核心力量,并能够明确设置的意义和要求,有组织、有步骤地实施课程设置管理,从而保证课程设置的必要性和科学性。我校管理机构分为主管校长—学科主任—备课组长—备课组教师四级管理结构,在每层管理中分设管理目标和具体要求。

主管校长,负责组织骨干教师调研评估,确定课程类型和课程设置的大体方向和原则解读,落实学校的课程设置思路,并加以适应性整合调整,监控各学科或相关部门的落实情况。

学科主任,根据整体思路确定本学科的所属课程设置要点,明确课程设置的具体实施方案,并与备课组长和骨干教师论证课程设置的合理性和可操作性,提出讨论问题,研究具体实施方案,并达成共识,过程中参与监督和指导,并及时向主管校长汇报课程设置的讨论结果及设置情况。

备课组长,结合学科组关于课程设置的具体要求,思考本学科或本学段

让幸福通向未来
——哈尔滨市风华中学课程建设的实践研究
RANG XINGFU TONGXIANG WEILAI
HAERBINSHI FENGHUA ZHONGXUE KECHENG JIANSHE DE SHIJIAN YANJIU

学生特点及各项配套资源情况，考虑本组教师特点，合理分工、紧密协作，创造性开展适合本学段的课程设置具体计划，并带领组内教师具体执行，在课程设置的决策中有提出意见和建议的权利和义务。

备课组教师，课程设置的具体执行者，深入理解课程建设的理念和内涵，明确学科课程设置的目标，并能积极有效地投入完成相应工作，结合自己的工作实践提出有效的调整方案，同时注重创造性地进行学科课程设置思考，充分了解学生特点和已有储备。总之，是课程设置的具体参与者。

(二)项目及内容

课程设置的具体内容包括以下几个方面：

1. 课程类型

结合学科特点，将与本学科相关的指定课程进行分析探讨，确定为学科课程还是综合实践类课程，并在每类课程下继续划分，可以具体分为新授课、复习课、活动课、实验课还是展示表演课等等，综合实践类课程需要细化，调查研究课程、参观实践还是实地考察等等，要对类型明确定义，并思考各种类型下的具体实施或操作方案。

2. 课程资源整合与管理

拓展多维的课程资源是进行课程设置的重要部分，资源的可行性决定了课程的可操作性，分为整合教材资源、拓展教材资源、教材外资源补充、综合实践类开发等等，同时对课程资源的各级别整理是管理重点，这将影响不同学段的共享与传承，资源的丰富与积累是需要集体智慧并多年不断完善和更新形成的。我校课程资源管理定位在备课组，由备课组教师共同维护与日常完善，具有资源使用和分享的决定权。

3. 时间与课时安排

根据不同的课程类型及不同年段，设置合适课时及实施的合适时间，目前我校的六七年段在注重基础学科教学的基础上，划分出每周两课时或三课时的时间完成校本课程，并使研究性课程内容在学科教学中占有20%左右的课时，融合到学科教学中，这里涵盖了专题课、拓展课、学科综合实践课等等。对于德育课程的安排分为固定时间和计划时间，固定时间是指传统及常规课程在每年、每个年级的固定时间进行，进行中完善和调整，使之与时俱进，其他德育课程依据传统节日、大型活动、季节特点、学科教学阶段等等,进行每年的计划性实施,总体课程目标相同,实施时间和课时进行微调。

(三)保障措施

课程设置需要学校提供多项实施保障。课程设置涵盖了开发与实施、实践与反思、提升与完善等多个环节,很多环节仅凭教师之力难以完美呈现,因此需要各部门联动,并积极配合,主要体现在以下几个方面:

1. 组织保障

学校在课程建设的整体构建中,组织机构应该得以具体和细化,研究目标、实施责任需要明确,负责人要切实把好课程设置的源头关,切实落实责任,要有清晰的组织规划。不同课程设置形式决定了不同的组织形式,教研组、课题组、项目组等可以交叉,也可以相对独立,在不同的组织中设有不同的责任教师,如教研组需有学科教学研究的骨干教师、引领教师等,课题组则需要有课题研究教师,科研骨干教师承担具体的课题研究等等,组织科学合理,以更好地产生合力,进而激发创造力。

2. 制度保障

对于课程设置的评价、考核、评审等都应该有明确的要求和标准,并以制度的形式加以保障,制度需要得到参与教师的认同,并能共同遵守,学校设立相应的评价标准在教代会、组长会等重要会议或全体教师会议中讨论通过。

3. 保障教师的培训

受学科、精力等限制,仅依靠教师原本的力量是难以承担全部重任的,学习培训、聘请专家和外出学习等,都是必要的教师发展平台,我校每年都有教师的专题外出学习,北京、大连、深圳等地优质教育资源都有学习和分享,同时外请专家到校进行专题培训,也是每年的教师必修课程,同时购买书籍、网络课程等也是重要的学习提升途径。在培训过程中也针对教师的成长效果给予更多的肯定和奖励。

4. 信息技术等资源技术保障

资源的获取是多途径、多方式的,我校建有多种专业教室,并配备丰富的资源和硬件设施,艺术类教室、科技未来教室、各种实验室等,从配套设施方面予以保障课程设置的有效载体,同时信息技术、云技术大量引入,建立多种网络平台,利用信息技术手段实现学习方式的转变,同时实现信息技术

的熟练应用,真正让技术融入学习的过程,为构建自主学习体系打下良好的基础。同时,针对国际化教育资源和学习方式,我校积极建立多种互联方式,互访、空中课堂等多种形式的中外交流,也拓展了更多的学习资源。未来发展中数据化、智能化将成为生活的常态,渗透到多种生活领域中,教育也必然要进行方式的改变,因此积极学习、主动认知是必要的。

第三节 实践路径

课程建设的顶层设计涵盖范围较为广泛,对于课程的实践路径,需要学校进行整体规划和设定。《国家中长期教育改革和发展规划纲要(2010—2020年)》强调:"树立系统培养观念,推进小学、中学、大学有机衔接,教学、科研、实践紧密结合,学校、家庭、社会密切配合,加强学校之间、校企之间、学校与科研机构之间合作以及中外合作等多种联合培养方式,形成体系开放、机制灵活、渠道互通、选择多样的人才培养机制。"这已充分表明,国家对于课程实践路径的重视与指导,对于课程体系中的不同课程需要设定科学合理的实践路径或实施途径,对于同一课程中的不同内容实施同样需要路径设计,从而保证课程落地生根,切实可行。

一、课程资源开发与完善的实践路径

课程资源开发,是课程建设构划的起点,在学校进行顶层设计的过程中,需要考虑现有课程资源现状,并结合学校课程建设的愿景,细化课程资源开发的各个途径及环节,从而更好地保障资源的合理性与延续性。课程资源开发是一个系统工程,需要学校整体分工,并进行多方融合,共享完善,并进行阶段性反思和调整,与此同时课程资源开发需要一定的时间周期,既需要一定的量的积累,也需要建立在反思基础上的质的提升。我校在课程资源开发方面主要有以下途径:

(一)合理分工、校内共享

按照学校整体课程建设的规划,各学科将制订各学科的课程计划,针对其中的课程资源开发,各个备课组都将进行细化分类,对于国家课程资源的校本化构建,都能形成本学科的实施方式,继而实现科学合理的分工。往往

课程资源的开发都是立足学科教师,从学科角度进行资源开发,如我校的语文学科,需要创编的课程资源有文本性质的,名家经典、戏剧文学、古典诗词等,有影视形式的,经典剧目、经典影片、综合类纪录片或文学类活动等,有学生社团活动类的等等,其他学科也一样涉及多类别内容和多种题材,需要合作完成,并且传承共享。各年段所整合课程资源的内容不同,在课程改革之初,各学年任课教师从尝试拓展开始,针对国家课程进行必要的整合或拓展,各学年能够结合本学年的学生特点进行内容拓展、活动创设、主题确定等,经过本学年的实践,会在年度结束时进行反思测评,将本学年资源优化调整,然后下一个学年继续应用的同时,删减改良,不断优化,并结合时代的发展,信息技术的融合等因素进行补充。在课程资源开发方面还存在着学科之间资源共享的特点,如历史文化的资源拓展,语文学科、历史学科以及其他学科的发展史方面是多有联系的,可以进行资源共享。再如,社会热点类问题,比如我国的"一带一路",地理学科、历史学科、政治学科等都会从各自角度引导学生学习分析,并进而形成综合性课程资源,作为校本课程加以应用。所以,对于课程资源开发与完善,校内共享是科学有效的重要途径。

(二)搭设平台、校际分享

地域特点和区域环境也是课程资源开发的重要来源,每个学校都有自身的课程建设特色,并对课程资源开发有不同的角度或切入点,不同的资源和相同资源的不同角度,都应给予重视,不容忽略。同时受办学体制和办学条件及管理体制的约束,都在一定程度上限制了校内课程资源的开发力度,走出校门更好地接触了解不同的课程资源是推动课程建设的有效途径。我校重视与其他学校的互动交往和资源共享,每年都会与区域内学校开展交流活动,互相针对主题内容进行相互学习,如,在理科专题课的开发方面、探究实验、野外考察与标本制作、球类培训等多个方面进行课程资源的交流和分享,在助力其他学校课程建设的过程中,深化了我们对课程资源的理解与内化,并对课程资源拓展开发提供新的思路。在与区域内学校交流分享的同时,我们还与省外和国外的多所学校建立联系,成为友好学校,互派师生,共同探寻学习的主题,针对学校的特色课程、综合实践课程等做深入探讨,并交流课程资源建设的多种途径和方法,推进课程资源建设的多元化与内涵化发展。

(三)重视衔接、跨段整合

各学段衔接已经体现在课程建设的多个方面,目前初中应该重视与小学的回顾衔接,以及与高中的展望衔接。目前的学制特点是小学5年、初中4年、高中3年,小学到初中,是一个较大的转换,对于学生来说变化很大,难以很快适应,这难以适应的内容中有重要的一部分就是课程资源的有效融合,从资源的类型、内容、呈现方式,都需要关注到小学与初中的衔接和过渡,尤其对于初中六年级,需要了解熟悉小学的相关课程资源,考虑其内在特点,如在进行科学探究课程的构建过程中,必须考虑学生小学学科课程资源的拓展和应用情况,在此基础上承接和逐渐过渡,并注重资源的呈现形式,遵循学生中小学过渡期间知识、能力及情感特点,有效实现课程资源的合理构建。同时,初中与高中同属基础教育,也必须做好相应的承接,初中课程资源整合,需要考虑高中的相应课程发展方向,从学科纵向发展的角度承接好课程资源的构建。例如在文学素养的培育方面,需要兼顾高中的课程资源要求和培养目标,做好相应的承接和延展,也为初中课程资源开发提供了更好的参照物和依据。小学、初中和高中,应成为统一的整体,这也是目前很多学校进行一贯制教学的原因之一,也说明了跨度整合教学资源的必要性。

(四)学科融合、实现统整

学科统整的做法近年由美国提出,并成为教育改革的热点,其核心用意在于突破传统的学科界限,运用多学科知识解决综合性问题,借助此种理念,我们将其简单理解为拓展开发具有学科综合性、探究性、开放性和生成性的课程资源,更多体现多学科的相互融合与应用,这也是课程资源构建的重要途径,多以实践活动主题式、项目式学习和实验探究等形式进行开发,改变传统的单一学科知识的应用,融合多学科内容或多种解决问题的方式,以培养学生的综合素养。我校在课程资源开发和重组构建过程中,关注多学科的相互融合,例如在数学课程中,会拓展社会调查的内容,其主要目的是引导学生学会信息的收集与处理,而在这一过程中,会涉及地理、生物、历史、语文等多学科知识的应用,最终形成的调查报告必将融合更多的知识。由此可见,学科融合应该成为课程资源建设的实施途径之一,这样能有效提升课程资源品质,利于学生的全面培养。当然在此过程中,对于学科统整的理解还是呈现认识上的问题或差异,目前还缺乏课程统整的理念,专业素养也有待于提高,教师之间对于统整的理解和合作意识目前也存在一定的问题,这需要在实践中继续反思和摸索。未来,学科统整的课程资源开发会成为课程建设的重要方面。

二、课程实施的实践路径

课程实施的路径是指课程的呈现形式,也是学生学习的途径方法。路径的选取是否科学合理将直接关系课程的落实效果,目前从学校教育看,课程的实践路径范围广泛,没有固化的形式,诸多的模式在课程改革过程中层出不穷。面对眼花缭乱的实践路径,难以从中甄别"好与坏",事实上,课程的实践具有太多的个性化,学校的文化、教师的专业素养、学生的地域特点以至家庭状况,都将限制和影响实践路径的选择。最简单的例子,一个人,要从哈尔滨到北京,应该如何选择路径呢?这个问题是多选的、不固定的,依据时间是否充裕、所办事物是否紧急、去的人员的身体状况、人的经济能力等等,飞机、火车、汽车都是可以选择的,因此,选择适合的是必然的。课程实施的路径也如此,正所谓"条条大路通罗马"。我校的课程实施,结合我校特点,重点体现在以下几个方面:

(一)构建高校课堂教学模式,以促进基本课程的有效落实

课堂教学是课程实施的主阵地,也是目前学校教育的普遍形式,构建"有趣、有效、成长"的课堂教学是我校一直以来的课程文化,有趣是指教学内容和呈现方式适合班级学生特点,能够引发学生的学习兴趣;有效是指切实达成教学目标,有效率、有效果;成长是指师生的共同生命成长。学校一直注重践行生命化教育,课堂应该是生命成长的主阵地,学生的成长必然促进教师的提升,教师的提升势必会助力学生的成长,双方相互促进、相互影响。高效的课堂模式其核心是:"真"问题设计。"真"即真实,问题本身准确、有意义,是真正的值得思考的问题,同时问题的提出能够真正地促进学生思考,引起真正的讨论或辩论,能真正地得以解决,并且解决了真正的问题,这个要求的提出源于课堂教学中为了提问而提问,为了探究而探究的形式问题,寻求真正的问题解决和思维训练。我校的课堂环节主要有:

1. 真问题情境引入

无论是实际问题还是具体的学科知识问题,既能达到对课程的前后关联,同时是本节课的学习重点。

2. 新知识过程探究

新知获取的过程是探究的过程,是合作交流的过程,是教师有效引导的过程,无论是讲授、讨论还是展示、交流,须关注学生的真实体验,实现真正的思考和实践得出。

3. 巩固应用

注重联系旧知和已有知识结构,将新知纳入旧知,完善知识体系,完成知识结构图或思维导图。

4. 总结提升

每一节课要有充分的总结,思想方法、规律技巧、内涵延展等等,关注学生的真实体验,切实获得知识的学习及学习自主性的培养,从而为后续学习不断积累。

(三)创设学习主题,实现探究性学习或项目式学习

在对国家课程开发重组过程中,将对国家课程中的内容进行校本化处理,设计主题下的学习活动,实现探究活动或项目式学习。例如,在生物课中,将植物的细胞、分类等内容,进行适当整合,形成探究性学习活动,探秘植物的生长,带领学生到植物园中完成系列的探究活动,所遇到的微观问题,回到实验室中研究解决,如此有意义、有价值的学习活动是各学科课程资源构建中都在不断思考并积极实践的。对于学校的校本课程,则主要通过主题式学习加以呈现,例如,绘制校园地图或制作校园模型、社区垃圾分类调查等等,以主题式学习为载体,实践探究、合作、展示、汇报、撰写小论文等。主题的创设可以是多层面、多角度的,既可以从学习内容方面确定,也可以从学习的方式、学习的环境场地等进行确定,同时应关注到学习的延续性和学习内涵的发展。

(四)重视社会资源利用,拓展学习空间与学习平台

目前的多元信息获取渠道直接提供了多种学习渠道,在课程建设过程中,重视多种社会资源的有效利用,可以为课程学习开拓多种平台。我校多

年来一方面重视家长群体的社会资源,例如课程的补充,科技、工程、艺术等多领域的专家或机构被重视与利用,工厂、电视台、社会多种机构等都可以纳入课程学习;另一方面重视社会中的各种功能场馆和主题教育基地,如博物馆、艺术馆、科技馆等,借助高校的实验基地或社团活动等,都成为我们拓展课程的重要途径。近年来,我们不仅请进来,还创造条件,师生走出去,老师们将学习的场所延伸和拓展到校外,用心思考,总能获取到学习的资源。目前的社会中,有很多主题教育的场馆基地,爱国主义、环境教育、动物保护、艺术鉴赏、文物保护等等,还有名人故居、历史遗址等,都可以在学校课程整体构建的情况下,从学科角度出发或者从特色课程的角度出发,充分利用社会资源,使学习资源和学习活动都能够更加丰富和有意义,因为更多的社会资源无论从资料的体系和设置布局的科学性等都是学校力量无法达成的,应充分利用。

(五)关注家庭教育和课余活动,延展学校教育

学习活动不仅局限在学校,但需要学校的指导和规划,日常生活和课余交往活动都是重要的学习途径,也都蕴含重要的学习资源。"行走"本身就是学习的过程,亲子活动、假期旅游、志愿服务等等都是必要的学习途径,这一过程所获取的不仅仅是知识与技能,更重要的是获取社会参与的基本素养。我校在每个年度,都会进行社会活动的规划与意义指导,给学生和家长指导,参观游览需要捕捉的信息和参与的规则以及理解所到达地区的历史价值或社会价值等,从而让普通的旅游留有深刻的印记。学校会结合节假日、寒暑假等特定的时间,设计相应的参与性活动,修学旅行、冬夏令营、志愿服务等,布置相应的参与性作业,如了解城市历史、百家姓奥秘、年夜饭变迁等等,从小的切入点引发深入的思考和学习的渴望,调动学生内在的学习参与动机。在课余时间还可以注重赛事和影视等学习途径,源自自身兴趣爱好的各种比赛和展示,能够更好地稳定学生参与的自信与自主,而优秀的影视作品也是文化的重要补充和了解,经典的文学作品需要多种呈现方式,做好选择也就做好了规划指导。学校教育的延展途径多种多样,适当进行筛选和丰富,设计主题、明确方式,在家庭中成长、在社会中成长。

让幸福通向未来
——哈尔滨市风华中学课程建设的实践研究
RANG XINGFU TONGXIANG WEILAI
HAERBINSHI FENGHUA ZHONGXUE KECHENG JIANSHE DE SHIJIAN YANJIU

三、教师发展的实践路径

教师是课程建设的主体,重视教师培养是学校建设的重要环节,多年来我校一直探索教师培养路径,针对学校教师的团队结构,依据学校发展愿景,努力构建教师的不同成长目标,积极引导教师主动学习、主动发展,主动塑造自己,从而形成有个性风格的教师,在不断的实践与学习中深挖自身潜能。

(一)调动学习内驱力

面对不同层面的教师,要努力做到了解和理解,学科区别、年龄差异、个性风格等,都造就了不同的教师发展途径,源于教师的个人发展愿景不同以及对教师的职业追求不同,学习内驱力动力会具有明显差异,这需要针对特点,激励前行。学校的年轻教师们,初为人师充满美好的憧憬,对教师的职业是期待的,热情满满,但在适应学生向教师的转变过程中会有"跌撞式"前行,相反作为老教师,多年来兢兢业业,习惯了教师的工作意义与工作节奏,多种因素会适当增加职业倦怠,往往会依靠"惯性"向前发展,这些都会对学校的课程建设乃至学校教育发展造成影响,所以应从课程顶层设计的角度思考如何激发教师的学习内驱力,我校的做法可以概括为以下几点:

(1)及时更新教育发展动态;(2)阶段性外出观摩;(3)资深专家解读工作与生活;(4)提供学习的平台和时间;(5)加大鼓励和肯定的奖励机制力度;(6)人性化管理。与此同时加大力度使不同层面的教师感受到学习所带来的工作与生活品质的提升,营造学习和研究的氛围,关注思想和心理状态,使学习的过程愉悦,学习的结果欣喜,切实感受到学习的成就感和幸福感,从而爱上学习。

(二)引导教师进行职业规划

成全学生的成长规划,其前提是教师自身的自我规划,从年轻教师入校开始要进行发展规划的培训和指导,引导他们从未来发展的角度思考自我学习、工作、发展提升的阶段性目标和未来发展定位,形成科学的发展规划。而对于老教师则从发展的不同阶段引导他们准确定位,明确责任使命,根据学习整体发展愿景,立足自身特点从自我提升、风格提炼、业务技能等多个

第二章
学校课程建设顶层设计

层面自我分析、诊断,从而明确自身存在的问题,清楚自身的发展方向。教师发展五年规划,是每个五年的时候反思过去的成长经历,分析得失,寻找自身可突破或可发展的重要节点,思考对策,制定未来五年目标及实践途径,寻求合适的发展平台,以实现自我价值。另外,自我规划建立在自我分析和自我需求的基础上,"我愿意"是关键性前提,激发带动教师形成主动规划意识是重要环节。除了主动意识之外就是科学的规划指导,个人反思、同伴互助、专家引领,构建校本研修体系,会有力促进教师的自我职业规划,进而实现对学生成长的规划及对课程建设实施的规划。

(三)合理安排教师工作,营造乐教氛围

教师的工作原本就是源自内心的工作,教师的情感体验、情绪状态、内心感受等都将直接与工作效果有关,学校从整体工作安排的角度需要考虑教师的职业需求和生活需求,人性化管理,体现对教师的激励与关爱,从而更好激发教师的工作兴致。教师的工作不仅仅是教,更重要的是研究如何教,所以我校会从教师发展及个性特点的角度进行教师的合理化分工,工作量关注显性与隐性部分,鼓励有思考和有个性的教学研究工作,成立教师专业研究工作室,创建学习共同体,围绕发展目标提供平台、提供资金投入,形成研究氛围。另一方面,我们经常开展教师的各项活动,如朗读者活动、团队共建活动、远足联欢、艺术体育竞技等,丰富教师的工作生活,展现教师的个性风采,给教师减压,也给团队增加凝聚力和核心力,促进教师大小团队的和谐氛围、热爱集体、向往团队,这是做好工作的前提。总之,愉悦的工作是每一个人都期待的,教师群体更是如此,我们也将继续探索更好的促进教师乐教的合适方式。

(四)搭建学习平台,丰富教师视野

在促进教师成长和发展的过程中,请进来能够短时间内高效解决教师的理论认真和理念培训,但缺少实践和体验,缺少落地的有效切入点,因此走出去是必要的。我校每年都会安排老师走到校外、省外以及国外,感知先进的教育理念,近距离观察课堂、观察教育、观察目前的优质教育落实现状。对于学生,我们强调行走是学习,教师也是如此。在北师大,老师们与教育专家相遇,聆听和交流教育的最新发展现状及未来发展前景,到北京的学校感知学校的特色课程建设,与学生和老师交流感受我们的差距或不同,引发对比性思考,寻找到切实可行的借鉴方式或管理方式,提供给我们更多的课程建设思考,拓展了思考的维度与广度,丰富老师的视野。真正有效的学习就是近距离感知、近距离交流,解开困惑、寻求可支持理念,从而塑造我们自己的教育。有时候,我们还会与区域内的兄弟学校近距离交流,任何一所学校都有自身发展的特点,都有自己的发展内涵,都是可交流可借鉴的,尽管是帮助他们,但依然能够得到更多的思考后的收获和体会。我们还会继续拓展交流的平台,让学习和体验真正的发生,与先进的理念融合,与优质的学校教育接轨,完成自身的课程建设并促进学校的更好发展。

(五)明确奖惩制度,注重科学管理

建立必要的管理制度是科学管理的必要,管理的至高境界是文化自觉,但在形成这一境界的过程中建立科学合理的奖惩制度还是必要的,这能够彰显公平与尊重。我校对于年轻教师设立培训制度和考核制度,对于教师及教学行为设立常规检查制度、教学常规制度、校本研修制度以及科研培训制度等,所有常规管理都将纳入年度考核及评优晋级考核体系中,肯定和尊重有效的工作付出,同时也督促和审核工作未能达标的不合格行为,当然制度的制定与执行是需要各部门配合及教师代表决议通过的,作为学校的工作规则共同遵守,执行过程中既需要公平公正,同时也要注入人性关心,辩证处理问题,把握管理的合适程度,让制度促进和谐发展,而不是造成不良情绪,影响工作的真正品质。

第三章　国家课程的实践探索

国家课程承载课程标准要求下的课程范围与具体内容,决定知识的广度与深度,控制课程体系的科学性与严谨性。学校教育必须尊重国家课程所制定的系列教学内容,并兼顾每所学校的文化特色。因此,有必要对国家课程进行系统整合和校本化实施。

一、重组国家课程资源

在基于学生未来发展的课程建设过程中,各学科都以尊重课程标准为前提,同时体现学校文化,满足特色的要求。例如,数学学科对例、习题进行重新编排和处理,将习题中的典型问题拓展为专题学习;物理学科针对微观物理现象,收集、制作微课视频课程资源,为学生打开微观世界的大门。

二、整合专题课程资源

专题化的课程能够有效实现学生思维训练的严谨性、逻辑性。如数学专题体系划分为以下四个分支,相互联系、相互支撑。(1)以新知教学为主要任务的教材内容专题;(2)以分类训练为主要任务的整理内容专题;(3)以知识类型为主要任务的综合训练专题;(4)以生活中的问题为主要任务的综合实践类专题。

三、创编趣味课程资源

政治、地理、历史等学科受知识内容和学生学习方式的影响,缺少趣味性。基于此，政治学科通过创编广告课程、热点专题课程等，借助公益广告、社会新闻热点，将集体教育、环境教育、生命教育等巧妙融入其中；地理学科将教材中涉及的地理知识编写出 76 首地理歌谣，并配以图文资源，学生在生动而有趣的学习过程中轻松掌握抽象的知识；历史学科中创编历史小助手、历史剧表演、古今观点辨析、历史歌谣等，创编的课程资源已经占据历史课的 30% 左右，学生收获丰富知识的同时，明晰学习历史的意义，增强了辩证分析问题的能力。

四、丰富校本课程资源

在教学过程中，随着课程体系的构建，各学科课程资源愈加丰富，编写了大量校本教材，并有部分公开出版发行。如语文学科编撰《拓展群文集》《学生习作汇编》，公开发行了《风华经典诵》（一、二）、《风华佳作园》（一、二）等书籍，政治学科编写《风华学子成长手册》，英语学科编写《英语阅读集》等，每个学科都形成了本学科校本课程汇编，并在后续教学中不断完善。

目前国家课程共计开设语文、数学、英语、物理、化学、思想品德、历史、地理、生物、音乐、体育、美术、综合实践等 13 门课程，学校为五四学制，分为六—九年级，六年级开设 10 门课程，不含历史、物理、化学学科，七年级开设 11 门课程，不含物理、化学学科，八年级和九年级开设 11 门课程，不含地理、生物学科，此课程安排，符合上级教育主管部门的规定，同时符合学生的认知规律，在此国家课程的计划安排基础上，增设地方课程和校本课程，从而更好地完善学习的整体课程建设。2011 年，针对学校的整体课程建设，提出了国家课程的校本化实施，并同时制订了实施的计划、实施的具体环节等，本章将针对国家课程的校本化构建，从课程目标、课程内容、课程实施、课程评价等几个角度对课程的实践探索情况加以整理，以细化实践过程，完善课程实践实施，为后续课程建设，奠定基础，并做好准备。

第一节 语文课程的资源构建与实施

一、语文课程资源内容

课程内容依据教材内容，并进行适当的课程资源整合以及课程内容的调整,其整体的思路是低年段注重输入,高年段注重输出,改变课程内容的呈现形式和路径,借助信息技术手段及多种学习方式,增强课程内容的多样性和科学性。同时课程资源在构建的过程中,需要考虑课程的实施可行性,并为有效实施精选资源。

(一)七年级课程资源分类

1. 教材内容的整合与处理

开学初制定一学期的阅读教学的主题,即如何读懂文本。进行主题式备课,教学内容根据主题进行重新的调整,主备老师在主备前设计教学、进行教学实践,在进行备课时,重点突出,问题鲜明。

2. 书法课的引入

坚持进行书法训练,每天一页钢楷,统一印发学生临摹。教师进行批阅和指导。

3. 阅读与写作资源选取

教学计划中设计每周一节课外阅读的指导课:选取符合学生能力水平和认知规律、贴近学生实际的文质兼美的课外作品,加强对学生阅读方法的指导,延伸课外,强化训练。

写作教学中发掘素材:利用有效的课本资源,在进行阅读教学的同时,指导学生写作,实现阅读与写作双向训练。课本中收录的文章都是经过严格精选的美文佳作,其中的写作技法其实就是最好的方法,引导学生进行学习和再创作。如在进行《珍珠鸟》一课的阅读教学时,文章的结尾"信赖,往往创造出美好的境界"这一简洁的语言深化了文章的主题,言简意赅,扣人心弦。引导学生进行仿写,"诚信,往往构建出和谐的社会;友谊,往往迸射出真挚的情感",学生的创作令人激动。

4. 古诗文的融合

以教材收录的古诗文为重点,拓展重要作家的代表作,或同一素材下的其他经典,主要以《风华经典诵》为拓展的主要内容。

5. 评价方式

评价方式多样、百花齐放:课上对学生认真专注的态度及时肯定,精彩表现真诚表扬;课下运用表扬信、加分考核、证书鼓励、微信表扬等方式,增强学生学习语文的主动性和积极性。

6. 读书课的引入

充分利用学校图书馆的优势,每周安排两节读书课,由语文教师带领、组织,学生在图书馆选择自己喜欢的内容进行阅读。

(二)八年级课程资源分类

1. 教材内容的整合与处理

将议论文阅读与写作有机融合;结合学情补充有针对性的阅读材料,层层推进,在阅读的同时渗透写作的技巧和方法。

设立研究主题:(1)如何引导学生深入地理解议论文文本的内容;(2)如何建立议论文基本的思路;(3)如何引导学生打开思路,拓展思维。

2. 阅读与写作资源选取

阅读方面的设计:(1)每周一节阅读指导课,学期初安排在教学计划中,文体与本周教学的文体保持一致,形成知识的连贯性。

(2)阅读指导重在对文本的深入分析,调动学生情感体验。紧扣研究课题,即"如何读懂文本"进行设计、实施,同时兼顾相关文体的写作技巧进行文本的选择。

①每篇文章后设计有针对的题目,在与学生共同研读文章的基础上,由学生独立完成。

②反馈的方式:教师进行批改并核出总分,利用相对集中的时间进行有重点的讲解。在批改的过程中易于发现学生文本分析中存在的问题,也便于有针对性地指导,切实解决阅读中存在的问题。

为了实现阅读教学和作文教学的系统化,精选了两个文体的文章,并依次排序,希望形成独具风华特色的八年级阅读指导的素材。同时围绕议论文阅读和写作两大重点进行系列性的研究。

八年级上册的课本中收录的议论文内容与学生的生活实际较远,学生理解起来有一定的难度,再加之这些文章在学生未来的议论文写作的指导上也缺乏规范性,于是补充了一些比较规范的议论文,如《谈骨气》《说勤》《理想的阶梯》《读书贵有疑》等文章,通过对这些文章的系统讲解,帮助学生初步认识议论文,并逐步明确议论文三要素:论点、论据和论证的相关文体知识,在此基础上利用学生的"周积日累"帮助学生储备议论文写作的基本素材,即事实论据和道理论据。具体做法是:通过集体备课明确学生每周积累的主题,学生利用周末的时间寻找相关资料并形成素材,下一周的每节课前全班交流同一主题下的素材。本学期我们的主题有:勤奋、自信、磨难、尊师、毅力等。利用学校的组内研讨课进行了议论文写作的研究,首先进行的是论点及论点提出的研究,在这节课上教师帮助学生根据已阅读的议论文归纳出论点的基本特征,同时提炼出提出论点的几种方法,如:开门见山提出论点,引用名言、事例提出论点、列举生活现象提出论点等。课上根据积累的材料以"磨难"为话题拟定论点,并尝试运用所学的方法提出论点,展示、交流和修改,形成完整的片段。接着进行论据后评析的研究,具体做法是在学生的片段习作中找到运用因果分析和假设分析的范例,让学生尝试发现分析的特点和如何分析,并及时地进行课上的练习和巩固。最后我们进行的是分论点提出的研究,围绕中心论点,明确分论点是沿着中心论点是什么、为什么、会怎样的思路进行拟定,同时进行同一中心论点下的三个角度的分论点的创作。我们本学期的研究主要以学生的片段创作为主,因为学生接触议论文的时间很短,整篇创作有一定的难度,如果将其分割成若干部分,每一部分能够扎扎实实地掌握,那么下学期的议论文的整篇写作才有可能。我们根据学情降低了难度,学生的接受状况较好。

经过研究获得的启发与收获:

(1)议论文阅读教学应当辅助有针对性的教学内容,即可供学生学习的阅读材料,并形成体系。

(2)从论点、论据、论证三个方面,逐项内容进行阅读的渗透和讲解。

(3)将议论文阅读与议论文写作有机地结合起来,在阅读中指导写作,写作以阅读材料为范本。

(4)通过提纲梳理阅读和写作的基本思路。

3. 古诗文的融合

以教材收录的古诗文为重点,拓展重要作家的代表作,或同一素材下的其他经典,主要以《风华经典诵》为拓展的主要内容。

(三)九年级课程资源分类

1. 教材内容的整合与处理

根据本年度考试说明的基本要求,整合教学内容,围绕复习的重点、难点和易错点,进行反复的巩固、训练和强化。

如基础知识的字音字形,第一遍复习读写结合,第二遍习题巩固,第三遍错题整理,第四遍反失误训练;文言文复习任务最重,我们通过集体备课,将大的任务分成小的任务,逐一落实,并始终坚持以落在纸面上的书写为评价的标准,通过第一遍地毯式的复习,第二遍筛选重点的复习,第三遍强化重点的复习,实现了学生文言文复习无死角的目标。

以课本中的经典作品为例,针对学生阅读中的重点问题,如概括事件,人物特征,语句含义等方面进行重点的研究,提炼分析的思路和答题的方法。将方法的讲授与运用结合起来,拓展学生的阅读范围,不断强化学生对方法的认识,使其能够灵活掌握。借助研讨课努力形成研究的系列性,如议论文阅读系列研究。及时地进行梳理和总结,调整研究的策略。

2. 阅读与写作资源选取

选取符合中考方向的文质兼美的阅读材料,同时借鉴其他省市的中考题目,结合学生的实际进行改编或自编题目。围绕社会热点和学生生活实际,进行作文题目的创编。从阅读到作文,不仅关注讲解,更关注批改。批改中特别关注内容的反馈,例如,阅读题的批改准确地把握学生思维中存在的问题,在进行课上讲解的时候针对性更强、效率更高。每次月考作文题,在整体讲评的基础上都要求学生进行修改,但作文是孩子个性理解差异性很大的内容,所以还要进行三次修改和四次修改;到后来就变成了一对一的面批,再加上能力强的孩子课余时间的独立创作,作文能力在无形中成倍地增长。

3. 古诗文的融合

以教材收录的古诗文为重点,拓展重要作家的代表作,或同一素材下的其他经典,主要以《风华经典诵》为拓展的主要内容,同时借鉴其他省市中考题的相关内容。

二、语文课程的实施与评价方式

作为国家课程的实施,从时间及课时安排上需要遵循国家课程实施要求,同时保证教材的合理使用,围绕课程标准和学生发展核心素养的培育目标,将课程实施进行资源性融合,从而实现国家课程的校本化实施。

(一)创设情境,学习有趣的语文

《散步》一课内容充满温情,语言平实且不乏色彩。结合学生的年龄特点和接受心理设计,以期学生有收获,有感悟。

开课用电脑播放《我爱我的家》这首充满温馨的歌曲,孩子们很投入地听着,不时有孩子跟着轻声歌唱,那陶醉的表情似乎让人感受到了幸福。通过了解他们对这首歌的理解,更让我发现孩子们的情感是敏锐和丰富的,他们口中的家都是那么的可爱,令人向往,顺势我便导入了新课:这一家人用歌声传递了对彼此的关爱,其实表达爱的方式不止这一种,不信让我们随同莫怀戚到田野里去看看一家人是如何表达爱意的。

(二)课前展示,培养表达的自信

七年级进行储备,组织学生进行相关内容的积累。

1. 每周完成积累作业(一页 A4 纸),学生按要求收集五项内容,依次为:成语故事、名人名言、名人小故事、经典古诗文、佳句佳段(要求:成语故事要明确知晓成语的含义;名人小故事要在讲述之后进行故事内容的概括和启示的总结等等)。

2. 一周五天,每一天利用课前 5 分钟进行一项内容的展示,即周一是成语故事,周二是名人名言,周三是名人小故事,周四是经典古诗文,周五是佳句佳段。

3. 在积累的展示上要求学生面向全班同学,以背诵的方式呈现:

(1)学号轮流:依据学生的学号进行轮流,每天进行三名同学的相应内容的积累展示,并进行点评。好处是每个孩子都能进行积累的展示,不让任何一个孩子掉队。

(2)随机抽签:制作抽签用具,课前随机抽取。好处是学生每天都须认真准备,避免了按学号排序在未轮到自己时带来的懈怠和懒惰。

(3)周二的名人名言采用全班接力背诵的方式进行,这样既保证了全员参与,又调动了学生积累的积极性。经过训练,全班学生接力背诵的速度越来越快,而且学生积累名人名言的热情越来越高。

(4)经典古诗文的背诵采用自我推荐的方式,给那些能力强或喜欢古诗文的孩子展示自我的机会和空间,进而带动其他同学积累古诗文。有时也采用全班起立大声背诵的方式,让每个孩子都张开嘴,大胆展示。

八年级的课前展示调整为课前积累:改版后的内容为名言、名人故事、佳段。目的一,为议论文的写作提供更有针对性的素材;目的二,切实减轻学生的负担。

(三)阅读经典,体验语文的魅力

古诗文的诵读以《风华经典诵》为主,通过每天课前的诵读来完成,借助每学期的诗歌朗诵会进行成果的展示。经典的文学作品,有计划地利用平时和假期的时间组织学生阅读和欣赏。

(四)特色作业,预留个性的空间

课前积累。学生的知识储备匮乏,通过每周一次的特色作业帮助学生丰富自己的储备,也为八年级开始的议论文写作奠定基础。内容分五项:成语故事、名人名言、名人小故事、经典古诗词、佳段。课前五分钟学生展示,形式多样:有轮流、有抽签、有自荐等。

(五)汇编作品,呈现多元的评价

将学生的优秀作文根据学年进行汇总,编撰《风华佳作园》;八年级围绕教材补充编撰了《拓展阅读集》;九年级整理了独属于风华学子的各种语文复习资料:38首诗、字词整理、字词精华版、古诗赏析专项、文言文整理、文言文精华版和优秀作文集。

(六)学科活动,提升文学的素养

书法比赛、征文比赛、传统文化手抄报比赛、名著竞赛、古诗文默写大赛、课本剧比赛、辩论会、诗歌朗诵会等。

三、语文课例

《老王》教学设计

知识与技能:整体感知老王的苦,细致品味老王的善,深入挖掘作者的愧怍之情;通过对文本的朗读、分析,培养学生的阅读思维能力。

过程与方法:通过朗读、对比分析、结合背景等方法,把握老王的形象,体会作者的情感。

情感、态度、价值观:体会人性中的善良,学会用尊重的态度和实际的行动去帮助不幸的人。

教学重点:对老王人物形象的品味。

教学难点:对"那是一个幸运的人对一个不幸者的愧怍"的深刻理解。

(一)导入

请同学欣赏一首小诗,发现诗中描写的是什么人的生活?

我们熟知的人力车夫形象是老舍笔下的骆驼祥子,今天我们跟随女作家杨绛再次结识一位平凡而又普通的人力车夫——老王。

(二)请同学自由朗读课文,看看老王是一个怎样的人?

1. 走进老王的苦:

从段中的"_____"来看,老王的生活很苦,因为_____。

2. 品味老王的善:

老王的善良表现在段中的"_____"。

3. 在苦与善的对比中,我们发现"即便是破旧的三轮是活命的手段,但老王也愿意为我们而减半车费",你还发现了什么?

4. 师生共读。

(师)即便是破旧的三轮是活命的手段,

(女生)但老王也愿意为我们而减半车费;

(师)即便是没有什么亲人,孤苦伶仃,

(男生)但老王也视我们为亲人,担心无钱医治;

(师)即便是面如死灰,身体直僵,

(齐读)但老王也要把香油和鸡蛋带着身体的最后一点余温,把感恩送进我们的心房;

(齐读)老王啊老王,即便是生活艰难,但仍旧老实厚道,心存善良!

总结:老王是一个苦人,更是一个好人。

(三)怀念老王

1. 心地善良老实厚道的老王就这么去了,在他生前经常关注他的杨绛有什么样的感受?

2. 如何理解"那是一个幸运的人对一个不幸者的愧怍"?

3. 杨绛一家对老王不好吗？何以见得？

4. 小组讨论为何愧怍？

（四）关注"老王"

1. 生活中有太多像老王一样生活艰难的不幸者，面对他们我们怎么去做才能不给自己留下愧怍呢？

2. 诺贝尔和平奖得主特蕾莎修女："我们常常无法做伟大的事，但我们可以用伟大的爱去做些小事。"

3. 真情感悟：人们只有关爱不幸者的责任，没有歧视不幸者的理由。

（五）结束语

用善良体察善良，用爱心浇灌世界。

板书设计如下：

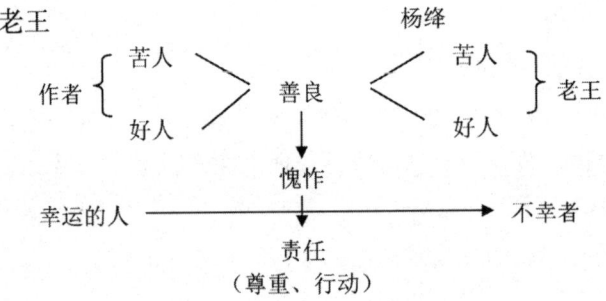

第二节　数学课程的资源构建与实施

数学课程的特色定位为思维训练专题化，以合作探究、展示交流为重要学习途径。突出"用数学"意识的培养，遵循螺旋式上升的思维形成特点，将知识体系构建作为重点。在课程实施过程中，从"考什么、教什么"以及单一的"题海"状态向增强学生的参与度及增强个人体验调整，从而构建有趣的数学学习。

一、数学课程资源内容

分析国家课程，掌握并明确教材的整体构建思想，明确六年级至九年级

第三章
国家课程的实践探索

在数与代数、图形与几何、统计与概率、综合与实践四大学习领域的年级阶段目标,从而进行课程内容的整合与拓展,以观察、实验、猜测、验证、推理等科学的学习方式,实现在数感、符号意识、空间想象、几何直观、数据分析、运算推理、模型思想、应用创新等方面多种综合性素养的提升,作为课程实施的重要依据。

(一)立足数学教材,提升思维

例如,人教版数学第20章第三节《等腰三角形》主要研究内容是等腰三角形性质。

在执教本节课时我们尊重教材从回顾定义的双重作用入手,开展对等腰三角形性质的探究,因此先让学生欣赏一组含三角形的图片,然后将问题具体化,问:

1. 如果想得到等腰三角形需添加什么条件?
2. 说说等腰三角形中的边和角都叫什么?
3. 如果一个三角形是等腰三角形,你能得出什么结论?那么等腰三角形除了边具有这样的性质,其他的元素角和特殊线段是否也具有特殊的性质呢?让我们共同来学习等腰三角形的性质——引入课题。

教材设置探究活动的意图是让学生可以充分经历动手实践过程,并从中获得几何体验,但是对学生活动设计方式不太具体,所以进行教学设计时,我们在尊重教材意图的前提下,将活动要求具体化,将学生活动要求的设计由独立完成变成先独立完成、再小组合作。

这样的一种设计,不仅培养学生分工协作意识和能力,更培养学生一种有序思考、深度思考的意识。

(二)补充数学史实,拓宽视野

数学是人类文化的重要组成部分,数学文化的本质是数学的精神、思想、方法、语言等形成和发展过程,在这个过程中发生过许多流传至今的故事,也涌现出一些被人敬仰的人物,这一切创造了数学史实。因此,为了让学生在学习知识、形成技能、发展思维的同时,还能与优秀的古人对话,学习数学方法,感受数学思想,体悟理性精神,感受数学之美,进而求知欲和探索精神得以激发,在数学教学中恰当地补充数学史实是必要的。

让幸福通向未来
——哈尔滨市风华中学课程建设的实践研究
RANG XINGFU TONGXIANG WEILAI
HAERBINSHI FENGHUA ZHONGXUE KECHENG JIANSHE DE SHIJIAN YANJIU

比如，在六年级学习"有理数"的时候，就可以给同学们讲讲中国是世界上首先使用负数的国家，讲讲负数的由来，讲讲有关有理数运算法则在古书上的记载，不但能让学生感受到数学文化的源远流长，增强民族荣誉感，而且能拓展学生的视野，激发学生学习数学的热情和探索的欲望。

比如在学习《圆的面积》一课时，学生经历圆的面积计算公式探究过程是"化圆为方"，当学生知道"化圆为方"曾是两千四百多年前古希腊人提出的三大几何作图难题之一，而在今天却被他们通过小组合作的方式在不到一节课的时间内就攻克了的时候，他们增长的就不仅是知识方法了，更多的是自信和对数学探究的乐趣。

比如，七年级学习《三角形》时，可以引入"三角学的历史"。

比如，八年级学习《勾股定理》一课时，可以说说发生在毕达哥拉斯家里的故事及数学大会会标上的图案等，以增强数学学习的趣味性，还可以将学生探究出的证明方法与前人的方法对照，肯定学生的思维方法，增强学生的自信心，并鼓励学生查阅更多的证明方法来拓展自己的视野。

比如九年级学习《相似》一课时，可以讲讲相似符号的由来、有关黄金分割的故事等相关史实，当学生知道"每一个书写符号都有一段有趣的经历"之后，就不只满足了解相似符号的起源，更会自主地查阅其他数学符号的相关故事，不仅激发学生学数学的兴趣，而且形成了自主学习的意识和能力。

（三）深度理解内容，开发专题

《新课程标准实施纲要》指出，教师是课程成功实施的组织者，教师要引导学生合理对知识进行建构和探索，使学生获得成绩和能力的双进步。尤其是复习课教学，题海战术已远远不能适应当前课程改革和学生的需要，而教师对教学内容的合理设计及对数学专题的开发尤为重要。为此，各个学年都可根据各自年级教学内容的特点挖掘一些专题内容，进行数学专题教学。

比如几何中，《三角形》教学时设计的"三角形中与角分线有关的问题专题""全等三角形辅助线做法专题""全等三角形与平面直角坐标系计算专题"等；《四边形》教学时设计的"四边形折叠专题""四边形的面积专题""四边形的多解专题""四边形作图与网格专题"等；《圆》教学时设计的"利用圆确定等腰三角形专题""垂径定理专题""圆中互相垂直的等弦专题""圆中线段中的倍半关系专题"等。

比如代数中,《函数》教学时设计的"函数图像信息专题""函数图像平移与函数解析式变化专题""函数与面积专题""函数与最值问题"等;《式》教学时设计的"计算专题""应用专题"等。

下面重点说说"矩形折叠专题"。大家都知道"矩形折叠"相关的问题很多,当然题海战术教学在这种情况下就要退避三舍。但当我们认真分析此问题时就会发现,所有矩形折叠相关问题都可转化为四类情况:1.沿对角线折叠;2.对角顶点重合;3.折叠一角到对边上;4.折叠一角到对角线上。所以把整个专题课流程设置为四环节:1.在印有长方形的题签上按折叠要求作图,感受折叠的本质是"轴对称";2.探究折叠后图形中各线段的关系及形成的特殊图形;3.给出某些线段的长度进行计算;4.总结提升。这样的专题课设计通过清晰的模块训练,实现了会一道题通一类题的目标,十分有效。

(四)设计实践课程,应用教学

数学实践课程是一种以某一实际数学问题为目标的新型教学模式,它可以让学生在解决具体问题的过程中和对数学本身的探究中理解、掌握和应用数学,主动地获取数学知识和直接体验。比如,七年级的一节实践课《根号2有多大?》借助直角三角形的硬纸板,一张坐标纸,计算器,三角板等工具,引导学生多角度理解根号2的大小,从而理解数轴上的点与实数一一对应,学生通过拼图活动,感受到无理数产生的实际背景及学习的必要性,了解了数轴上点与实数一一对应,能用数轴上的点来表示无理数,并体会无理数在实际生活中的大量存在,进而产生感性认识,而在数学活动的过程中使学生形成数感也是一项我们要实现的目标。

二、数学课程的实施与评价方式

重视数学学习过程的参与度,引导学生有效探究,在合作交流中经历猜想、论证、实践、体验等学习方式,形成学习数学的思维方式和学习方法,并在深度思考中形成及提升崇尚科学、追求真理的意识。

(一)关注知识本源的探究

在教学中,我们不能只让学生明白知识本身是什么,还要让学生通过分析、比较、综合、抽象、概括等逻辑思维方法和探究活动把握事物的本质和规律,也就是明白知识形成的过程,以及为什么学,学了有什么用,用则怎么用等。比如分式的概念教学课,通过实例引导学生分析、综合,找出分式的特点:1 具有 A/B 的形式,2 形式中 A、B 表示整式,3 形式中的 B 必须含有分母。这样一来分式概念的特征一目了然,学生易于接受,便于把握。为了让学生充分理解概念,还可以在概念定义呈现后向学生呈现概念的正反例证。呈现大的例证要在本质属性上有变化,利于学生对概念的正确理解。

(二)重视各种课型的教学

常规数学课的课型通常分为概念教学课、定理教学课、习题课、专题课、复习课、试卷讲评课和活动实践课等,每一种课型都是教师备课中重点研究的对象。备课时,教师首先认真研读教学内容,确定课型,然后准确把握不同课型的特征进行教学目标、重难点的设计和教学方式与学生活动的设计,把每节课都打造成有趣、有效、学有所获的课堂。比如,概念课教学时一般先揭示概念本质,再加强概念类比,运用变式,建立新旧知识的联系,教师既关注学生对知识内涵的理解,也关注学生对知识的外延的把握;而定理教学课一般遵循提出问题—猜想—实践验证—理论探究—得出结论—巩固升华的模式;习题课是新授课之后的为加深学生对基础知识、基本技能的理解而进行的教学活动,一般都先确定类型(查缺补漏型、一题多解型、一法多题型),再设计内容和形式;专题课则要先明确要解决的问题,再进行内容的选择和方法的提升;复习课则注重重复性、概括性、系统性和综合性。

(三)运用多种学习的媒介

"让学生在有趣、有效的课堂中幸福成长"是我们学校多年的坚持,为将这个目标更好地落实在每节课中,我们会采用除常规多媒体教学以外的多种媒介进行辅助教学,比如导学案、思维导图、探究性作业等等。下面我以其中思维导图的使用为例来简单说说我们的具体做法。

通常在每一章节新知识学完之后,教师会布置一项特殊的作业"用思维导图的方式写知识总结",然后在第二天的复习课上进行展示,教师和学生可以从思维导图的形式、内容以及各知识点间的联系等方面进行点评,当学生代表进行知识梳理时,其他同学可以进行补充,之后老师再进行提升,在复习课的最后留有一点时间用于给每位同学完善自己制作的思维导图。学生经历了"设计—点评—补充—完善"这一过程,不仅能整体把握章节知识及各知识之间的联系,而且学生的思维力和表达力也得到了提高。

（四）实现多元的评价方式

因为学校教育应是长期而连续的,所以教育教学活动不能只局限于课堂,还要延伸到课外。为了进一步促进学生综合素养的提升,我们学校一直以来都强调培养目标、评价主体、评价形式、评价内容及评价方式的多元化。就学科教学而言,评价方式多元化显得尤为重要。

比如,课堂教学中的评价主体不仅局限于教师,还可以是学生自己或其他学生,鼓励同学之间的相互评价,之后教师会对学生的评价进行再评价；评价内容也不仅局限于对学生给出的答案或考试成绩等结果的评价,也重视对学生的合作意识、情感体验等过程的评价；评价时间不拘泥于课堂,还可以是课下,既关注对课后作业质量进行评价,也关注对学生课下学习的主动性进行评价,尤其作业会分层布置,之后的评价也会结合学生的基础知识和基本能力的不同而按不同标准进行评价。

（五）开发多种学科的活动

学科活动课是我校建校以来一直坚持的一项定期进行的教学活动,它不是可有可无的,而是备受重视的。在活动课开展之前会通过个人备课和集体备课来确定教学目标、教学内容及教学方法,立足于用数学的魅力来吸引学生学数学,引发学生更深层次的思考,而这种主动而深入的思考就是学生学习数学的持久动力。

为了培养学生的计算能力,按不同年级开展不同形式的"计算题竞赛"；为了培养学生的作图能力,从六年级下开始到九年级都开展过"按文字语言描述作图竞赛"；为了培养学生的思维能力,各年级都开展过综合题竞赛；为了培养学生应用数学意识,各学年可以开展"社会实践调查活动",既让学生体会到数学有用,又让学生学会用数学；还可以利用班会课以小组为单位开展"数学跑男活动",培养学生团结协作意识。

八年级的一次数学学科活动"数学精英赛",第一个环节是全学年学生进行笔试答卷,根据成绩评选出一、二、三等奖,并公示获奖名单和照片;第二个环节是在获奖同学范围内进行的,由获一等奖的同学进行思维解码,根据综合表现评选出特等奖,并全程录像;第三个环节是将录像进行剪辑,节选出借鉴性最大的部分在全学年范围内进行播放。整个活动有序有效,既关注了全体同学数学兴趣和能力的发展,又注重了尖子生的培养。

三、数学课例

《图形的旋转》教学设计

(一)教材分析

《图形的旋转》内容选自人教版九年级数学上册第23章《旋转》第一节的第1课时,本节所研究的旋转只是平面图形的旋转,旋转变换是初中关于图形变换的最后一种,教材中对变换思想已经进行了比较系统的介绍和分析,本节课对建立完整的图形变换的知识体系,内化变换的思想有着重要的作用,对进一步利用旋转变换解决实际问题具有重要的意义。

(二)学情分析

九年级学生已经基本建立了分析问题的方法和思想,对分析图形的性质有一定的分析思路,建立了良好的知识体系。学生在学习了平移变换、轴对称变换后,掌握了运用变换性质解决问题的能力,所以对于来自生活中的旋转变换,学生易于理解其概念和特征,但分析变换的性质及深入运用其性质对于学生来说还有一定的难度。所以本节课需要借助于生活中的实例、学生的动手实践等亲身经历的环节使学生理解旋转的特点和性质,并逐渐掌握解决实际问题的方法。

(三)教材处理

教材中对旋转的介绍比较直接,对过程的分析不够,所以我将教材进行了适当的加工和处理,展示生活中的实例,引起学生对旋转概念的思考,并通过具体的旋转实例使学生理解旋转的概念。另外,我还对旋转的性质探究环节进行了重新设计和加工,运用透明胶片和纸板完成一次旋转过程,从而分析旋转性质。对于旋转性质的理解和应用,我改变了原有的例题和习题,增加了从复杂图形中寻找基本图形的问题,使学生能够理解旋转基本图形可以形成复杂图形,这是生活中重要的应用。而对于应用性质的提升,我设计了几何图形的旋转问题,层层深入解决问题的过程,使学生充分理解全等变换的实质所在,即利用全等变换——旋转,可以构造全等图形,从而解决问题。

(四)教学目标

1. 知识与技能

分析转动现象,认识并了解生活中的旋转,理解图形旋转的性质。并通过分析旋转过程,培养学生观察、分析及动手实践的能力。

2. 过程与方法

经历分析生活中旋转现象的过程,掌握探究图形旋转性质的方法,并运用旋转的性质分析图形的旋转过程,解决实际问题。

3. 情感、态度、价值观

通过合作探究与交流,增强学生的探究意识和研究兴趣,用运动变化的观点看待数学问题,看待生活中的现象,并从图形旋转运动中感悟不变的要素。

(五)教学重点、难点

1. 重点

理解旋转的定义和基本性质,并能解释分析旋转的过程。

2. 难点

探索旋转的性质及多角度分析图形旋转运动中的问题。

(六)教法与学法

1. 教法

研究式体验教学法、启发式教学法。

2. 学法

引导学生自主探究、合作探究,在生活经历中和动手实践过程中分析发现,理解旋转的概念,在小组合作的过程中,分析总结旋转的性质,掌握应用的方法。

（七）教学过程

教学流程	教 学 内 容	学生活动	设计意图
引入新课创设情境	观察发现： 　　观看生活中和旋转有关的事例，引出本节课的课题： 　　图形的旋转 　　继续观察风车和表针的旋转，并根据旋转运动的共同特点总结旋转的定义。 感知旋转： 　　进一步根据对钟表表针的旋转运动，分析总结旋转中的重要要素，即旋转中心、旋转角和旋转方向。	观察与思考，将生活中的事例抽象成几何图形，全班交流。 理解、体会旋转的三个重要要素。	通过生活中极其常见的实际事例，引发学生思考，培养观察、比较、分析问题的能力，并培养学生从生活中发现数学问题的意识。
合作发现尝试探究	探究旋转： 　　运用画有三角形的纸板和透明胶片，任选一点O作为旋转中心，旋转任意角度后，将其固定，连接点O和两个三角形的各个顶点，你能得出哪些结论。	学生小组合作，交流探讨所得结论，并展示组内合作探究的成果。	动手实践，体验旋转，同时体会旋转定义，进一步分析探究出旋转的性质。
体会新知解决问题	理解旋转： 　　分析图案可以看作是哪个"基本图案"通过旋转得到的。 （方形与旋转45°后的正方形叠加图案）	学生独立思考，体会旋转运动的巧妙之处。	分析旋转的过程，有利于分解较复杂图形，同时对旋转的基本性质加深理解，介绍相关图形，引发学生继续探究的兴趣。

续表

教学流程	教 学 内 容	学生活动	设计意图
体会新知解决问题	应用旋转： 　将直角三角形纸板按如下方式摆放，并绕点A旋转。 　(1)观察运动后的结果，能说说三角形纸板是如何旋转的吗？ 　(2)已知∠BAE=20°，若使点E落在CD所在的直线上，你能求出旋转角的度数吗？ 　(3)已知∠BAE=50°，若使点E落在CD所在的直线上，你还能知道旋转角的度数吗？ （图：四边形ABCD，A在左上，B在右上，C在右下，D在底边上，F在D左侧底边上）	边实践，边推理论证，灵活运用旋转的相关性质，体会由旋转而形成的全等三角形的重要作用。 运用分析总结的方法，深入研究思考课后独立解决，体会运用旋转构造全等解决问题的方法。	此问题的解决既能复习巩固旋转的概念，同时对于学生有效分析利用旋转性质解决问题进行了很好的指导和启示。 所用到的方法与上一问基本相同，但有变化，解决过程中除了能使学生体会方法的科学性之外，还能使学生更有效地利用旋转性质解决问题。
收获与感悟	从知识的学习提高的脉络总结本节课的收获体会。	交流、体会，感悟所学知识。	会学习和想学习都很重要。
作业	必做：68页 试一试 选做：利用旋转运动设计数学问题。		
板书设计	图形的旋转 1. 概念 2. 性质		

(八)课后反思

立足课堂教学的有效性，本节课突出体现了学生学习的积极性和主动性。在整个教学设计的过程中,预设了多种学生的学习方式,想从多层面调动学生积极参与学习、有效完成知识探究,使学生不仅在知识上以收获,还能从学习方法、思维方式等多方面实现转变和提升。回顾本节课学生的学习过程,使我有了如下的一些想法。

1. 生活中找准数学知识的切入点,引起共鸣

旋转现象在生活中极其常见,而且容易直观发现什么是旋转,进一步经过归纳总结形成旋转的定义。在引入的环节学生见到了生活中非常熟悉的场景如:游乐场中的各种游乐设施、直升机的起降、汽车的车轮、电风扇等等,形象、直观地将学生带入到本节课的知识学习过程中,比较快地进入学习状态。在直观认识旋转的基础上,经过进一步观察风车及钟表指针的旋转,完善并深化了旋转的定义,引导学生分析旋转过程,使学生非常顺利地体会了旋转的三要素,并同时体会了旋转的核心,即抓住对应点,因为所有的旋转要素都取决于旋转过程中的对应点。

2. 合理设计学具,促进学生有效探究

旋转的性质是本节课中重要的知识目标,探究过程是获取这一新知的重要途径,如何有效探究,使学生能够达到全程参与和全员参与是教学设计中重点思考的问题,由于旋转过程中,旋转中心及旋转角度的选取都将产生不同的旋转效果,为了保证学生能够尝试到所有可能出现的情况,我将学具设计为硬纸板和透明胶片配合使用,收到了比较理想的效果,学生可以在纸板上任意选取旋转中心,再旋转胶片,就会看到三角形旋转前后的变化,从而通过进一步尝试交流,学生在亲自感受旋转过程的同时,了解了旋转的性质,并在以后的应用过程中能够不由自主地想到旋转的性质,对知识会有灵活的运用。

3. 知识恰当归纳提升,引发学生进一步思考

旋转现象是数学中常见的图形变换,同时"旋转"又是重要的解题方法,很多看似静止的问题,如果加入了运动的观点,则会使问题更容易解决。所以关于旋转的应用环节,我将知识进行了适当的拓展和延伸,利用正方形和直角三角形设计了由浅入深的实际问题,学生既能运用旋转知识解答关于旋转中心、旋转角和旋转方向的问题,同时还引发了学生更加深入的思考,也就是第(2)、(3)问的问题,在这两个问题中蕴涵了一个重要的思想方法:

根据旋转寻找全等三角形或构造全等三角形,这正是对旋转性质,即旋转不变性的升华,这种方法在解决以后的诸多数学问题中应用都很广泛。课堂上学生对这一问题很感兴趣,浓厚而热烈的研究氛围让人欣慰。虽然有的学生不能将所有问题在有限的时间内解决,但是积极探究的过程已经让他有了很多收获,我想,课堂的有效性也正在于此吧!

本节课中学生活动较为充分,从思维强度上看并不轻松,学生需要及时、深入地投入到知识的探究过程中,所以给我感触很深的一点是,学生是学习的主体,能否在课堂上充分地发挥其主体地位,关键取决于教师的引导与调控。回顾本节课,在为学生感到愉悦的同时,也发现了很多遗憾,在学生探究性质的环节,没能充分展示学生的各种发现,使得性质的总结显得有些紧张,学生品味不够。在知识的应用环节中,受到时间的限制,使学生的探究不够充分,所以时间的调控不够理想。总之,新课程下的数学课堂已经变得更加鲜活,如何把握教学的节奏,突出学生学习的效率应是我们永远应该思考的问题。

第三节 英语课程的资源构建与实施

英语课程的特色定位为,多维拓展性内容输入,情境体验中提升思维。语言学习重在语言的表达与运用,提升语言素质,思维是关键,而思维的训练则来源于丰富的、有趣的、与时俱进的多维学习资源,同时,语言的学习需要浸润式的运用环境,因此情境的创设也是英语课程实施的重要要素。

一、英语课程资源内容

目前英语教材不断变化,在适应不断发展的学习需求同时,也在挑战学校教师英语课程实施的应对能力,多渠道的知识融入使得英语的学习也变得内容丰富和途径多元,语言的工具性和人文性,决定了英语教学要突破单一的语言教学目标和模式,要求有学科的融合和资源的整合,同时体现教与学的趣味性、科学性、创新性,构建资源则是首要任务。

(一)教材内容的整合与延展

为了传授知识的方便,我们的教材割舍了最具生命性、最富生命力的

让幸福通向未来
——哈尔滨市风华中学课程建设的实践研究

部分,变成了毫无生气的、干巴巴的知识点,教科书"过度简约化、逻辑化和体系化,以至于将人类活生生的科学与人文文化最终简约为抽象的知识和一个个封闭的逻辑体系,变得远离时代、远离社会、特别是远离创造者的生命"。

——中国教育学刊

以下是我校一位英语教师在教材整合中的一次大胆尝试和心得体会。

我认为有些课程目标、课程思想是无法全部显示于教材之中的,知识一旦形成文字,就会丢失很多细节,变得很刻板,不仔细研读就会有种山重水复疑无路的迷茫和困惑,研读过后,受教材的限制还会失去柳暗花明又一村的兴奋和激动。这学期,由于我的一次历时一个月的上课经历,不得已对其他年级和其他版本的教材进行了深入的了解和分析,发现我们教师绝不能只"教教材",而应该学会"用教材教"。这不是照本宣科的一种教学形式,而是需要教师研读教材之外的东西,由教师具体设计课堂环节。教材也不同于知识,它只是知识的一部分,因此,教材不应成为老师教学和学生学习的唯一材料。教师在教学过程中既要很好地利用教材,发挥教材的独特优势,同时又要努力克服教材存在的不足,突破教材的局限,需要教师对教材进行二次开发和加工,进行补充、改造或者说重建。

本学期,八年级上教材中第六单元是讨论"友谊"这个话题。每届遇到这一单元,由于教材内容比较简单,语法也是早在六年级就学过的,所以我仅是帮助学生整理词组,背诵课文和交际中的重点句子,就认为万事大吉了。那一天,我仍然轻松地走进教室,按照老套路上完了第一课,学生无神的眼睛,冷漠的表情,不热情的发言,让我觉得他们似乎在抗议,"这样的英语课我们不要"。现在想来,当时就是在认认真真地"教教材",平平淡淡地学知识。我决定不能再这样下去。我重新整理了教材中的内容,对整个一个单元进行了规划,设计了三步走,我要让学生真正学有所得。于是,我利用中午时间,适当补充渗透一些关于友谊的好句子,当天作业分层次让学生自己找资料,整理关于友谊的佳句,第二天课前展示。这是第一步,补充教材,让学习素材"宽"起来。第二课时长课文的处理,我删掉了教材中的零碎内容,而是留出大量整块的时间梳理并挖掘课文,先提出了几个问题,你的朋友是谁？平常你们都做些什么？你们怎样保持联系的？如果他离开了你，你的感受是什么？进而引出了本课的内容，并用 who,what,when,how 等几个疑问词轻松地解决了课文的重点内容，然后去掉问题，只留答语，答语就是本节课的线索和重点句，并举行了小型仿句竞赛,A 组学生仿的是:老朋友就像……能让我们……B 组学生仿的是:新朋友是……能使我们……这是第二步,删减教材,让学习素材"活"起来。第三课时怎么办呢？我想设计一个开放性的活动,调动学生的积极性,同时做到在理解教材的基础上,应充分利用教材的话题,让学生有一个提升,并为写作做好铺垫。我思前想后,决定开一个辩论会,辩题是:新朋友和老朋友哪个更重要？但问题是这届的学生能行吗？他们各方面表现出来的能力都比以往的学生有很大差别,这样的设计适合他们吗？上课没人参与怎么办？他们想说的话不会用英语表达怎么办？这不是教材里现有的内容,他们能有多少思考？以往教教材的方式他们能接受,这种"用教材教"的源于教材高于教材的方式行得通吗？经过一系列的思想斗争,我决定先在一个班尝试一下。由于前几课时的精心设计就是为此埋下伏笔,再加上前一天我布置了一个口语作业,让他们打有准备之战,应该不能冷场吧。课上,我先带领学生复习了课本中可能会用上的词句,并再次回顾背诵了关于友谊的句子。接下来,我把辩题大大地打在了屏幕上,没想到的是同学们跃跃欲试,还没等我说开始,就纷纷举起了手,能力强的张口就来,能力差一点的时不时地看一下笔记上的整理。有的说:"老朋友更重要,因为他更了解你,有共同语言。""老朋友是相处多年的人,一定帮助过我们,我们要学会心存感激。"有的说:"新朋友才重要,否则我们会很孤单。""新朋友能随时和你交流思想,分享爱好。"……此起彼伏的辩论声音和时不时自发的掌声持续了很久,下课铃声已经响起来了,但同学们意犹未尽,纷纷要求再讨论一会。平时总是感叹怎么又下课了,我想教的还没教完呢,可是这一次铃声的响起虽然让人比较遗憾,却又是那么的愉悦轻松。这是第三步,利用教材,让学习素材"亮"起来。

　　这节课,我没有像以往那样单纯地教教材,而是利用教材中的知识内容和话题,带领学生深入思考,并形成自己的写作材料。期末复习时,学生还说,"老师,这个单元印象太深了,我们积累了好多素材,写作文一定没问题。""教教材",如果教材变了,教学就变了。"用教材教",如果教材变了,

让幸福通向未来
——哈尔滨市风华中学课程建设的实践研究
RANG XINGFU TONGXIANG WEILAI
HAERBINSHI FENGHUA ZHONGXUE KECHENG JIANSHE DE SHIJIAN YANJIU

教学不一定要变。此时教材对教和学的控制力都下降了，教和学都需要离开教材"独立自主"了。这是对教师的严峻挑战和考验，因为在这种教学方式中，教学内容和教学方式，都需要教师根据学生的情况重新设计。而学生对课本和教材的学习仅仅是认识世界的途径之一，是一种捷径，更多的是教师要巧妙地引导学生面对客观现实问题独立思考，独立探究，独自发现。通过这一次尝试，我想我一定要坚持做一个肯于思考，肯于创新，敢于尝试的会用教材教书的教师。

（二）听说内容的拓展类资源

在六年级的口语教学中，我们选用了《小乌龟学美语》系列动画片，有计划地穿插在平时的听说教学中。该片在美国和加拿大是最受孩子欢迎的动画片之一。用"浸入式(Immersion)"英语教育理念，在课堂上营造"浸泡"在英语中的学习环境，帮助学生用英语听、看、模仿情节中各种人物的对白、直接用英语做出反应，培养用英语思维的过程。从故事梗概—情节句式—故事全接触—性格领悟—单词回顾五个环节，使学习流程更符合中国孩子学习英语的习惯，体现了"浸入式"英语教学的魔力。孩子们在不知不觉中学习了很多英语的自然、纯正表达，语音语调也得到了很好的培养和锻炼。

除了这种有计划、成系列地补充原版听力教学材料，我们还结合教学内容和学生年龄特点，适时用好其他资源。如：在人教版初中英语教材九年级全一册第二单元关于节日的教学中，我们增加了美国的"感恩节"。对于这个近年来已经被很多中国人也"借来过"的节日，我们选取了《走遍美国》教材中的视频片段，通过让学生观看视频并回答问题把这个节日的整个过程和习俗文化给学生进行了较为全面的介绍并引导学生理解"感恩"的实质。在八年级下册第八单元，结合教材话题"文学与音乐"，我们给学生播放了英文原版电影《鲁滨孙漂流记》片段，帮助学生在纯英文环境下领悟作品人物的情感、体验英语语言的魅力。我们还下载了几首经典的美国乡村歌曲，在课堂上播放的时候，歌曲中那磁性的声音和或宁静、或悠远的心绪把我们师生带入了无限美好的境地。

（三）话题下的资源拓展

以人教版初中英语教材九年级全一册为例，第二单元的话题为"节日"。

教材中这些节日出现的顺序依次为：中国的春节、端午节、元宵节；泰国的泼水节；中国的中秋节；美国的母亲节、父亲节；西方的万圣节、圣诞节、复活节。我们在实际教学的时候，首先将教材内容进行了整合，将这些节日按照东方和西方进行划分，使学生在头脑中形成一个清晰的脉络。然后分别对东、西方节日进行拓展和补充。除了教材中给出的内容，我们发动学生自主查找更为多元的材料，并在课堂上用英文进行展示汇报，交流讨论，从而使学生对这些节日的历史背景、民间传说、庆祝方式、文化内涵等进行更为深入的了解，既调动了他们学习与研究的热情，又练习了英语表达、拓展了国际视野。

再如人教版初中英语教材八年级下册第八单元，话题是关于"文学与音乐"。仅教材中提到的文学作品就有七部之多，如：《爱丽丝漫游仙境》《小妇人》《雾都孤儿》《鲁滨孙漂流记》《汤姆·索亚历险记》《金银岛》。在课前我们对学生进行了调查，发现真正阅读过以上书目的学生并不多，为此我们进行了大量的准备工作，对每一部作品的内容梗概做了图文并茂的英文介绍，并布置了两周内阅读一本书的选做作业。这样的做法还真的唤起了学生学习的兴趣和进一步阅读的渴望，两周后我们在班级进行了阅读后的感想交流，很多同学都能针对自己阅读的其中一本书用英文进行展示与交流。下面选择其中的一部英文作品简介：

The Adventures of Tom Sawyer is a literary masterpieces, written in 1876 by the famous author Mark Twain. Tom Sawyer is a young boy who lives in the small town on the Mississippi River called St. Petersburg. The story line is simple, the book reads like a biography of a summer in Tom Sawyer's life. The book is filled with Tom's adventures playing pirates and war with his friend Joe Harper. Tom has a trusted friend, Huck Finn, who few of the adults approve of. It is a story filled with action, adventure, ingenious ideas, love, and schoolyard politics.

（四）情境创设

语言交际离不开情境。学生只有参与真实情境下的交际活动才能真正掌握语言。在现实的教学中,教师不可能将某些真实的情景搬入课堂,但却能模拟出真实的情景,创设真实自然的语言交际氛围,让学生理解所学内容并通过体验、感知、交流与实践,培养综合语言运用能力。课堂的模拟是课堂提升的有效环节,不仅可以检测学生的学习程度,最重要的是可以拓展学生的思维能力,让学生的眼界有所开阔,在练习中运用,在运用中提升。

以对话教学为例,我们的做法如下:

1. 由境生情,身临其境

在英语课堂上,为了克服本土母语的影响,师生在教学中尽可能地用英语交谈。创设学英语的环境,让学生身临其境,培养英语会话能力。例如:双休日过后的周一早晨,教师说一声:"Nice to meet you again!" "Did you enjoy your weekend?" 就能引出一连串的话题:师生可以随意谈论各自的周末生活。在中秋节、元旦前后,师生间"What great fun we had at the party yesterday!" "How did you enjoy yourself?" 之类的问候都能够引起学生交谈的欲望。因此,情景设置是对话教学中非常重要的一环。设置情景是为了直观呈现或学习新的知识,可以利用教室里的人、景、物,或利用简笔画、挂图以及音像、多媒体等手段来创设情境。这样做,有利于激发学习兴趣,强化师生互动,有利于学生理解和掌握教学内容。

2. 播放听力,想象入境

在播放听力时,教师请学生合上课本,听老师介绍课文背景知识及故事情节,之后完整听一遍课文录音。播放录音时,要求学生一边听,一边想象对话所表现的情景。在听力训练中,教师应尽量多提供表示所学内容的直观形象,使听力教学情景化、交际化,培养学生用英语直接进行思维的能力。使学生真正接触使用外语的感觉,调动并发挥外语学习的潜能。

3. 角色扮演,模仿对话

听完录音后,再打开课本,根据所听内容简要回答问题,展开对话教学。此时要给足诵读的时间,让学生读熟,然后让学生扮演相应角色,模拟情境进行对话训练。要求学生尽量模仿录音中的语音、语调,然后上台表演,再配上一些小道具,再现生活中的交际场景。继而开展小组竞赛,看看哪组模仿得语气、动作、表情最好。这样做的目的是让全班同学都能参与教学,给每个学生创造练习和表演的机会,调动学习英语的积极性。

对话教学注重联系现实生活，拓展交际对话情景，使学生学会举一反三，把课堂上学到的言语技巧运用到现实交际中去。可以启发基础好的学生对课文内容进行改编，编成小品、剧本等形式并进行演绎，以达到学以致用的目标，进一步强化学生的英语交际能力。

（五）中西方文化资源拓展

在讲授"现在进行时"时，课本中配合语法讲授所给的阅读内容为端午节。但书中内容仅限于包粽子、看赛龙舟，泛泛而谈，学生的兴趣刚被调动就没有可以继续深入了解的材料了。于是，我针对本课情况，适当补充关于端午节的英文阅读材料。让学生通过阅读了解端午的来历，端午的发展，现代人纪念端午的方式，最直接的就是会有三天的假期。学生们非常感兴趣，不仅对于阅读材料加以深刻的分析、理解，甚至还将材料中涉及的人文信息加以背诵。这个单元的收获，不仅体现在对书本知识的挖掘上，更多的是学生带着兴趣去阅读积累更多的东西。

随后的阅读课中，趁着学生兴趣的热度还未散去，继续追加补充了西方国家传统节日的阅读文章。学生意外地看到了外国还有西红柿节、卡通节，了解了节日上传统的娱乐项目、狂欢游行队伍、花车巡游等多种多样的庆祝方式。也利用这个契机，让学生体验跨文化情境，在体验中，进一步提高学生的跨文化英语能力。

我们知道，英语教学，文化便是语言的灵魂，语言的外壳承载着文化。在英语教学中，所学语言国家的历史地理、风土人情、传统习俗、生活方式、行为规范、文学艺术、价值观等，都是我们英语教学的重要组成部分。

二、英语课程的实施与评价方式

全英文的课堂教学经过多年实践，充分表明学生在语流语感方面的提升，同时所创设的纯英文环境，也使得学生有带入感。英语课程实施的关键是情境体验，在主题下的多种活动安排使学生有表达的必要，从而由"让我学"转变为"我要学"，同时英语作为一种语言工具，承担着大量信息的传递的任务，文本的阅读、信息资源的融合，都能够增强对英语的学习体验，从而有效完成课程实施。

(一)注重学生基本听说读写的习惯培养

英语歌曲是孩子们非常喜欢的,选择一些耳熟能详的英文歌曲,让孩子们学唱,体会地道的发音习惯。

动员学生自己去搜集相关的影像资料,对于感兴趣的部分,主动模仿影片中的原声进行配音练习,形成良好的语流、语调。

选择孩子们感兴趣的电影。共同欣赏一部英文经典电影,评价故事中的人物或情节,表达自己的观点,锻炼口语表达能力。

开展讲故事、讲演、演短剧等活动。为了让孩子保持英语学习的兴趣,我们要为他们展示自己的学习成果提供一个平台。

指导学生优美语句的摘抄。强调"不动笔墨不读书"的要求,随读随记。英语也应该如此,要求学生每人准备一本课外阅读摘抄本,每天将阅读过程中精彩的词句、优美的景物描写、精彩片段、名言佳句以及对自己日后的学习有借鉴作用的内容记录在本子上。积少成多,为语言的流利输出做好充分的准备。

(二)听说体验式学习方式融合于课堂教学

在英语教学中,听力教学是获取信息最重要,最初始的环节。只有通过"听"达到足够的语言输入量,学生才有可能通过"说"输出一定的语言信息量。但在英语听力过程中,很多学生存在听力障碍,听力在瞬间开始,在瞬间结束,而一旦错过,可能"满盘皆输"。因此,作为教师,很有必要探索课堂教学中提高听力的策略和技巧。

我们在教学中尝试了以下一些做法:

1. 课堂教学,尽量用英语授课

课堂教学中,教师首先应尽量用英语教学,并由浅入深反复训练,在有限的时间内尽可能地让学生多听英语,多感受语言信息的刺激。运用英语授课还有利于学生集中注意力,锻炼其感知力,培养想象力。

2. 创设情境,培养听力习惯

在学习新材料前,坚持让学生合上书本,听教师介绍对话背景知识及情节,然后听录音,并根据所听内容简要回答问题,最后再打开课本,这样能让学生养成仔细听的习惯。在听力训练中,尽量多提供表示所学内容的直观视频,以使听力教学情景化,交际化,培养学生用英语直接思维的能力,以排除母语的干扰。

3. 反馈纠正,提高听力水平

学生在听简单内容时问题不会很大,但对一些较灵活的、容易出错的题目,老师应该让学生反复听,并分析产生错误的原因,切实做好听后纠正工作,这样有利于提高听力。

4. 强化听写,发挥听练作用

听写练习是提高听力水平的必不可少的一个环节。天天坚持听写,听写形式多种多样。听写单词、习语、句子、短文(尤其课文改写的短文)。

除了这些之外,我们还让学生课外有机会多接触,多使用英语,尽可能地在课外安排一些有趣的活动,让学生多听,多说,多进行各种有趣的口语练习,比如组织学生看英语影片、排练英语节目、唱英语歌曲等。

经过一段时间的尝试,学生在听力方面有了非常大的提升,他们由最初的畏惧听,变成现在的感兴趣听;由最初的听不懂,到现在侃侃而谈;由最初回答问题的"哑口无言",到现在设计问题的"争先恐后"。这其中的奥秘,不仅在于对学生听力问题的解决,还有一个很重要的方面,在于听说课中"对话教学"的精心设计,即对话教学中的三个步骤:"Pre - listeng(听前),While - listening(听中), Post - listening(听后)",具体解释为"听前准备,听中指导,听后输出"。

(1)对话教学——听前准备(Pre - listening),深度钻研教材。

每个单元中的对话教学,都是建立在听力输入的基础之上,所以听前,一定先要认真研读教材——对话内容,通过研读教材,确定听力教学方法。①对话内容有难度。可采用提前处理单词或句型的方法,让学生掌握词义和句型的用法,这样可以最大限度内降低难度,使单词和句型不会成为听力的障碍。②对话内容有较强的文化背景。可从网上下载与文化背景相关的图片,在谈论图片的同时进行相关文化背景的渗透,形象且直观。③听力内容比较枯燥。兴趣是最好的老师,若听力内容缺少兴趣,教师可以采用设计活动,例如:猜词,接故事,头脑风暴或设置讨论问题等形式激发孩子的学习兴趣。④听力内容过于简单。可采用先给学生情境,让学生根据情境自编对话,这样既可以指导学生已有的知识,同时,也可以根据学生所说,随时增加相关的内容,扩充文本内容。⑤听力内容中数字或时间较多。数字或时间较多的听力内容,教师要提前交代清楚数字的读音技巧,例如:sixty 重音在前面,而 sixteen 则重音在后面。提前让学生会读,这样在听的时候就不会让学生因听不明白而发蒙。

听前做好充分的准备,搭建好桥梁,接下来进入"听中"环节。

(2)对话教学——听中操练(While‐listening),巧妙设计环节。

进入听中环节,在此环节中可以通过设置一系列的操练来帮助学生接受信息。①呈现:教师最好用英语,简洁地介绍听力材料的大概内容,并引起学生听的兴趣。②除障:帮助学生排除在上文提到的,在听过程中可能会出现的语音障碍、语言障碍、理解障碍,必要时对关键词做些点拨与提示,并呈现在黑板上。③明确任务:教师让学生浏览听力题干,明确听的任务,带着问题去听,这样限制性的训练可使学生抓住重点,排除无用信息,利于学生整体把握全文。④泛听(初听):教师放一遍(或两遍)录音,让学生把握材料的基本结构和内容,主要弄清关键内容:如人物,时间,地点,事件。⑤精听(复听):教师放录音第二遍(或第三遍),在初听的基础上,尽量听清材料的细节,并同时根据训练的要求,迅速做出分析、判断、综合。听力训练初期,为了减轻学生的负担,适当降低难度,在某些重要的信息后使用暂停键,或反复播放某一段话语。⑥理解检查:检测效果,分析错误原因,组织学生讨论。教师也可再放一遍录音,供学生检查,比较。

听中的巧妙布局和操练,为听后搭建了一个坚实的"平台"。

(3)对话教学——听后输出(Post‐listening),四项技能百家争鸣。

在对话教学进入到"听后阶段"也就是输出阶段,这时教师可以根据对话内容设置成"听说读写"四方面技能的输出形式。

①以"听"的形式进行输出。

A. 可以找一篇类似的对话,让学生再次去听,培养学生的听力能力。

B. 可以让学生表演对话,让其他学生听对话并帮助纠正语音语调语流语感。

②以"说"的形式进行输出。

A. 让学生根据对话复述对话内容。

B. 让学生表演对话。

C. 给学生相关的信息,让学生再自编对话并且表演。

③以"读"的形式进行输出。

A. 提供相关的对话,让学生再读第二篇对话,并表演。

B. 提供与对话内容相关的文化背景文章,让学生更多了解文化的背景知识。

④以"写"的形式进行输出。

A. 将对话设置成话题,重新命题,设置成一篇作文。

B. 对对话中的观点进行讨论,并将其写下来,表达观点。

C. 根据对话内容,可以设置成一封书信或者电子邮件写给对话中的人物。

(三)拓展课外阅读以体现英语的工具性与人文性

我校从六年级开始专门开设了一节英语"快乐阅读"课。通过大量的课堂实践,针对六年级孩子兴奋性较高,稳定性较差,波动性较大,两极性十分明显,容易激动,十分热情的特点,我们总结了以下几点教学时应当注意的问题。

1. 只有教师有激情有投入,才能要求孩子有热情

孔子说:"与善人居,如入芝兰之室,久而不闻其香,即与之化矣。"优秀教师能通过自身的人格力量去积极影响和作用于学生,如果我们上课时有无限的热情,必然会带动孩子有上课的激情。

在一节课上,授课教师设置了小侦探破案的环节。小故事的名字叫作 Magic bullet。上课之前,老师特意准备了一把玩具手枪。她刚刚拿出手枪摆出姿势,孩子们就兴奋不已,老师趁机先教会孩子几个简单的单词,gun, shoot, shooter, bullet,为接下来的教学进行了成功的铺垫。

在阅读 Quick Cube(全球解魔方最快的人)文章之前,她让孩子各自带自己的魔方。首先让孩子尝试多快可以完成一面。比赛结束时,最快的孩子用了 5 秒钟。让孩子带着问题 How long does it take Collin Burns to solve a Rubic's Cube?(Collin Burns 花了多长时间解魔方),答案是 5.25 秒,孩子们震惊不已!谚语 Practice makes perfect!(熟能生巧)知识的传递就在老师和孩子的热情洋溢中顺利完成。

2. 阅读材料选材要恰当，让孩子体会到成就感，收获快乐

阅读文章的难度必须符合孩子的实际学习水平，可以略高，但是不能高出很多。如果文章难度过大，生词过多就会打消孩子的阅读欲望，在没有字典等辅助材料的帮助下，孩子会选择将之抛弃，束之高阁。《教学策略论》中说："动机的缺乏很大程度上源于自信的缺乏。经过艰苦奋斗却屡屡失败的学生很难对学习产生足够的兴趣。相反，如果能不时体验成功，就会对自己的能力充满信心，参与活动的热情也就会越高。"尤其是六年级的孩子，他们词汇量小，有效注意时间短，因此文章的难度必须恰到好处。

阅读文章的内容选择要兼具趣味性与知识性。针对六年级孩子的特点，我们确定了阅读方向是快乐阅读。让孩子通过阅读笑话、侦探故事、生活小常识、奇思妙想、寓言故事等培养阅读兴趣。学习本就艰难，如果缺乏兴趣，缺乏快乐，就很难让学生参与进来。

阅读材料的使用要恰当。针对文章设计的问题要具有启发性，引发学生相应的思考。在读到 The fox and the sheep 一文时，老师让孩子讨论 What lesson does the story teach us?（这个故事教会我们什么道理?）孩子们先独立思考，然后进行小组讨论，最后进行汇报，需要时老师提供词汇支持。孩子们的答案多种多样，通过分享各自的看法又引发新的思考，最后师生达成了共识"No pains, no gains"（不劳无获）。我们都知道六年级学生思维是有很大片面性的，他们不能全面、辩证地分析问题、解决问题，而是抓住一点而不计其余。活动中，在显示出很高的创造力的同时，又暴露出思想上缺乏严谨的逻辑性及全面性，所以，对问题的最后处理结果常常是虽很有新意，但并不准确。因此设置讨论环节可以极大限度地促进孩子多角度思考问题。

随着生活经验的增多和独立意识的发展，孩子们开始有了获得自尊的需要，他们希望老师和同伴能接受自己、肯定自己、喜爱自己。我们的阅读课就是要让孩子们体会到成功的快乐。

3. 每节课的阅读任务必须明确，并做到温故而知新

学生阅读能力的提高依赖于阅读教学的开展。阅读教学的目的就是培养流畅阅读者。为了提高阅读能力，孩子们必须形成有效的阅读策略，克服现有的不良阅读习惯，并且能够根据不同的教学目的和阅读材料进行策略的调整。

第三章
国家课程的实践探索

在六年级我们侧重训练略读 skimming，寻读 scanning，预测 prediction，猜测词义 Guessing meanings of new words，识别指代关系 Identify the reference。每节课上都先介绍每种阅读策略的目的和判读依据，让孩子明白为什么要用，何时要用。每节课之前首先要复习上节课中所新授的知识，温故而知新永远让孩子受益。

孩子们最喜欢的是预测。我们常常在读故事之前给出图片让孩子预测可能出现的人物和背景，教会孩子利用标题预测文章的体裁和主题。教会孩子利用时间词进行篇章层次的预测，教会孩子根据图片预测接下来的故事情节。孩子想象力的丰富令人惊讶，幽默有创意的想法让大家情不自禁地鼓掌。而这种来自同伴的鼓励让他们更加有参与的热情。孟德斯鸠说"喜爱读书，就等于把生活中寂寞无聊的时光换成巨大享受的时刻"，希望通过我们持续不断的努力让孩子享受英语阅读的乐趣，体会学习语言的魅力！

在高学年的阅读教学实践中，我们尝试把阅读与写作相结合，通过阅读选材、阅读分析、阅读积累、阅读延伸四步法，从输入到输出，力求搭建从阅读通向写作的桥梁。

（1）阅读选材

要想实现阅读与写作的结合，首先要在阅读材料的选择上下功夫，不能随意为之。因此，在选择阅读材料的时候有以下两个原则：①合适程度；②可利用程度。

合适程度是指：

a. 材料是否符合学生的阅读兴趣和需求。

八九年级的学生正值十四五岁的花季，男孩绝大多数对体育明星、最新科技产品（尤其是电子产品）、科幻电影等感兴趣；女孩则更加关注校园流行文化、交友、艺术等话题。材料的选择一方面要满足青少年的口味，从而从客观上调动阅读的积极性，另一方面也要结合教材中涉及的话题，做有针对性的拓展和延伸。因此，我们所选用的阅读材料还经常包括：人与自然的说理性文章；自信、勤勉、友爱的励志性文章；充满生活智慧的幽默小故事等等。

b. 材料是否有利于学生综合运用各种阅读技能。

在六七年级，学生们已经接触了一些基本的阅读策略，如通过 skimming

让幸福通向未来
——哈尔滨市风华中学课程建设的实践研究
RANG XINGFU TONGXIANG WEILAI
HAERBINSHI FENGHUA ZHONGXUE KECHENG JIANSHE DE SHIJIAN YANJIU

了解文章大意，scanning 寻找相关信息点，guessing the meaning of the words 等等。进入八年级以来，我们本着阅读与写作结合的宗旨，开始有意识地指导学生更加深入地运用其他相关阅读技巧来赏析文章，从而实现从阅读到积累再到运用的转化。

可利用程度是指材料的结构、内容或语言是否能够满足写作指导的需要。以中考书面表达一等文评分标准为例，初中毕业生书面表达的能力要求为：①能够完全完成试题规定的任务。②覆盖所有内容要点。③应用较多的语法结构。④尽力使用较复杂结构或高级词汇，具备较强的语言运用能力。⑤有效地使用语句间的连接成分，使全文结构紧凑。⑥完全达到预期的写作目的。阅读中的写作指导应尽力体现以上几点。

（2）阅读分析

在阅读与写作相结合的教学过程中，阅读的目的不仅仅是了解大意、获取信息，更为重要的是"为我所用"。因此，对阅读材料的分析就显得尤为重要，因为只有这样才能使学生深入理解材料，从而进一步学习它的写作特点，并灵活地运用到自己的写作实践中。根据写作指导的需要，我们一般在以下三个方面引导学生深入分析：

①主题句

一般来说，一篇规范的阅读材料都有主题句。主题句起到提示文章主旨大意、概括全文的作用。而且，每一个段落都有一个中心句，该段落就是根据这个中心句展开的。因此，结合对阅读材料的分析，帮助学生明确主题句或中心句的作用以及特点，有助于他们在写作的过程中有意识地运用主题句或中心句，从而避免离题、中心思想不突出、组织结构混乱等问题。

②篇章结构

初学写作，首先必须要掌握安排文章整体框架和段落层次的能力。这种能力对作文的成功与否至关重要，因为即使词语再准确，内容再生动，没有一定的篇章知识和构建篇章的能力，就会有文无篇。而这些篇章知识，建构篇章的技能是可以在阅读教学中获得和发展的。在英语阅读教学中，学生可以采用自上而下的阅读方式，通过阅读，揣摩作者的意图，把握文章的整体框架结构。这种自上而下的思维方式，有利于增强篇章意识，学会从宏观的角度构筑文章的框架结构。

③语段衔接

在整体把握文章结构的基础上,再通过对文章的各个段落层次的分析,领悟文章句与句,段与段之间的逻辑联系及写作者所采用的各种衔接手段。通常,段与段之间使用过渡句进行衔接,在阅读过的文章中我们不难发现这样的句子:⊕ There is something important you should keep in mind.

⊕ Now I will introduce something about it.

⊕ I'd like to tell you something about our school.

⊕ Let me give you a brief introduction about our school.

⊕ I'm lucky to stand here on behalf of all the graduates to make a speech on the graduation ceremony.

⊕ The reasons for this are as follows.

同一段落之间,使用过渡词往往就可以达到理清文章结构的作用。通过阅读,我总结常用词如下:

As far as I know(据我所知),As the saying goes(常言道),Generally speaking(一般而言),I am greatly convinced that(我深信),In my opinion(依我之见),There is no doubt that(毫无疑问),But it is a pity that(但是遗憾的是),In addition(此外),In fact(事实上),In other words(换句话说)……

(3)阅读积累

①背诵例句

学生通过阅读教学,可以积累一些英语格言、警句,记住一些习惯用语、固定句型,从而丰富自己的书面语言,为英语写作构建一个更大的英语语料库。另外,我在阅读教学中,根据学生在写作中经常出现的语言错误,加强重点词语和句型及同义词、词的搭配的讲解,并有针对性地进行一定的笔头练习,应用新学的词和句型进行汉英互译、组词造句等写作练习,从而使学生在写作中遣词造句准确、简洁,语法规范,减少用词不当及中式英语的出现。

②分析段落

随着现代语言教学的迅速发展,语言教学的重点渐渐地发生了由词到句,由句到语篇的转移,这就要求英语教学不仅要重视词句的语言训练,还要逐步发展在语篇水平上笔头进行交际的能力。首先可以让学生辨别原文中某一段落的模式,熟悉其中句子的不同功能、所提供的信息及相关的词汇手段;然后让学生依照这一模式写出一个类似的段落,教师再引导学生对此进行分析。这样,学生可以及时地得到教师的反馈,并及时在词汇手段、意义表达和文章结构等方面与原文进行对照。

③积累素材

素材是文章的血肉,写作必须言之有物,所以,写作离不开素材的积累。如果没有大量的素材积累,写作者便无法写出内容丰富、主题深刻、翔实感人的佳作。英语阅读教学是学生积累写作素材的最重要途径之一。这是因为通过英语阅读教学,可以开阔学生视野,增加学生阅历,丰富学生的内心世界。

(4)阅读延伸

①缩写首先要求学生对原文理解透彻,并有一定的综合归纳能力。缩写文其实就是原文的精华和梗概,它不允许改动原文内容,只是删去文章中作者引用的各种事例、事实。一般用第三人称,不加入任何个人的评论和解释。缩写文必须是一篇内容完整、语言精练的文章。缩写文的练习有助于加强学生对文章的理解,提高学生归纳总结和书面语言表达的能力。

②仿写阅读的过程,也就是模拟写作的过程,在阅读课堂上学生要解译出写作者发送出来的各种信息,达到交际的目的,就得参与到写作者的角色里去,把阅读材料当作全面了解写作者的范文,领悟写作者在范文中采用的各种写作手法和表达技巧。然后在多种形式的语言实践活动中,采用写提纲、改写范文、模仿范文进行写作训练,反复借鉴、模仿写作者的写作手法和表达技巧。在反复的实际运用中,熟能生巧,形成学生自己的写作技能,为进一步的独立写作创造条件。

总之,阅读可以使学生有目的、有意识地接触到大量语言材料,从中学习写作技巧,获取写作经验与素材,开阔思路,扩大知识面,丰富思想与情感,增进观察与分析能力,学习用英语思考行文的技巧。写作能扩大学习者所用语言的范围,有助于提高学生运用语言的准确性,提高他们用英语自由表达思想的能力。通过大量的阅读和写作实践,学生可以反复练习所输入的语言知识,使之逐渐消化、吸收、深化,从而形成自己的语言生成系统,促进语言使用的自动化。

(四)学科活动是课堂教学的延展与内化

为了培养、拓延、展现学生的英语语言学科的核心素养,挖掘和引导学生对于英语学科的学习兴趣,提升英语语言的学习能力,我校英语学科开展每年一次的"风华中学英语节"活动,常规活动如下:

1. 风华英语教师篇

组织旨在促进和提升教师专业技能与素养的"风华中学英语教师英文演讲"活动,演讲内容:与中西方文化相关的内容,通过演讲活动,让英语教师们在搜寻素材的过程中加深对中西方文化的了解与拓展视角。

2. 风华中学学生篇

活动一:英语书法大赛

方式:在班级先进行初赛,筛选后在学年进行联评,评出优秀书法作品。目的是促进学生培养良好的书写习惯。

活动二:英语歌曲比赛

目的是通过英语与音乐的美妙结合,促进学生对英语学习的兴趣。

活动三:英语班级 PARTY

目的是促进学生对英语的综合应用的能力。

活动四:圣诞手抄报比赛

此活动旨在锻炼学生对于英语文化和艺术审美,编辑和策划,书法与创新的能力。

活动五:学生圣诞派对

方式:学年首先通过班级的选拔,通过演唱英文歌曲、编演英文名剧、自编英语短剧、英文经典影片配音等形式展现在英语学科所获得的能力、兴趣的提升情况。

三、英语课例

本节课是 PEP 教材六年级上册 Unit5 What does he do? 的 Part A,课型为听说课。内容主要为人物职业和生活情况的询问和描述,话题贴近学生生活,容易理解内化。

本节课教学重点是对人物职业和生活情况询问和描述。教学难点是如何引导学生运用所学知识来描述家人的职业并进行职业规划。

基于对"翻转课堂"的理解，我们在进行教学设计时从以下三个方面入手：

（一）六年级的学生通过一学期的英语学习已初步掌握自主学习词汇的能力，并能在小组活动中具有与他人合作讨论的能力。课前通过微课、英译汉汉译英的习题、上传课文录音、在讨论区上传自己主要家庭成员照片并给出文字介绍的五项课前任务的布置，我们可以看到大部分学生都能通过观看微课完成课前的任务，并在讨论区留下了学习心得。通过学前任务布置，发现多数学生可以完成教师所推送的全部任务，对待课前任务的态度认真，兴趣很高；但少数学生对汉译英部分还存在一些典型错误，可以通过课上小组活动组内完成并消化。

（二）在掌握学生的基本学情后，进行二次备课，主要通过以下四个方面解决课前存在的问题。

1. 进行猜词游戏以及句子编码，纠正一些单词的发音。
2. 在课堂中进行大量的对话练习，进一步巩固单元的重点句型。
3. 改编对话的练习，有助于学生自我文字重组能力的提升。
4. 根据录音模仿对话，重点强调语流、语调以及对文字整体情感的掌握，大大提升了学生口语能力。

一次备课后，我们的预期目标已基本达到，学生能够熟练掌握本单元重点词汇。但通过学前任务分析，发现学生对于重点句型掌握不到位，所以在二次备课中，我们增加了对重点句型的练习，并调整了任务完成顺序。比如将介绍家人基本情况的环节放到练习对话之后，通过前期的练习，学生的语言得到积累，更有助于学生的语言输出。整个二翻的过程就是对学生学前知识的进一步夯实和巩固，并对重点知识进行二次强化和训练，为下一环节的语言输出做准备。

通过对家庭照片的介绍，锻炼了孩子们的语言输出能力，展示了本节课的学习成果。在课上学生们有大量的时间进行全方面的展示交流，增加了学生练习的密度和广度，给孩子们充足的时间进行语言输出。

第三章
国家课程的实践探索

课　题	PEP Grade 6A Unit5 What does he do?	班级	6.5	授课时间	2019.2.26
授课教师	李萌			课　型	听说课

<table>
<tr><td rowspan="4">一次备课</td><td>教材分析</td><td colspan="4">本课为PEP教材英语六年级第五单元 Part A 部分,课型为听说课。内容主要为人物职业和生活情况询问和描述。话题贴近学生生活,容易理解内化。</td></tr>
<tr><td>学情分析</td><td colspan="4">学习能力:六年级的学生通过一学期的英语学习已初步掌握自主学习词汇的能力,并能在小组活动中具有与他人合作讨论的能力。
学习习惯和方法:在培养课前自主学习及课上小组合作学习习惯的阶段中,具有被动输出的能力。主要采用学生自主学习,老师引导学生学习的方法。
优秀的学生:能够熟练应用课前学案中的词汇与句型进行交际活动,并可主动编排相关对话。
一般的学生:能够完成老师布置的任务,并准确跟读听力材料。
知识储备:本课的学习主体为六年级学生,有至少三年的英语学习基础,具备根据音标及图片或汉意学习单词及短语的能力。其处于英语学习的初始阶段,有较强的表达欲和模仿能力,因此应可顺利完成课前学习相关词汇及句型并进行跟读模仿,为课上的口语练习、对话操练提供输入基础。</td></tr>
<tr><td>教学目标</td><td colspan="4">知识和技能:
1.词汇、词组:
factory worker, postman, businessman, police officer, fisherman, scientist, pilot, coach
2.句型:
What does he do?
He is a businessman. Where does he work? He works at sea.
How does he go to work? He goes to work by bike.
过程与方法:运用媒体呈现新词及新句型,通过跟读准确掌握并输入句型。通过练习保证产出的正确。最后可通过讨论编写并表演询问职业及讨论家人职业的对话进行角色表演。
情感态度与价值观:能从不同视角认识职业,明白从事某些职业应具备的条件,构思自己的职业梦想。</td></tr>
<tr><td>教学资源</td><td colspan="4">学案,微课,试题,讨论话题</td></tr>
</table>

续表

发布任务	自主学习目标	1.完成前置任务后,应达到基本掌握本节词汇、短语及句型的程度,能够正确使用知识与技能中的语言点谈论职业。 2.知道逗号是英语句子中的停顿标志。
	自主学习任务	自主学习任务 任务内容:观看微课视频,完成教师发布任务 任务描述:观看微课,跟读单词,学习以下单词及句型。 单词:taxi driver,factory worker,postman,businessman,police officer,pilot,head teacher,policeman,driver,writer,singer,dancer 句型: What does he do?　　He is a businessman.　　Where does he work? He works at sea.　　How does he go to work?　　He goes to work by bike. 学习微课后完成测试题。 一、汉译英 1.出租车司机_____　2.工人_____　3.班主任_____ 4.女商人_____　5.警察_____　6.作家_____ 7.他是做什么工作的?(3种)_____ 8.我想要成为一名商人。 9.王明的妈妈是做什么工作的?(3种)_____ 二、英译汉 1. doctor _____　2. cleaner _____　3. singer _____ 4. dancer _____　5. football player _____　6. businessman _____ 7. postman _____　8. Do you want to be a head teacher, too? 完成时间:微课观看5分钟,完成题目3分钟 设计意图:通过完成微课程,让学生跟读新单词,理解新单词,完成单词理解的题目,扫除在对话时的生词障碍,并学会运用。 三、自主学习任务:上传家庭主要成员照片并描述家庭成员职业 I have a family of _____. This is my _____. He/She is a(an) _____. This is _____ … I love my family. 自主学习任务:课文录音 任务内容:朗读48页 Let's talk 对话并上传录音音频 任务描述:学生听课文录音,并上传课文读音。根据听力材料填空 完成时间:6 min 设计意图:练习学生的听、读能力。了解基本的询问回答内容。

第三章 国家课程的实践探索

续表

获取学情	学生问题归纳					
二次备课	课堂教学目标	检测重点单词、短语及句型。针对汉译英练习中出现错误较多的知识点进行有针对的备课,总结梳理知识点,答疑、解惑本节课所学知识。课堂上主要以教师引导学生自主学习为主,并且能够完成教师最后所设置的高阶目标——介绍家人的职业情况。				
	课堂教学设计（增、删、改、减一次备课预设课件）	教学内容	教学环节	教学活动	设计意图	教学时间
		内容1	展示交流	1. 网上任务反馈 (1)朗读、练习题情况 (2)听力上传音频情况 （选取优秀音频作为范例,播放共性朗读问题、匿名）	反馈网上任务的完成情况,解决个性及共性问题。 给小组个人相应奖励。 通过播放学生音频及奖励培养孩子的朗读热情,激励孩子大胆准确的朗读意愿。	2min
		内容2	展示交流 检测提升	2. 巩固并检测课前任务 (1)采用学生表演相应职业角色的方式,巩固职业相关词汇。 (2)句子解码:要求学生根据句子首字母说出完整句子。 (3)展示不同人物工作的场景图片并提问: A. What does he/she do? B. Where does he/she work? C. How does he/she go to work?	检测网上教学任务,核查学生自主学习完成情况（单词、句型）	1min 4min 5min

续表

		内容3	展示交流 合作释疑 检测提升	3. 巩固并检测课前任务 (1)教师通过课件示范介绍自己家庭成员的职业并提问 What about your family? (2)学生展示自己家人照片,并介绍家人职业。 (3)听力练习 page 48 教师通过提问要求学生猜测:Who will come on Parent's Day? 完成书中听力练习题(individual work) (4)对话练习 分角色朗读并表演对话 (5)关键信息去除,角色扮演(pair work)	展示示范,为学生提供范例;学生依据范例展示汇报。 检测听力输入情况 让学生通过角色扮演熟悉对话内容,进行有效输入	1min 5min 2min 5min 5min
二次备课	课堂教学设计(增、删、改、减一次备课预设课件)	内容4	总结评价	4. 总结 词汇及相应句式	梳理知识点	2min
		内容5	展示交流	5. 小组合作:组织学生开展调查活动(给出表格)、讨论、总结(阐述) 问题:父母的职业是什么? 给出补充词汇。 汇报总结:给出汇报模板,汇报同学父母职业的调查结果。	通过小组合作的方式,巩固句型。 通过汇报,拓展词汇及句式,进行文化渗透。输出展示本节课内容。	8min
课后反思	目标达成情况 优点 不足					

第四节　物理课程的资源构建与实施

物理课程的特色定位于,注重实验探究、提升创新能力。物理在八年级和九年级开设,符合学生的认知规律,在学生形成了一定的数理逻辑,有了一定的分析、理解能力的前提下学习物理,关注身边的物理现象,探索开发有趣的物理实验是激发学生学习物理,并掌握学习方法的重要因素,而探究能力的培养是帮助学生形成科学创新精神的必要条件,物理知识的鲜活特点也决定了课程构建的多元途径。总之,学习"有用的"物理成为必然。

一、物理课程资源内容

物理本身是一门实验科学,每一个概念、规律的发现和确立主要依赖于实验,因此初中阶段加强学生实验方面的训练,无疑是学生自主探究、合作探究的重要渠道,也是提高物理学习品质的必经之路。面对教材的编排特点,少数实验的原理和操作布置有明确的说明,而大多数实验属于探究性的,需要依靠教师的合理问题设计及相关资源的准备,以激发学生自主学习的兴趣,逐步培养并形成科学探究的能力。

（一）教材中关于模块的整合与处理

教学中根据教学内容以及学生的特点,对教材进行必要的整合处理是教师在备课时必须做到的,只有这样才更有利于提高教学质量和效率,更有利于学生的发展。

八年级上册第二章的第一节《认识运动》和第二节《运动的描述》可以进行有机地整合,第三章的第三节《噪声》和第四节《声与现代科技》作为阅读材料可以整合到一起,第四章第七节《通过透镜看世界》和第八节《走进彩色世界》作为阅读资料可以整合到一起。八年级下册第十二章第一节《机械能》和第二节《机械能的转化》可以整合到一起,九年级上册第二章第一节《热机》和第二节《内燃机》可以整合到一起。例如《热机》和《内燃机》两节课存在着比较大的联系,逻辑上是由总体到局部,知识上由概括到具体,内

容上由简单到复杂,整合到一起两节内容相互照应,学生的思维训练可以螺旋式上升,而不是学完热机后感觉热机种类很多,离我们的生活很近,对整个社会的发展起到了巨大的作用,让人真正地感觉到科技改变世界,学生想进一步了解,课堂却戛然而止了。所以这样的整合是最有效的整合。

(二)自主研发的探究实验及家庭实验

在教学中教师根据教学内容自主开发设计实验和布置给学生家庭实验是教师应该具备的能力和义务。

在八年级上册《认识声现象》一节中,在讲解声音的知识时,我们教师自主设计了一个能够体现声音具有能量的震撼性的实验,我们将装有垃圾的大塑料桶桶口用透明胶粘平,在桶的底部抠一个小洞,实验时将小洞对准一堆距离较远摆好的纸杯,用力击打透明胶,纸杯飞出很远,效果明显,特别震撼,突破难点一步到位。第四章第一节《光源 光的传播》中,自制密度不均匀的糖水,使光在不均匀的糖水中传播,发生传播方向的改变,颠覆了学生的认知。在第四章第二节《光的反射定律》中,自制了互相平行的激光笔来探究镜面反射和漫反射。在第五节《探究凸透镜成像》中,自制了F型的发光二极管,代替了蜡烛,减少了污染,不再因为蜡烛的烟呛学生,而且光源稳定,一次投入,终身受益,不需要经常购买蜡烛。

在八年级下册第九章利用注射器、矿泉水瓶和橡胶管等自制了连通器,利用日光灯管自制了探究大气压强的实验装置,利用钉子和木板制作钉子板探究压力作用效果。

在九年级上册利用铁屑和玻璃板来探究磁场的分布,利用大的铁钉和导线制作成电磁铁。

在九年级下册制作家庭电路的电路连接板,很直观,效果很好。

(三)关于学习专题的创编

在教学中专题课具有系统性、提升性等作用,专题课要设计好,同时配备的专题小卷要有针对性、时效性、灵活性,起到画龙点睛的作用。

在九年级的电功率知识的学习中,针对教学内容和学生的特点将小灯泡电功率专题分为正常发光型、"允许型"和"最大型、灯泡亮暗比较型、灯泡亮暗变化型"等,学生通过这样的专题训练,使得本来学习过程中一头雾水的小灯泡为载体的知识点和习题变得特别的通透,区分得非常准确,思路捋得非常清晰,一个大的专题解决了大半个电功率的问题,效果显著。

八上的《平面镜成像》专题、《凸透镜成像》专题、《固体熔化规律》专题、《测密度》专题。

八下的《摩擦力》专题、《平衡力》专题、《液体压强》专题、《浮力大小》专题、《机械效率》专题。

九上的《比热容》专题、《欧姆定律》专题、《测电阻》专题、《电功率》专题、《焦耳定律》专题、《研究小灯泡电功率》专题。

在课程实施过程中将学习的内容与综合实践课紧密地结合起来,学生学习的积极性和创造性有很大的提高。进行了《杆秤的制作》《自制照相机》《自制降落伞》等。

(四)微课等视频资料的创编与收集整理

八上微课视频《测密度》《凸透镜成像》等相关专题、小题。

九上《焦耳定律》《研究小灯泡电功率》等相关专题、小题。

"嫦娥号""神舟号"、高铁、"墨子号""蛟龙号"、大飞机、"悟空号"、量子计算机、"天眼"等科学前沿视频。

牛顿、爱因斯坦等物理学家视频介绍。

(五)学科活动的创编

学科活动在教学中要贯穿始终,降落伞比赛、自制电磁铁、自制滑动变阻器、自制杆秤、自制凸透镜照相机、自制针孔照相机、自制测力计等。

在自制杆秤过程中,学生根据学习的杠杆知识,自主选材,动手制作,评估改进,理论与实践性结合,制作过程体验到了艰辛不易,同时也增强了信心,真正地感受到"纸上得来终觉浅,绝知此事要躬行"的深刻含义。

二、物理课程的实施与评价方式

对于物理的学习,学生在学习之初的学习兴趣是较为浓厚的,学科本身

与生活现象的融合度较为深入,但随着学习的深入,对于思维能力和猜想推理能力的要求逐渐提高时,学生会遇到较多的困难,特别是应试带来的对于题量的演练增加,都或多或少影响了一部分学生的学习热情,因此不断调整学习节奏,寻找学习兴趣的激发点在物理课程实施过程中尤为重要,同时恰当的多元评价也是维持学习愿望的重要因素。

(一)构建各种课型下的科学课堂模式

课堂教学是一个充满师生生命活力的交互过程,充分调动和激发师生参与教学活动的积极性和创造性,是使各种课型达到预期教学目标的基本保证。

物理课堂教学更加突出自主学习、主动思考、践行探究、交流合作等,重视不同层次的学生都能在课堂上有自己较大的收获,基于学生自身的特点对学生进行评价,评价中使用不同的"尺子",找到学生闪光的表现,使学生对课堂充满向往,满足感、满意感油然而生。

在探究凸透镜成像规律的实验中,学生根据自身的经验,结合手中的透镜,从猜想到设计,再到进行实验、收集证据、交流、评估等环节,学生一步步得出初步的结论,虽然表述不规范,但是得出结论的过程确实是实践探究的真实体现。

(二)实验教学的多层面实施

物理实验探究是学习物理的重要部分,包括提出问题、猜想与假设、设计实验、制订计划、进行实验、收集证据、分析论证、评估、交流与合作等环节。

平面镜成像实验根据学生的日常生活经验,看远处的物体小,手掌又能与镜子中的像大小重合,基于以上的经验,提出问题,平面镜所成的像和物的大小关系如何?相距和物距大小关系如何?所成像是虚像还是实像呢?提出一系列的问题,学生对所成像的大小进行猜想,根据平面镜不能看到后面的物体无法确定像的位置,从而想到了利用玻璃板实验,突破了难点,利用两个等大的蜡烛解决了像与物大小比较的问题,实验得以顺利进行。

(三)特色作业及实践活动有效实施

学生基础不同,作业就要分层,这样既尊重了学生,同时也尊重规律。

作业分为基础题、中档题和提高题,每个学生都有收获,都有存在感和自豪感。

利用家庭实验室对当天的知识涉及的实验进行验证,这样的作业学生更愿意做,收获也更大。例如,学完大气压后,学生可以在家自己做水杯倒置实验感受大气压的存在。

根据第二天要学习的新课进行提前观察、提前感受和实验,这样的作业更有针对性和时效性。例如,在学习沸腾之前,请学生在家提前观察水沸腾时的现象。

(四)学科活动中体验物理学习乐趣

1. 水火箭的制作

2. 降落伞比赛

3. 杆秤制作

4. 照相机制作

5. 思维导图

6. 物理论坛

物理论坛激发了学生学习物理的热情,论坛讲授者更是慷慨激昂,信心百倍,会场上他们激情满怀,以物论理,科技前沿、国之重器如数家珍,论坛给孩子们带来的巨大影响、聚集的巨大正能量是不可估量的。

三、物理课例

课　　题	力	上课时间		上课教师	
本节三维目标要求	知识与技能	知道力是物体对物体的作用,知道物体间力的作用是相互的,知道力的作用效果。			
	过程与方法	在原有生活经验的基础上,通过观察、活动清晰认识力的存在。			
	情感态度价值观	初步认识物理学的基本研究内容,形成科学的世界观。			

续表

教学重点	在已知力的条件下,能指出施力物体和受力物体。				
教学难点	形成力的概念。				
教学媒体	多媒体	课 型	新授课	探究方式	实验、讨论、讲授

教 学 设 计			
教学环节	教 师 活 动	标 记	学 生 活 动
新课引入	第一次和大家合作,老师给大家带来了一个小礼物,它叫"奋进号"。下面我们就来放飞我们的"奋进号",同时也希望大家把这种奋进的精神应用到平时的学习和生活中去。倒数5秒钟。其实"奋进号"与我国发射的"神舟"系列飞船升空道理是一样的。我们来重温一下这一振奋人心的历史瞬间。下面我们就带着对神舟七号的向往来进入新一章"力"的学习。	看视频录像 板书	
新课讲授	老师给大家准备了一些实验器材。通过大家平时对"力"的理解,设计一个体现"力"存在的实验。	学生实验一	学生实验
学生实验一 学生汇报	学生展示力 在生活中还有很多有力存在的一些例子:"推土机推土""压路机压路""吊车吊起集装箱""地球吸引苹果""同名磁极相互排斥"。谈谈:"有力存在需要哪些条件呢?" 有力存在必须有两个物体,而且两个物体也必须有"作用",物理中力是"一个物体对另一个物体的一种作用"。 上面的图在产生力的时候都接触了,而下面的图都是不接触的。所以力可以分为接触和不接触两类。 1.利用桌面器材,进一步体验力的存在。	老师引导学生举例 看幻灯片 引发学生思考 学生实验	学生展示: 人推桌子、人压气球、人拍球、人拿东西、老师板书 学生回答:物体间必须接触 必须有两个物体

续表

学生实验二	2.在产生力的过程中你们有什么"发现"并把你们的"发现"用黑色记号笔记录在报告单上。 3.每个报告单记录一个"发现"。 4.在实验过程中要注意安全。	看温馨提示	
实验汇报：	先让一名同学提出他的观点,再让其他小组的同学支持证明自己的观点是对的		学生汇报： 可以汇报出力可以使物体的形状发生改变、力可以使物体的运动状态也发生改变……
小游戏:顶气球比赛	在谈到力的作用是相互的和力可以改变物体的运动状态时,可加入两个游戏。		
	看来力作用在物体上可以改变物体的运动状态,也可以改变物体的形状。力的作用也是相互的。	引导学生汇报	
实验总结：	我们今天主要研究了力的三方面的知识。一、力的定义。二、力的作用效果。三、力的性质。 利用今天所学的知识来解释生活中的现象。 1.打篮球时,利用本节课的知识来解释。	板书 力的作用效果 力的作用是相互的	学生利用所学的知识解决问题
	2.划船时,桨向后划,船为什么向前走呢?	看幻灯片	
谈体会 总结提升	在现在的许多高新领域无不体现了力的存在,下面我们来欣赏一下。	结合所学让学生谈体会	谈自己的收获
板书	力 1.定义:力是一个物体对另一个物体的作用。 2.力的作用效果 $\begin{cases} 力可以使物体发生形变 \\ 力可以改变物体的运动状态 \end{cases}$ 3.力的作用是相互的		

第五节 化学课程的资源构建与实施

化学课程的特色定位于立足实验探究,感知微观世界。化学的自然科学属性决定了将对物质组成、结构性能、科技变革等做出基础性准备。初中化学会帮助学生认识了解化学制品、化学资源、能源环境构建等等,从宏观到微观,再从微观到宏观,是学生认识了解化学的基本途径。课程构建的关键点在于如何能够使学生形成主动探究、乐于探究、善于探究的学习品质,能够利用所学知识和科学方法分析和解决基本问题,并在未来能够从化学的角度逐步认识自然与环境的关系,分析有关的社会现象,从而面临与化学有关的社会问题挑战时,能够做出更理智、更科学的决策。

一、化学课程资源内容

依据《全日制义务教育化学课程标准(实验稿)》对课程设计思路的建议与解读,明确化学课程资源的选取思路,应以激发学生的学习兴趣为起点,以身边的化学为切入,遵循由直观到抽象的认识事物规律,找准学生学习探究的知识能力生长点,实现观察、猜想、探究、信息收集、质疑讨论等必要的学习过程,逐步引导学生体验化学与身体健康、自然现象、技术发展、能源环境的密切关系,构建其学习化学的基本方法与学习愿望。

(一)教材资源的重组与加工

在教学过程中,根据教学内容的需要常常要增加教材外的资源,有助于达成课标要求或适应学生理解。老师们教学中常常会补充一些与时俱进的实事事例、一些家乡的新风貌等。

八年级第七单元《燃料及其利用》,教材在资料卡片中有关于可燃冰内容的相关介绍,但是教材侧重介绍的是可燃冰的化学成分等内容,教师根据时事新闻又补充了可燃冰开发的相关资料。在学习使用燃料对环境造成的影响相关内容时,老师们会根据我们哈尔滨的具体环境情况,引入冬季集中供暖、农民焚烧秸秆、禁止燃放鞭炮、开通地铁、2019年2月24日松北新区实行智轨等等一些我们身边的实际事例,在促进学生学习书本知识的同时,老师们更有培养学生"爱家乡"的责任意识。

九年级第一单元《金属》中关于金属和金属材料的教学中,珠港澳大桥的开通,是我们教学中引入的好的教学素材,材料的强度、抗腐蚀性能方面都凸显出我们国家过硬的技术,还有哈尔滨的龙塔也是我们家乡的骄傲。

另外从学科知识素养的角度来分析,学生学习化学更应该具备"学以致用"意识,所以教学中老师们也补充了很多学生应用的教学素材:怎么除去衣服上的油污？你会设计营养均衡的配餐吗……在"衣食住行"等方面都有化学的应用,老师们不能只注重教知识,更重要的是对资源的整合,培养学生的生活应用能力。

(二) 重视探究实验的研发

化学是一门以实验为基础的学科,在实验中培养学生的动手操作能力,在探究实验中培养学生的思维能力,所以老师们特别重视探究实验的研发。

1. 在实验改进方面,进行微型实验是我们的一大特色

如九年级第四单元《课题1 生活中常见的盐》一节关于碳酸钠和碳酸氢钠分别与稀盐酸反应的实验中,如图1教材的实验不便于学生操作,也不便于两组实验进行对比观察,所以我们改进成微型实验图2进行操作。用小药瓶、注射器分别代替试管,操作简便,利于学生开展分组实验。

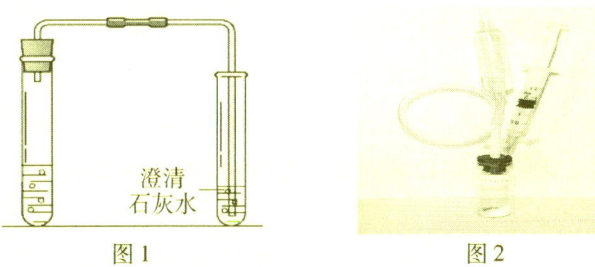

图1　　　　　　　　图2

在教学实践的过程中,老师们尝试着在不同的实验中进行微型化,如八年级第二单元催化剂的探究实验,第三单元分子运动的实验,第六单元二氧化碳能和水反应,九年级第三单元酸碱中和实验,第四单元碳酸钠、碳酸氢钠和稀盐酸反应等等。

2. 增强实验的趣味性,也是在改进实验方面的特色

兴趣是最好的老师,所以我们尝试着增强实验的趣味性来引导学生积极思考。例如在八年级探究分子运动实验中(图3),老师们进行了如(图4)的改进:从视觉角度吸引学生,然后引导学生进行思考。

图3

图4

在教学中,大家还创新出很多效果特别好的实验,如:清水变牛奶、疯狂的火山、变色的火焰等等一系列实验。

(三)专题导学案编写

经过几轮教学循环的尝试,我们摸索了导学案的编写和使用。最初编写导学案的目的就是为了记笔记方便,导学案基本是以填空为主,老师将教材的文字、实验等学习内容处理成填空的形式让学生来填写,但是实践下来发现使用这样的导学案学生缺少对知识的整体框架的构建,学生缺少对知识发生发展过程的探究和逻辑思维。基于这种情况,从2018年开始,老师们尝试着编写"问题牵引式"的导学案。

"问题牵引式"的导学案设计的基本原则是针对教学内容,在每课时的学习内容中老师提出三个主要问题,学生在预习时按照老师提出的问题进行思考,可以参阅教材,可以独立思考,也可以查阅相关学习资料,学生们带着问题学习,在课堂上学生可以有针对性地与同学之间、与老师之间进行沟通和交流,最大化地促进学生的思考,让学生参与到课堂中。

例如:在绪言课《化学使世界变得更加绚丽多彩》一课导学案中,老师设计出了如下三个问题:

问题1:什么是化学?

问题2:化学造福于生活的事例有哪些?

问题3:科学家及其贡献有哪些?

让学生们在第一节化学课上就了解了本节课要学习的三个问题,学生们按照导学案可以将预习、学习、复习有效地结合。

例如:在探究—分解过氧化氢制氧气的反应中二氧化锰的作用的实验

中,我们将导学案出成实验报告式的形式,培养学生初步学会做实验、会总结实验。

实验步骤	实验现象	实验分析
(1)在试管中加入5mL 5%过氧化氢溶液,把带火星的木条伸入试管,观察现象。		在实验(1)和(2)中带火星木条的变化不同,发生这种现象的原因可能是什么?
(2)向上述试管中加入少量二氧化锰,把带火星的木条伸入试管,观察现象。		
(3)待没有气泡发生时,重新加入过氧化氢溶液,并把带火星的木条伸入试管,观察现象。试管中又没有现象发生时,再重复上述实验操作,观察现象。		在实验(3)的重复实验中,反应后二氧化锰有无变化?

综合分析实验(1)—(3)中所观察到的现象,二氧化锰在过氧化氢分解的反应中起到了什么作用?

随着教学进度,老师们将会继续编著"问题牵引式"的导学案,增强化学教学的内涵,挖掘学科素养的本质,促进课堂高效教学。

(四)视频资源库建设

1. 时事新闻方面的视频

"化学源于生活、又服务于生活",老师们积累了很多和化学有关的新闻报道或一些热点时事。教学中《酸和碱的中和反应》,浓硫酸泄漏如何处理的新闻报道将学生们带入了深入的思考;《爱护水资源》教学中"福建泉州一个化工厂碳九泄漏"让学生直接感受到水污染的严峻。

浓硫酸泄漏新闻报道

2. 生活应用方面的视频

很多教材中介绍的文字资料，对于学生的感知还是不够丰富，所以老师会适时地补充相关视频资料，如灭火器的应用、稀有气体的用途、塑料的介绍等等，极大限度地拓展学生的认知。

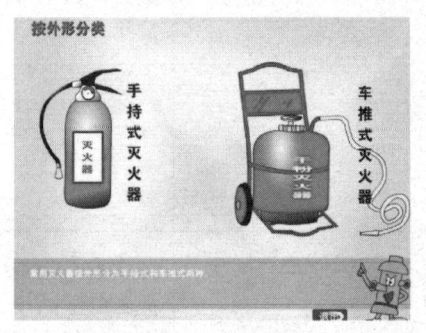 

3. 科学家们的化学史料

大多数学生对于初中教材中出现的科学家了解得不多，所以老师们积累了有关科学家们的化学史料。如波义耳、拉瓦锡、门捷列夫、侯德榜等，学生们在观看这类视频时不仅收获了知识，科学家们潜心钻研的精神也是他们需要学习的。

第三章
国家课程的实践探索

4.教师无法演示的实验视频

因为教学实验条件所致,有些有毒的实验、有些实验药品不便演示的实验、有些实验时间特别长无法课堂演示等等,用视频资料都解决了,所以这类实验视频是老师们积累最多的。例如:液氧低温冷冻鲜花、记忆合金弹簧实验、工业炼铁、铁生锈实验等等,这些实验视频保证了教学内容的顺利进行。

5.微观模拟实验视频

化学教学内容除了有趣的实验外,更主要的是引导学生在分子、原子的层次上来研究物质的组成和结构、性质及变化规律,微观部分的学习是学生学习的难点,这部分内容抽象,学生缺少直观感受,所以老师们积累下的微观模拟实验方面的视频对于学生突破难点起到了很好的作用。

NaOH溶液　　盐酸

将盐酸倒入NaOH溶液

P_2O_5分子生成过程

(五)学科活动资源建设

在开展学科活动方面,几年来我们尝试了从以下几个方面来进行:

1.开发学生自主化学实验箱、创建实验角

通过设计学生利用生活中的物品开发设计实验箱,增强学生动手能力,所以设计了"开发学生自主(化学)实验箱——开发实验替代品、创建实验角"。

教材内容	实验内容	预设内容	备注
绪言 第一单元	自制实验仪器	学生利用生活中的物品制作实验仪器：燃烧匙、烧杯、试管架、试管夹、胶头滴管、药匙等	展示成品：照片
第二单元	二氧化锰催化剂	药品：3%的过氧化氢（学生在药店自己购买） 仪器：小药瓶代替试管	学生实验土豆、芹菜等对过氧化氢的催化作用
第三单元	酚酞、浓氨水实验	仪器：用矿泉水瓶、小药瓶代替烧杯、使用注射器等	设计实验装置，增强学生环保意识
第三单元	原子结构	研究原子内部结构	创建原子内部结构模型
第四单元	自制简易净水器	用废旧矿泉水瓶、纱布、小卵石自制简易净水器	展示作品，用于实验
第五单元	质量守恒定律	自制杠杆、小药瓶、注射器	实验
第六单元	实验室制取二氧化碳 二氧化碳性质实验	用品：鸡蛋壳、注射器等	制取二氧化碳、实验二氧化碳和水反应
第七单元	泡沫灭火器	用品：注射器、小药瓶、蜡烛、点滴管 药品：稀盐酸、碳酸钠	实验泡沫灭火器灭火
第一单元	铁生锈	用品：食品干燥剂	实验铁生锈的原理
第二单元	配制溶质质量分数一定的溶液	天平、量筒、烧杯、玻璃棒	实验配制，分析偏大、偏小原因
第三单元	自制酸碱指示剂	紫色甘蓝、牵牛花、研钵、醋、	自制酸碱指示剂
第四单元	发酵粉的工作原理	带酸味的小面团、小苏打	实验碳酸氢钠和酸的反应

2. 参观科技馆——"奔跑吧化学"

在学校组织去科技馆参观之际，我们组适时提出举行"奔跑吧化学"活动，主要目的是为了让同学们带着任务去参观，既能享受到参加综艺节目的快乐又能学到知识。我们首先准备了12张拼图，取下其中6块，其余用胶带粘好,为集齐拼图卡片做初步准备。

老师在学生参观前两小时到达科技馆,准备题目,所有题目均来自科技馆的展品,即使有"百度",也搜不到题的答案。问题也不局限在化学科上,因为知识是无界限的。活动进行时,各班同学兴奋地奔跑了起来。同学们每答对一道题,会得到一块拼图,首先集齐拼图,即完成任务。同学们互相配合,在很短的时间内就能完成任务,让他们认识到了合作的重要性。活动后,孩子们用手抄报的方式表达了对这次活动的喜爱。

按照计划,学校每月会有相关主题的学生活动,所以能和学校活动结合设计出适合自己学科的活动,是比较好的设计学科活动的思路。

二、化学课程的实施与评价方式

透过现象分析其本质物质变化,是化学学习的重要任务,根据物质的化学性质,关联各项反应的核心要点,在变与不变中逐步体会化学的学习方法和思维方式。在学习过程中随着逻辑推理能力的提高,学生面对多种变化能够抽取出核心问题,而这一能力的关键在于实验中的真实体验,理论和实践之间的不可替代的认知体验,只能依靠学习过程中的亲自感知去理解和适应,同时敢于质疑、大胆联想、科学创新等核心素养的培养也蕴含在科学合理的课程实施过程中。

(一)关注课堂教学中的问题设计

学校倡导的课堂是"有趣、有效、成长",有效的课堂应该建立在有效课堂提问的基础上。有效的问题设计是指教师设计出的问题能使学生产生一种怀疑、困惑、焦虑、探索的心理状态,它可以极大地提高课堂的教学效率。

1. 大问题设计促进学生思维

例如:在《氧气的性质》教学中,老师在教学引入时做了趣味实验"变色的火焰",老师在此设计出问题"猜一猜老师在酒精灯火焰上可能撒上了哪些物质?"让学生首先通过大胆猜测,然后进行验证,最后得出结论,培养学生的探究思维。

在《碱的性质》教学中,老师针对"铁树开花""清水变牛奶"两个实验,提出问题"上述实验用到了哪些药品?利用了物质的哪些性质?"学生通过对实验现象的观察,对实验药品进行分析和思考。

问题是"大问题"教学的心脏。"大问题"教学要让学生保持对问题的思考。针对实验教学中,通常设计大问题来启发学生思考,通过生生交流,引发学生思考,所提出的"大问题"直指本质、涵盖教学重难点、具有更高水平、以探究为主。

2. 问题串归类促学生思考

在习题课中,老师批改试卷或作业后经常会发现学生很多问题,所以应针对学生错误较多的知识点来创设问题。

例如在《图像分析的专题课》中,老师布置学生分析几个实验的内容,然后布置了如下的问题串"你能画出这几个实验的图像吗?""横纵坐标设置成什么内容呢?""实验的实验现象是什么?"通过一个中心问题"如何理解折线图",教师根据教学内容设计相应的问题串,开展问题式教学,促进学生积极地投入到自主探究的教学活动中,从而使学生顺利地解决了涉及反应先后顺序的一系列实验的图像绘制。

(二)重视学习方式与评价方式的有效变革

化学课堂中突出"合作、交流,体现自主性培养"。老师们一直在尝试着课堂上进行小组合作的学习方式,课下同学们对于导学案上老师精心编制的问题进行预习,课上对于自己的疑问小组进行交流,最后老师会针对生成的问题进行讲解,课上、课下形成了良好的学习氛围。

老师们还将一些难题录制成微课的形式,中午午休时间在备用教室里放置好电脑,组织相关内容薄弱的学生进行学习。寒假中老师尝试着将微课挂在爱学平台的网站上,让学生在家长监护的情况下用手机或电脑自主学习。利用微课能运用多种方式,促进不同程度的学生发展,关注学习有困难的学生,有困难的学生也可以在平台上提出疑问,老师和同学们都会留言评论。

另外在化学课堂中老师还特别重视培养学生养成良好的学习习惯,如动笔书写整理化学笔记,开发错题本,做好习题粘贴和整理,学年还会定期进行评比,评选出试卷整理优秀的学生等等,将名单做成海报倡导同学们都来学习。

在评价方式上,我们注重过程中对学生的评价。在对学生进行奖励方面老师们有很多创意,如在一定方面有进步的,老师奖励亲手制作的具有化学特色的"叶脉书签";综合实践活动课中积极参与调查的小组,老师们设计奖励小组学生做实验,有些实验内容不适合课堂上分组实验,所以老师把这样的实验作为奖励,带领学生到实验室做实验,老师们笑评"有一种奖励叫做实验";

总之老师们有意识注重评价过程及差异性,不唯分数论,关注学生的参与态度与方法。

(三)科学应对难点问题

化学学科的本质是研究物质组成、结构、性质和变化规律。所以对于《课程标准》中规定的初中化学中常见的物质:氧气、水、碳和碳的氧化物、金属、酸碱盐,这些物质之间的性质及变化规律的掌握就是初中化学的难点。

1. 构建知识网

将零散的知识形成系统的知识网络,是化学学习重要的方法。所以在新课教学中,每学完一个单元,老师就布置绘制本单元的思维导图,学生在梳理、设计思维导图时就把很多零散的知识点建立起关联,这是学生自主整理的一部分。在课堂中学生互助完善和借鉴,老师点拨前后知识的衔接应用,又进一步增强了知识的逻辑性。

开始时使用这种方法,更多的时候需要老师来进行指导,一段时间下来,同学们也基本掌握了这种构建知识网络的方法,也受益于这种方法。

2. 物质转化关系

九年级的推断题,考查的就是物质间反应的性质关系,能够很好地考查学生的综合能力,但是对于中等程度的学生解决起来确实存在较大的困难,所以教学中尝试着将"两酸、两碱、三盐、两氧化物"间的转化关系梳理清楚,让学生在学习中摸清主线。如:

两酸中,稀盐酸和氯化钡存在双向转化;

两碱中,氢氧化钠和碳酸钠、硫酸钠存在双向转化;

氢氧化钙和水存在双向转化……

学生们摸清了一条主线,再往上附加其他细节知识时,就条理清晰。

(四)突破探究实验的固化实施方式

教学中根据《课程标准》中对于学生探究能力的要求和规定,老师们常用设置专题的方式来带领学生攻克难点。根据教学内容,从八年级开始化

学教学就有意识培养学生有探究的思想,探究的思维应该是从学生学习化学开始,就有意识进行渗透的,而不是到中考时为了答探究题而练习。

基于这种教学理念,老师们主要设置的是关于"物质成分"的探究。

八年级——化学反应后固体成分的探究

实验1:高锰酸钾制取氧气后剩余成分的分析;

实验2:氯酸钾和二氧化锰的混合物制取氧气后剩余成分的分析;

实验3:碳还原氧化铜剩余固体成分的分析。

通过开设以上实验,给学生初步建立起了成分探究中的基本思路,为九年级的学习做好了铺垫。

九年级——化学反应后溶液中溶质成分的探究、离子成分的探究

实验1:酸碱中和反应后溶质成分的探究;

实验2:氢氧化钠变质成分的探究;

实验3:涉及化学反应先后顺序的实验成分的探究;

通过统筹设计专项探究,在八年级时让学生建立起思考的方式,逐步过渡到九年级时,学生能够系统地建立起初中化学科学探究的思维体系,真正做到培养学生的探究思维。

(五)做好分层作业的反馈与辅导

1. 基础知识

基础知识的作业是面向全体同学,这部分作业学生大都是利用化学学案进行复习。班级里绝大多数的学生都能跟上学习,成绩比较优异,这跟利用学案进行基础知识的复习是分不开的。

2. 每周清单

为了让中等偏后点的学生更好地掌握化学学习内容,我们还精心编制每周清单,清单汇总本周所学的知识点要求,学生通过清单可以自查出本周的学习,哪些知识点已经掌握好了,哪些知识点还没达标,这样学生梳理本周的学习情况就很有针对性,对于学生自主学习也有一定的效果,尝试后觉得效果很好。

3. 课前预习

在尝试使用微课让学生学习后,老师们又试着在爱学平台上提前推送一些任务,如一些实验的视频资料,一些化学课件等,供有学习能力的学生

自学,对于一些程度好的学生预习起到了促进作用。

(六)学科活动的设计、实施与评价

化学学科教师,结合综合实践课程中与化学学科知识联系较多的学习项目开发为学科的活动课程或项目式学习课程,以"爱护水资源"活动为例,简述学科活动的设计、实施与评价。

《综合实践课 水的净化》教学设计

教学目标:

1. 知识与技能

(1)了解自来水厂和家庭生活净化水的一般方法和水资源的主要现状。

(2)能够动手制作简单的净水器,通过自己的劳动,得到一杯干净的水。

2. 过程与方法

(1)通过小组汇报,知道生产生活中常用的净水方法。

(2)通过动手实践、对净水器的净水效果的检验,小组交流,自我反思和评价,不断优化。

3. 情感态度和价值观

(1)培养学生调查搜集整理资料的能力,提升解决实际问题的能力,把学到的知识用在实际生活中,深入生活,关心社会,缩短理论和实践的差距。

(2)培养学生的团队合作意识,感受到与他人合作、交流的乐趣。

(3)提升学生爱护水资源的环保意识,树立社会责任感。

教学重点:

净水器的制作过程分享和净水效果的检验。

教学难点:

对于净水器的反思、改进与提升。

课前准备:

明确活动的问题,提前下发,根据学生的兴趣、能力自行成组。

探访小组:实践,深入自来水厂,调查自来水厂净水方法

调查小组:走访邻居,查阅资料,比较整合家用净水器的净水方法

实践小组:选取合适的材料,自制净水器

宣传小组:爱护水资源主题宣传报

教学过程:

教师活动	学生活动	设计意图
导入: 水是化学实验学习中最常见的一种物质,也是我们的生命之源,生命从海洋中诞生,走向陆地,进而繁衍。我们的生产生活更是离不开水。问:这是一杯从江中取出来的水,这杯水可以直接饮用吗?为什么? 引出主题水的净化。 新知: 一、问题的提出:水的净化有哪些方法? 二、问题的解决:学生课前小组完成 三、成果展示,小组交流汇报 探访小组:自来水厂净水方法 (内容主要围绕自来水厂中的絮凝沉淀、过滤、活性炭吸附等流程)。 问:同学们,参观净水厂后你有什么感受或者疑问想交流一下? 自来水厂净水主要流程——过滤 问:看完视频你觉得什么是过滤? 追问:举出生活中过滤的例子? 过渡:自来水厂净水方法能用到生活中吗?那生活中用什么净水方法呢? 调查小组:家用净水器净水方法 (内容主要介绍净水器的作用、传统净水器以及家用的活性炭净水器) 问:家用净水器起主要作用的物质是什么? 活性炭的作用是什么? 师:介绍活性炭的吸附原理,疏松多孔的结构,内部空间大,吸附杂质,杂质堆积 实践小组:动手自制净水器 介绍自己制作的净水器 教师呈现3杯等量的浑浊的水:通过手中的净水器得到一杯干净的水。 问:同学们,你可以来评价一下这些净水器,或者你有哪些疑问、感想? 小结: 通过本节综合实践课,你有哪些收获? 升华主题 师:水是我们的生命之源,宣传小组制作了水资源的手抄报。本节课上老师看到了大家的团结合作,也希望我们能够爱护水资源,从行动上影响身边的人。	生:不能,因为含有杂质,比如小沙粒、微生物、细菌等等。 小组成员视频播报,化身导游身份讲述,另一名同学完成流程图。 流程规模大,一滴水要经过多种工序才能进入千家万户,要节约用水。 工作环境差,工作人员很辛苦,珍惜别人劳动成果等。 分离不溶性固体和液体混合物的方法。 茶壶漏斗、纱布、豆浆滤网等。 PPT介绍家用净水器主要方法。 活性炭 吸附水中的异味和色素 从结构、制作原理、制作过程的角度介绍自己的净水器。 3名同学台前展示,其余同学观看,比较净水效果。 学生交流,提出改进意见。 活性炭颗粒的大小、排放顺序。 加上水龙头便于使用等。 技能、知识、情感等角度交流。	围绕生活 引出主题 知道解决问题的一般思路 培养学生的团队合作意识,感受到与他人合作、交流的乐趣 培养学生调查搜集整理资料的能力,提升解决实际问题的能力,把学到的知识用在实际生活中 深入生活,关心社会,缩短理论和实践的差距 提升学生爱护水资源的环保意识,树立社会责任感

续表

板书设计:
水的净化 一、提出问题 水的净化有哪些方法 二、解决问题 1. 探访小组:自来水厂净水——过滤 2. 调查小组:家用净水器净水——活性炭 3. 实践小组:动手自制净水器——改进 三、爱护水资源
教学反思: 本节课源于生活实际,结合化学教材水的净化内容,进行实践拓展。水的净化有哪些方法围绕这一问题加以解决。课前学生做了大量的准备,资料查询,实践调查等,不同的小组课上小组汇报。同学们对于水的净化还是略微陌生的,改进之处可以加一项水资源现状方面的知识分享,便于更好地理解水必须要进行净化。课上完成时,在实践过程中,同学们非常有热情,但是因为时间的原因,只能介绍几组净水器并进行分析。可以在走进自来水厂环节中进行压缩,让更多的同学都有时间实践。课后可以追加一项反馈作业,即改进后的二代净水器,并配以说明书,这种不断研究,改进的过程更是学生宝贵的财富。

活动评价:

经过老师们共同商量,对于在活动中表现突出的同学给予奖励,也特意编制出了有特色的名字"妙笔生花""巧夺天工.""独具匠心",对学生绘制的手抄报、制作的简易净水器、拍摄的视频进行肯定,最后奖励获奖同学本学期可以多去一次实验室进行实验。应该说在物质生活极其丰富的情况下,想出有点特色的奖励真是把老师难坏了,这个奖励得到了特别多同学的认可,将化学的学习进行了拓展延续,同学们都在盼望着下次综合实践活动。

三、化学课例

《溶液酸碱性及酸碱度的测定》教学设计

(一)设计理念

《化学课程标准》明确指出:有效的化学学习活动不能单纯地依靠模仿与记忆,学生学习化学的重要方式是动手实验、自主探究与合作交流,以促进学生自主、全面、可持续的发展。

(二) 学情分析

学生在前面的学习中已经知道酸碱指示剂的变色情况，而且还掌握了检验溶液酸碱性的基本操作技能。但是没有讲解自制指示剂的方法以及实际操作。我们认为这样做耗时长，而且对于刚刚接触指示剂的学生来说比较难，还会冲淡对于后面酸碱的讲解，所以我把这一部分内容调整到本节课讲授。

(三) 对教学内容的认识

1. 教材的地位与作用

前面介绍了溶液的酸碱性，这节课引入了酸碱度的概念，并要求学生掌握用 pH 试纸测量溶液的酸碱度的技能，为后面即将要讲到的酸雨等知识打下基础。

2. 教材处理

基于设计理念，我前面没有讲解自制指示剂的方法以及实际操作。把这一部分内容调整到本节课讲授。这样整合教材力求达到三个目的：

第一，转变学生的学习方式：让学生在探究过程中经历实验、观察、交流、总结、记录等过程。

第二，转变教师的教学方式：教师给学生足够的时间与空间，放手让学生探究。

第三，更符合学生的认知规律：由易到难、逐步加深理解，且知识体系合理、完整。

3. 教学目标的确立及依据

根据化学课程标准，及学生的特点和接受能力，以促使学生积极主动学习为出发点，制定如下教学目标：

(四) 教学目标

知识与技能：

1. 会选择合适的叶子或果实自制指示剂并测量溶液的酸碱性。

2. 学会用 pH 表示溶液酸碱度，知道 pH 酸碱度与溶液酸碱度的关系。

3. 学会用 pH 试纸检验溶液的酸碱度。

过程和方法：

培养学生观察现象、记录比较数据、归纳概括结论的能力，树立科学探究的意识。掌握探究问题的一般方法。

情感态度与价值观：

通过测量常见液体 pH 酸碱度及学以致用的认知提升，使学生明确溶液的酸碱度在生活实际中的意义，保持和增强对生活和自然界中相关现象的好奇心和探究欲。

教学重点：

1. 学会用 pH 表示溶液酸碱度，知道 pH 酸碱度与溶液酸碱度的关系。
2. 学会用 pH 试纸检验溶液的酸碱度。

教学难点：

学会用 pH 试纸检验溶液的酸碱度。

重点突出、难点突破：

主要以"提出问题—实验验证—归纳总结—提升认知"为主线，使学生亲身体验科学探究的过程，巩固了学生的记忆。更能激发学生的学习兴趣，提高学习效果。

（五）教学过程

教师活动	学生活动	设计意图
环节一：创设情境、导入新课 以"雨水也能美发吗？"为问题背景引入课题。	猜测美发原因。	从学生熟悉的身边事物入手，激发学生学习兴趣，并为后续讲解打下伏笔。
环节二：动手实验，增强体验 破解巫术： 杀鬼见血。巫师烧香、念咒、作法，手持宝剑在空中乱舞，抓出恶鬼，扔在一个剪好的纸人身上，然后将宝剑蘸水后砍在纸人身上，纸人立刻被砍出斑斑"血迹"。鬼被杀了，病也就算治好了。	回忆、思考、回答酚酞遇碱变红色，复习石蕊遇酸、碱变色情况。	过渡。复习酸碱指示剂的变色情况，为后面自制指示剂的实验服务。

续表

教师活动	学生活动	设计意图
播放视频——自制指示剂 播放用玫瑰花自制指示剂的视频	观看视频,总结自制指示剂的步骤。	以标准的范例,指导学生如何自制指示剂,在播放视频前,提出问题,让学生带着问题有目的观看。
学生实验: 提供给学生六种植物的花或果实、酒精、盐酸、氢氧化钠溶液等,让学生自制指示剂	分八组进行实验,每组有两种植物,用指示剂分别滴加到盐酸和氢氧化钠中,一支试管只装指示剂,三支试管对比观察。	体会不同的植物提取的指示剂,遇到酸碱可以显示不同的颜色,最后总结变色明显的有哪些,变色不明显的有哪些,不会变色的有哪些,教师讲解原因。
环节三:尝试发现,探索新知 问题与思考 鉴别稀氢氧化钠和浓氢氧化钠溶液。 试剂瓶分别标上 A、B 标签 讲解:酸碱度 = pH 1. pH 与溶液酸、碱性的关系 pH = 7,溶液呈中性; pH > 7,溶液呈碱性; pH < 7,溶液呈酸性。 2. pH 酸碱度与溶液酸、碱度的关系: pH 酸碱度越大,碱性越强; pH 酸碱度越小,酸性越强;	思考酸碱指示剂能不能完成区分。 理解酸碱度的意义,表示方法,变化趋势。	引出用来解决问题的"酸碱度",过渡到下面知识的讲解。 进行酸碱度的教学,引导学生通过教材的数轴获取。

续表

教师活动	学生活动	设计意图
活动与探究： 引导学生通过阅读教材，学习测定溶液pH的步骤，通过测定pH酸碱度区分浓、稀氢氧化钠溶液。并测定生活中两种常见液体的pH值及唾液的pH。 生活中某些液体的pH 	待测溶液	pH	待测溶液	pH
---	---	---	---
苹果汁	7	草木灰水	
雪碧		自来水	
牛奶		肥皂水	
食醋		厨房清洁剂	
唾液		厕所清洁剂			阅读教材66页活动与探究内容，明确实验步骤。观察实验现象。体会生活中常见液体的pH。	过渡，讲解身边一些液体物质的pH酸碱度。让学生简单了解一些常见液体的pH，并分析原因。例如：厨房清洁剂为什么呈碱性，而厕所清洁剂却为什么呈酸性。食醋呈酸性是学生可以理解的，而酱油也呈酸性就不见得每个同学都知道了。
环节四：学以致用，提升认知 学以致用（一） 衣服也有酸碱度？ 讲解有些衣服测定pH不合格，有很多新闻报道一些不合格的校服学生穿后出现皮肤问题。	猜测由于穿了不合格校服造成皮肤问题的原因，思考新买来的衣服在不能测pH的情况下应该如何处理。	让学生理解由于衣服的pH不合格，与皮肤的pH相差太多对人体造成的伤害，从而明白新买来的衣服应如何处理才是最好的方法，为生活服务，既体现学以致用，又为讲解酸碱度的意义打下伏笔。
引出如何测皮肤的pH	测自己皮肤的pH，判断自己的皮肤是否健康。	教给学生一些生活中能够用得到，又简单易学的小知识、小方法，进一步扩充课堂知识含量。引出测得pH不正常的原因。暗含讲解"了解溶液酸碱度的意义"的第一条：pH酸碱度与人体健康。从而讲解人体各种体液和排泄物的正常pH酸碱度范围。

续表

教师活动	学生活动	设计意图
讲解什么是酸性体质、碱性体质，以及酸性体质的表现症状。 失眠　便秘 没精打采　口乾舌燥 容易發怒　胃酸過多 情緒起伏不定　皮膚粗糙暗沈 容易被蚊蟲叮咬　腰疫背痛 容易感冒 讲解什么是酸性食品、什么是碱性食品。以及多吃酸性食品可以提高智商。	思考、结合自己反思平时的饮食习惯是否合理，针对自己的体质。应该做什么样的改变和调整。	激发学生学习兴趣，引导学生与实际生活相联系，拉近生活经验与知识的距离；学会用化学知识解决生活中的实际问题。
讲解了解酸碱度的意义的第二条：农作物一般适宜在pH为7或接近7的土壤中生长。 讲解了解酸碱度的其他意义。	思考、总结。酸碱度在生活、农业、工业等各个方面都有重要的意义和广泛的应用。	对于酸碱度的意义选取几个方面详细讲解，其他方面做一般性了解。由最后一条雨水的pH酸碱度，回扣引课的"雨水也能美发吗？"并解决问题"溶液酸碱度对头发的影响"。
学以致用(三)酸碱度对头发的影响	总结什么样的pH对头发的生长有利，什么对头发的生长不利。 思考在洗头时怎么正确使用洗发剂与护发素及这样做的原因。	使学生综合素质得到全面提高，培养学生分析、概括、总结的能力。再次让化学服务于生活。

续表

教 师 活 动	学生活动	设计意图
环节五:反思小结、体验收获 引导学生从知识获得、情感体验、生活启示等方面发表见解。	谈体会和收获。	锻炼学生的总结和交流表达能力。
板 书 设 计		
课题二　酸和碱之间会发生什么反应(二) 一、如何自制酸碱指示剂: 二、溶液的酸碱度: 1. pH 与溶液酸、碱性的关系 pH = 7,溶液呈中性; pH > 7,溶液呈碱性; pH < 7,溶液呈酸性。 2. pH 值与溶液酸、碱度的关系: pH 酸碱度越大,碱性越强; pH 酸碱度越小,酸性越强。		

第六节　政治课程的资源构建与实施

政治课程的特色定位于,特色课程引领成长格局,多维视角奠定成长基石。目前初中政治课程分为六七年级的《品德与社会》和八九学年的《道德与法治》,两种课程共同承载对学生的思想、品格、情操、行为等方面的塑造任务,实现对学生成长规划的有力指导,现实生活中对学生成长的影响是多层面、多角度的。作为学校的课程所担负的应该是对学生的因势利导,借助丰富的课程资源,创设模拟情境,以案例分析为切入点,深化主题式学习,从而使学生获得真情实感的体验,借助团队的力量,使身心得以更好地发展。

一、政治课程资源内容

教材的内容往往限定了学习的主题和内容的选取范围,对于课程资源的丰富有着较大的空间,作为人文学科,涵盖心理健康、道德教育、法律、国情教育、人生规划、安全、交往礼仪等等,学科内部与学科之间都有一定的交叉或重叠，对于学生的学习兴趣会有一定的干扰，道理与说教内容也难以满足学生的成长需求，因此课程资源需要整合与重建，案例选取的即时性和真实性决定了学生的体验效果，主题的选取需要融合学生真正的成长需求，将需求和成长困惑转化为核心话题，从而综合利用心理、道德、法律、国情、历史等多领域知识及多维资源，达到真正的育人目的。

（一）时事资源的选取

时事政治在课堂中的应用，是实现多元化教学、提高学生认识能力和发展素质教育的优选途径，在政治课堂教学内容中融入时事热点的内容，有利于开阔学生视野，提高学生的认知能力，丰富学生的人文素养。因为我们是与时俱进的一门学科，所以我们选取的教学资源一定是该领域或范畴最新的内容。

我们以《我们拥有上帝的权利》，消费者权利这一课为例，数数我们这些年在这一课中用到过的资源：冠生园月饼、三鹿奶粉、苏丹红、皮革胶囊、天价鱼、天价虾、雪乡旅游宰客等等，我们会发现，虽然是同一课题，但是我们选用的时事资源一定是最新的、社会最关注的，具有时效性，不会同一个资源一成不变，只有这样才能吸引学生的兴趣，因此时事资源是政治学科常用常新的法宝。

（二）经典资源的积累

《风华政治　资源目录》（部分）

1. 家国情怀

《"一国两制"是为台湾量身定做的》《朗读者——莫高窟》《也门撤侨在行动》《少年中国说》《文化中国》《民族区域自治》《国家安全法》《沙画版抗洪英雄》《两岸三通》《两会那点事儿》《4分钟穿越新中国》《外国人眼中的中国标志》。

2. 健康成长

《6种诈骗方式如何防范》《鹰之重生》《父子》《苔》《地震自救》《和你一样——毕业典礼》《学习方法的演变》《小海鸟捕食记》《心灵沟通》《学生播报录像》《是对手也是朋友》。

3. 开阔视野

《木乃伊千年不朽》《中国"天眼"是怎么建成的》《北京八分钟》《知识改变命运》《高山流水》《古代法律》《霍金做出了哪些贡献》《揭秘百慕大三角》《追忆南仁东》《美国奇葩法律》《美国战机需要中国稀土资源》《我国可燃冰资源》《细数历届国家最高科技奖》《新中国档案:第一部宪法》《中学生创新》。

4. 社会生活

《新能源:海底地毯可开发》《"春运"——开往春天的团圆》《扶老人》《购物狂欢背后的消费陷阱》《故宫文物铜缸被刻字》《国庆假期旅游不文明现象减少》《垃圾分类》《不文明养狗》《全球十大垃圾食品排行榜》《热词话中国》《人口普查》《人人都是纳税人》《峨眉山绝壁清洁工》《图解燃放烟花爆竹》。

5. 时代强音

《致团结的中国女排》《5分钟沙画改革开放40年》《六十五载看中国奇迹》《人工智能》《入世》《十大最有科技感的发明》《武大靖夺冠》《神奇魔术:中国特色社会主义》《中国共产党霸气宣传片》《中国女排精神》。

6. 勿忘国耻

《历史上的今天:林则徐虎门销烟》《"九一八"从国难日到国耻日》《百年屈辱史》《黄海大海战》《南京大屠杀》《五四运动》《圆明园十二生肖》。

7. 部分专栏

(1) 关于《改革开放40周年》专栏

《我们一起走过——致敬改革开放40周年》幸福是奋斗出来的、《我们一起走过——致敬改革开放40周年》我的中国心、5分钟沙画了解改革开放40周年那些事、改革开放四十年——衣食住行大变样、年夜饭的变化、重磅微视频、习近平说改革开放40年。

(2) 关于《公益广告》专栏

泰国公益广告《总有人偷偷爱着你》《那些键盘侠不会在乎的真相》《成全》;公益广告大赛《关爱父母》《FAMILY》;央视春晚公益广告;《水滴奇遇记》《保护地球 爱护环境》《低碳生活 绿色出行》;风华学生原创作品《珍惜时间》。

(3)《经典影视》专栏

《开学第一课》《感动中国人物》《辉煌中国》《朗读者——港珠澳大桥总设计师》《鲁豫有约——尼克胡哲》《中国人,你要自信》张维为、罗振宇跨年演讲。

各种资源存在的形式有典型故事、漫画、调查、视频、经典栏目、影视作品,在资源开发的理念下,我们的"好东西"越攒越多,形成我们自己的经典资源。这些资源有助于我们扫除学生的盲点、解决学生的争议点、立足学生的兴趣点、拨开学生的疑点,为我们的教学增色助力。

(三)生活化资源利用

思想品德课堂教学生活化的源头活水就是与学生的校园生活、家庭生活、社会生活息息相关的生活资源,在此基础上展开的课堂教学才是具有生命活力和生命价值的。

最近有一档节目《少年说》,引起大家的关注,这是湖南卫视推出的一档中国青少年健康成长心理释放表述节目。节目让具有真实诉求的中小学生,走上学校天台,吐露心中烦恼。

在政治学科的教学中也有类似的问题,在讲《两代人对话》这一课时,就充分挖掘学生在与父母交往中的真实情况作为课程资源。尤其在课前,给学生布置了一项任务——给父母写封信,内容可以是:

1.与父母交往中的烦恼;2.父母对你的误解与不理解;3.需要与父母沟通的想法或愿望;4.感激之情、愧疚之意。孩子们在信中写出了很多真实的声音,有些是父母一直没有意识到的问题,很多家长在回执中意识到了一些问题。可以说这一活动给孩子和家长创造了一次难得的沟通机会,彼此都很真诚,这样的教学资源以及它衍生出的生成性资源,难能可贵。打动人的地方就在于它来源于生活,能引起大家的共鸣。

其实学生生活中有很多可利用的资源:同学之间、师生之间、与父母之间等等,深入学生的生活,倾听来自他们的困惑,这是离他们最近的课程资源,也是教师能够指导学生的重要切入点。

(四)特色专题的构建

在完成正常课时的同时,适当开发课程资源,拓展教学内容,政治组还开展一些专题课、活动课从而丰实政治教学。例如：《聚焦黄岩岛》《钓鱼岛的前世今生》《光耀归尘——李光耀的传奇人生》《雾霾是怎么回事》《为什么要过国庆节》《偶像的力量》《公益广告》《三月特别关注》《四月特别关注》《安全伴我行》。学生对这些问题的兴趣，有时远远超过课本的内容。有些内容学生虽好奇却不了解，那么老师在课堂上准备了图片、视频、资料再通过同学补充，让所有学生对这些新闻或专题内容有了更深的了解。因为没有教材，属于自主开发的课程，难免有些疏漏，但是课堂的内容以及问题探讨的深度，它对孩子视野开阔，对学生的人文素养的润泽，确实不是任何一张试卷所能考察的。这类课程工作量虽然很大，但是效果很好，这其实是开发利用课程资源更深层次的体现，不仅仅是资源的开发，更是课程的开发，同时也一定是有趣有效的教学方式。我始终觉得：眼界决定视野，视野决定未来。我们的课程是一门德育与智育相结合的课程，它着有鲜明的时代性，也有着不可替代的人文性，是学生认识生活、了解世界的窗口，更是育人的重要阵地。

当我们有效地选择了让学生充满兴趣与期待的教学资源与形式，必定会收到有效的课堂效果，收获师生心灵相通的共鸣感受，只有这样才能让每一节课发挥其应有的效用。

二、政治课程的实施与评价方式

充分调动学生的认知内驱力，实现思想与行为的共鸣是课程有效实施的重要核心，从问题的分析、讨论、交流、探究中主动获取正确的思想行为，从而规范自己、规划自己。政治课程的实施更需要多维角度，避免简单说教、机械问答，甚至背答案。创设学习的情景、提供交流的机会，在互动中学习、在参与中体验，从而体现课程实施的重要意义。

（一）学科教学，真实启发交互评

案例教学是政治学科教学常用的方式方法，在课上案例分析过后通常会提出有价值、值得交流的问题，在这个过程中就会产生师生评价、生生评价。例如在学习《走近老师》一课时，给学生出示了以下案例：随着信息技术的不断发展，现代社会人们获得知识的途径日益多样，在墨西哥就出现了电视老师，它取代了传统意义上的老师，它通过全国性的电台向中学生播放不

同的科目,学生在家就可以上课了,但是在全国的标准化考试中,40%的电视考生不及格,而传统的中学生不及格率为25%。然后提出问题:传统老师是否会被取代?这样的问题具有争议性,学生可以合理表达自己的观点,没有对错,只有个性化的看法和答案,教师予以适当点拨即可。回答问题的过程,就是个性化评价的过程。类似这样的案例运用以及问题的提出在政治学科课堂比较常见,例如:

1. 网络的利与弊?
2. 举例说明科学是把双刃剑。
3. 假如面对731部队日本士兵你会说什么?
4. 北洋水师为什么会全军覆灭?
5. 爷爷奶奶、爸爸妈妈生活的年代与我们有什么不同?
6. 学海无涯苦作舟?学海无涯乐作舟?
7. 选择买盗版,选择买正版?
8. 竞争必然会伤害友情吗?
9. 人工智能会取代人类吗?
10. 你的零花钱通常怎么用?

在这些案例以及问题的交流中,问题是开放的、充满辩论色彩的、结合生活实际的,那么学生之间的观点争鸣、思想碰撞,会让课堂气氛更加地丰富而生动,真实而有效,这些碰撞就是评价的另外的一种体现。

(二)新闻播报,特色活动特色评

政治学科的特色活动——新闻播报,这一活动突破教材、全员参与,给学生提供锻炼提高的小舞台。在每一个新闻事件的背后,养成关注社会生活的习惯,在思考、交流中形成明辨是非的能力,而这样的习惯、意识、能力是终身受益的。学生自己选稿编辑、组织播报,在这一过程中学生的组织协调能力、合作能力、语言表达能力、勇气胆识甚至创造能力都得到锻炼和提高。

新闻播报能够成为孩子初中四年的见证、成长的舞台:六年级,熟练播报,形成规范和习惯;七年级,孩子们能够落落大方、声音洪亮地播报,并能提出自己的观点和看法了;八九年级时,对热点时事已经可以个性化评价了。未来:能够形成关注时事、关注社会生活的习惯。

1. 六年级——养成一种习惯

(1)通过新闻第一课让孩子对获得新闻的渠道、播报的要求、方式、评分原则有所了解。

(2)养成及时观看新闻节目、关注热点新闻的习惯,能按要求按时对照评分标准完成播报。

(3)利用教师精心编写的学习手册,做好记录、评论、反馈,教师对手册的使用做好监督与评价。

2. 七年级——培养一种能力

(1)在六年级会播报能播报、语言表达提高的基础上,形成对新闻点评、评论的能力,从而培养学生多角度、辩证看问题的能力。

(2)鼓励学生在播报形式上突破、创新,提倡个性化播报,并在播报之后针对热点新闻提出有价值的交流互动。

(3)认真完成自己手中的成长手册,及时写下自己的所思所想,避免几个人发言,照顾到全体学生。

3. 八年级——形成一种情怀

借助原有的新闻播报平台,给有能力有兴趣的孩子开辟"精英开讲"环节,让学生结合所学内容,站在更高的视角,关注法律、关注国情,形成一种积极的家国情怀。

新闻播报评分标准

小组合作与配合（基础分10）	新闻内容与时事性（基础分10）	语言表达与仪容仪表(基础分10)	其他加减分项目
各司其职,配合特别好,非常默契。+5	新闻内容给我警示,是三天内发生的事。+5	语言表达清晰、流利,站姿端正,服装整洁。+5	制作幻灯片+3
有配合,有分工,总觉得少了点默契。+3	新闻有深度,是一个星期内发生的事。+3	语言表达比较流利,但站姿有点缺憾,服装整洁。+2	相关新闻有属于自己的评论或意见与建议。+3
合作缺少默契,有的同学不知道自己该做什么。-2	这新闻早就过期了。-3	语言表达不流利,站姿也不好。服装不够整洁。-2	超时两分钟内不扣分,超过两分钟-2,超过5分钟-5

续表

小组合作与配合 （基础分10）	新闻内容与时事性 （基础分10）	语言表达与仪容仪表（基础分10）	其他加减分项目
完全没配合，根本不清楚分工。-3		语言表达特别不流利，已经影响对新闻的理解。没穿校服 -3	

每组播报过后会进行打分评分，学期末会评出优秀播报小组。同时会有同学对进行小组播报的同学进行点评。这种评价比较规范、及时、有效，而且来自同学的评价让孩子们更重视，对于集体的荣誉也更加珍视。下图为我们评分标准的一个版本，每个老师可以在此基础上进行微调。

项目	分值	评分参考
语言流利	20	明显不熟扣5分；有些不熟扣3分；熟练但照稿扣2分；表达清晰，如同讲解满分。
选材得当	20	一周之内，重点热点，有关注价值为满分。合格扣2分；良好扣1分；优秀满分，具体酌情。
站姿仪表	10	挺胸抬头，不允许交头接耳。
点评贴切	10	新闻无点评扣3分；有点评但不恰当扣1分；点评到位满分。
配合	10	衔接自然即可。
形式	10	大众形式扣2分；有创新满分。
课件	10	无课件扣2分；有课件满分。
整体效果	10	一般扣2分；较好扣1分；特别好满分。

（三）实践活动，形式多样多元评

1. 特色作业篇

每个学期我们都会布置学科特色作业，例如《学做一道拿手菜》《我的中国年》《假期见闻》等等。我们会从孩子们的特色作业中选出优秀作品进行展示，展出的作品本身就是一种客观中肯的评价。

第三章
国家课程的实践探索

2. 活动展示篇

在"安全在我心中"为主题的综合实践活动课上,同学们在丰富多样的任务单中选取任务,自主查阅资料,研究内容形式,小组展示讲解,实现主动学习、内化学习的过程。各班各组,形式多样、精彩纷呈、再一次强化了安全意识。

四人一小组,每组选取一个任务,下周上课时统一进行任务汇报!

选取任务

1. 数据资料组(例如安全小贴士、安全主题手抄报等方式)
2. 问卷调查组(例如设计与安全相关的调查问卷,对班级同学进行安全问卷调查)
3. 交通安全组(例如在红绿灯路口观察10分钟,统计违返交通规则人数与遵守交通规则人数)
4. 校园安全组(例如校园安全演讲,安全情景剧等方式)
5. 社区采访组(例如:调查自己所在小区的安全问题,并提出宝贵建议)
6. 自我保护组(例如自我保护安全小常识展示)
7. 我是小交警(例如体验交警叔叔的工作,写出自己的感受,上台跟同学们一起分享)

行动起来!

在展示活动中,我们会通过同学们投票选择优秀展示小组,给小组成员

让幸福通向未来
——哈尔滨市风华中学课程建设的实践研究
RANG XINGFU TONGXIANG WEILAI
HAERBINSHI FENGHUA ZHONGXUE KECHENG JIANSHE DE SHIJIAN YANJIU

颁发荣誉证书。

同时小记者优秀的文章会发表在学校公众号平台上，这种评价方式更能促进学生的积极性，是对学生莫大的褒奖和鼓励。

三、政治课例

《主动沟通 健康成长》教学实录

(一) 教材分析及设计思路

本课选自人教版七年级上册第四课第二框，分为"师生交往新观念"和"共筑师生情感桥梁"，从观念和技巧两方面帮助学生解决与老师沟通的问题。

随着学生年龄的增长，独立意识发展，一部分学生不愿主动与教师沟通，还有一部分学生由于受到教师的误解，以及受到自身心理的影响，不能正确处理与教师之间的关系与矛盾，从而影响学习效果和健康心理的养成。

基于此，设计此课时尽可能从学生中普遍存在的现象出发，以师生交往中常见问题为依托，通过多种情境、问题的交互作用，引导学生学会沟通、学会理解。

(二) 教学过程

1. 导课——现场采访

师：当你在学校生活中遇到烦恼或困惑时，会选择和谁说呢？

生1：我会选择和好朋友说，他会认真地倾听。

生2：我会选择和妈妈说，妈妈会开导我。

……大多数同学选择和朋友或爸爸妈妈说。

师：我们每天和老师相处的时间也很长，为什么很少有同学选择和老师说呢，谁来谈谈？

生1：老师应该很忙的，没时间吧。

生2：跟朋友说更容易被理解，老师不一定理解我。

生3：有时候不太敢和老师说。

师：那我们怎么解决这种不想或不敢和老师说的问题呢，我们来共同学习《主动沟通 健康成长》这一课。校园里每天都有故事发生,这故事的主角就是老师和同学,今天让我们一起打开一本《校园故事会》。

2. 故事点击——《我和你》

出示晓阳和爸爸的对话,找同学进行角色朗读。

师:同样都是学生,晓阳和爸爸在行为和观念上有什么不同?

生1:晓阳可以向老师请教问题,而爸爸怕和老师说话。

生2:晓阳和老师是好朋友的关系,爸爸和老师只是单纯的学和教的关系。

师:嗯,大家所提到的这些不同实际上反映的就是传统师生关系和新型师生关系的不同。从晓阳的话中你能感受新型的师生关系是什么样的?

生1:师生是平等的。

生2:互相学习、教学相长。

生3:亦师亦友。

教师根据学生回答,在屏幕上总结新型师生关系的内涵,并板书。

师:老师再对大家进行一次访问,你最喜欢的老师是谁?为什么?

生1:我喜欢班主任老师,她在我对的时候表扬我,错的时候鼓励我。

生2:我喜欢地理老师,他和我们年纪相近,有共同话题。

生3:我喜欢体育老师,他很幽默。

师:看来每个同学都有自己喜欢的老师,但和老师交往的过程中也会遇到一些问题,怎么办呢?

3. 故事点击——《太委屈》

播放一段学生被老师误解批评的录像。

师:你有没有遇到类似的问题,如果是你你会采取什么方式解决?

生1:沉默是金。

生2:可以从两方面看,如果是自己做错了,可以向老师道歉;如果是被误会,可以向老师解释。

生3:有一次我刚值完日,地上又有纸时,老师说我没扫干净,我没解释,就一直扫啊扫。

这一问题,同学们的看法、解决方式不一样,在老师的引导下,通过大家的有效争鸣,最终形成共识——主动沟通是师生交往的金钥匙。

让幸福通向未来
——哈尔滨市风华中学课程建设的实践研究
RANG XINGFU TONGXIANG WEILAI
HAERBINSHI FENGHUA ZHONGXUE KECHENG JIANSHE DE SHIJIAN YANJIU

出示一则现场调查的问题,针对调查结果提出问题。

师:同样是与老师沟通,为什么有的同学解决得好,有的同学会越来越糟?

生:比如别在老师生气的时候去解释,人在发怒之下很难做出客观的判断。

师:聪明如你,看来是得讲究策略和方法的。

4.故事点击——《最近比较烦》

出示案例一:数学课上,老师在讲解一道数学题时,方法好像是错的,数学老师平时对我很好,我该怎么办?

生1:我会和老师说,以免同学们都出错。

生2:我会下课和老师说。

教师提升总结——老师也有出错的时候,我们要原谅老师的错误,以正确的方法指出错误。

出示案例二:班级的英语课代表总是不敲门就进老师的办公室。有时课上也和老师开玩笑,老师批评他,他很不高兴,以后的英语课上不怎么举手发言了。

师:如果你是她的好朋友,你会怎么对她说?

生1:要注意一定的分寸。

生2:我们要尊重老师,懂得礼貌。

在交流中,同学们都认为,可以和老师成为朋友的同时,要学会礼貌待师。

出示案例三:艺术节要到了,同学们想排街舞,谁知班主任老师居然宣布:排练民族舞《北京的金山上》!同学们想:真老土,什么年代了,还排这样的节目!不知道老师在想什么!面对这种情况,同学们找到老师……

师:请同学们小组合作,模拟同学与老师沟通这一问题的场景。

(同学们小组合作,构思表演过程,感受师生沟通)

(小组合作过后,请两组同学到前面表演)

小组一表演:通过主动沟通,学生说服老师表演街舞,过程再现:

老师:艺术节我们排练《北京的金山上》。

学生甲:老师,排街舞吧,要与时俱进,我们是90后。

第三章
国家课程的实践探索

学生乙:《北京的金山上》能让我们回忆起过去,更好地体会现在的幸福。

学生丙:对啊,忘记历史就等于背叛。

学生丁:总向后看,怎么能向前方进步呢。

老师:大家知道,只有民族的才是世界的。

学生甲:老师,让全班同学举手表决吧。

(表决结果:表演街舞)

(另一组表演过程略)

教师给出这一案例的真实结局:表演带有民族风的现代舞,获创意奖。

师:请根据同学们的表演及故事结局说明:同学与老师能达成共识的关键因素有哪些?

生1:互相了解一下想法,多沟通。

生2:我们从老师角度看问题,老师从我们的角度看问题,换位思考。

(屏幕显示,总结本课:主动沟通是前提,换位思考化解矛盾;批评表扬正确看,老师错误请谅解;礼貌待师显修养,相互尊重齐努力)

4.余音绕梁:请你选择一位老师以自己喜欢的方式送出你最想说的:可以是几句真诚的话语、平时不敢说的话;一个祝福或心愿、一点歉意或一个促进良好师生关系的建议;一首歌、一幅画、一副对联……

生1:我想对数学老师说声对不起,此刻我感觉这堂课是为我一个人而上的……

生2:我想对老师说感谢您艺术节上为我们加油呐喊,感谢您体检时对我们关怀备至。

生3:我画的是一只毛毛虫和一只蝴蝶,这就是老师陪伴我们成长的历程,化茧成蝶的过程。

(受学生热情和真诚所感染,听课的班主任老师也即兴发言)

班主任刘老师:无论是批评也好,鼓励也好,无论是春风化雨还是电闪雷鸣,所有的老师都是爱你们的,而你们也能理解老师,对吗?

(全班热烈的掌声响起)

教师小结:我真正感受了这份师生情。我们今天的校园故事到这里就要结束了,每个清晨日暮、每点进步成长都离不开老师的陪伴,让我们带着

今天的收获,将自己的校园故事演绎得更加精彩。

(三)教学反思

设计原则:突出真实、有情、践行三点,即教师搭建平台,让学生说真话;教师创设情境,唤醒学生真实的情感;教师善于引导,让学生知道如何做,总之一句话——关注学生这也是生命化课堂的体现。

优点:本课营造了轻松、民主的课堂氛围,课堂有很多生成的精彩。学生能在老师提供的教学情境及引导下,勇敢积极表达自己的观点,极具创意和智慧的分析、解决问题,感情真挚地抒发自己的情感。课堂教学没有流于形式,真正让学生有所思考、触动,是一堂思维活跃的课。尤其在了解到本节课后,一名与老师关系达到对立程度的学生,主动找到老师真诚地道歉,作为本课教师感受到了为学生成长服务的幸福感。

缺点:课堂涵盖的案例是教师根据大多数学生会遇到的问题以及教材相关内容选取的,没给学生留出空间谈自己与老师交往中的实际问题,这是本课的一个遗憾,也是一个矛盾点。另外,如果教师更具激情,课堂的感染力会更强。

第七节 历史课程的资源构建与实施

历史课程的特色定位于"学史明理,多维思辨"。历史由"过去"构成,认知因思辨产生,初中学生对历史的学习还处于初级阶段,即以对故事的理解学习历史,因而对历史事件的发生往往难以理解,对问题的分析也难以考虑历史事件发生的社会背景,由此,历史课堂往往存在故事爱听,道理难懂的困难情况,知识的学习也多为死记硬背,应用困难。对国家课程进行校本化研究,重新思考和定位历史课程实施的必要途径,通过合理情景创设和恰当问题任务的布置,使历史的学习生动而鲜活,学生由此实现真正地参与学习过程、主动的投入问题探究,完成历史课程实施的目标要求。

一、历史课程资源内容

在对历史教材资源重组与加工的同时,需要补充多种课程资源,以帮助学生更好地理解历史知识,并透过历史知识形成思辨能力。"历史与现实的对比""相同时期不同国家发生了什么?有什么关联?""辩证观点的形成也需要载体"等等要求,都需要开发创编多维的课程资源,以帮助学生更好地学习,与此同时,社会生活中的多种资源开发能够融合到历史课程的构建当中。

(一)史实与时事的拓展资源

昨天发生过的事件就是历史,所以历史和时事是密不可分的,如七年级在讲到《汉朝的建筑艺术》这个课题时,利用了最新的史学动态"陶俑的微笑",再现了汉朝雕刻艺术的风格。八年级上在讲《辛亥革命》这节课时,用到了习主席在辛亥革命100周年上的讲话,八年级下册《外交工作的突破与发展》这一课时,采用了最新的新闻动态:2018年4月14日,美英法三国在东地中海使用战斧巡航导弹对叙利亚首都大马士革和霍姆斯市进行精准打击。透过这段资料,你们会想到什么?(落后就要挨打)"不错,这其实和新中国刚刚成立之初的外交状况非常相像,今天就让我们走进新中国的外交事业。"顺其自然就导入了新课……再比如讲《祖国统一的历史大潮》这节课,同样用到了最新的时事新闻:2018年5月11日,华南某机场发布消息,东部、南部战区空军协同行动,出动轰炸机、侦察机双向绕飞台岛巡航。苏-35战机首次与轰-6K战机编队飞越巴士海峡,实现了绕岛巡航模式的新突破。人民空军绕岛飞行的意义是什么呢?是不是勾起了学生的无限想象?再比如讲九年级世界史的内容,有阿拉伯国家,有日本中的军国右翼势力等等,都和时事紧密相关。所以历史课堂中资源的拓展是非常广泛的,古今历史都可以为我所用。

(二)历史小助手的编写

历史小助手是风华中学历史组的校本教材,它的编写目的有二:一是源于对教材知识的拓展和开发,因为学生具有差异性,有的学生学习学有余力,有的则刚刚好;二是源于对学生所学知识进行预习和巩固,让教师手中多一把衡量的尺子,让学生多一种学习的工具。

历史小助手举例:七年级上册第2课《原始农耕生活》

1. 图说历史

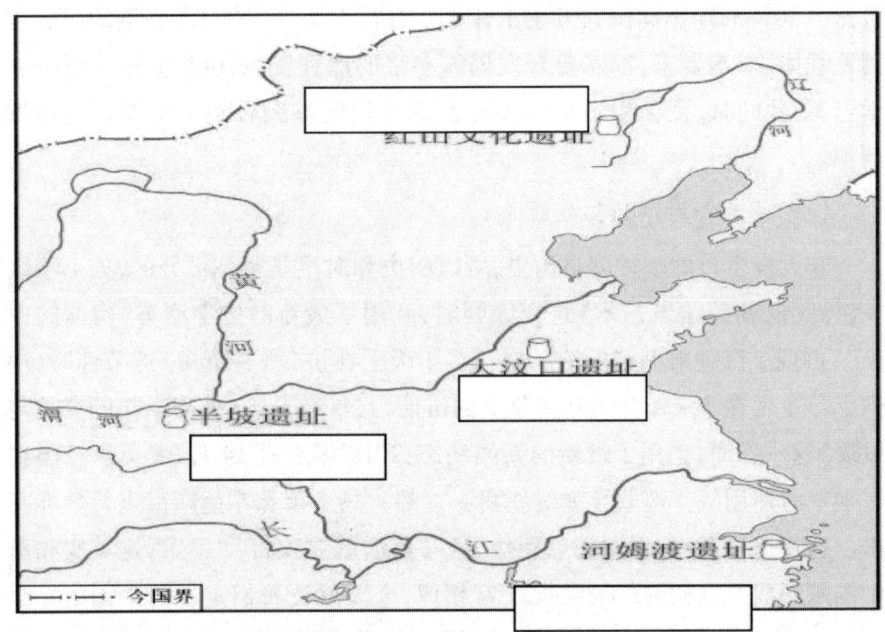

请你在图中填写中国原始农耕的主要居民遗址。

2. 歌谣记忆

黄河流域有半坡，会做彩陶种植粟。长江流域河姆渡，制作黑陶种水稻。

磨制石器已普遍，纺线织布会盖房。养畜种菜会挖井，氏族社会已繁荣。

3. 历史框架

良渚文化

良渚文化代表遗址为良渚遗址，距今4 500~5 300年。良渚文化分布的中心地区在钱塘江流域和太湖流域，而遗址分布最密集的地区则在钱塘江流域的东北部、东部。该文化遗址最大特色是所出土的玉器。挖掘自墓葬中的玉器包含有璧、琮、冠形器、玉镯、柱形玉器等诸多器型。此外，良渚陶器也相当细致。

良渚文化遗址中心位于杭州市区西北部瓶窑镇，核心部位"反山、莫角山、汇观山,11条水坝"均在瓶窑境内。1936年发现的良渚遗址,实际上是余杭县的良渚、瓶窑、安溪三镇之间许多遗址的总称,虞朝子民聚居的地方。年代为公元前3300年至公元前2000年,是长江下游良渚文化的代表性遗址,1959年依照考古惯例按发现地点良渚命名,是为良渚文化。遗址总面积约34平方公里。2012年良渚遗址被列入《中国世界文化遗产预备名单》,2018年,将申报世界文化遗产。

(三) 历史剧本的创编

苏霍姆林斯基有过这样一段精辟的论断:"在人的心灵深处,都有一种根深蒂固的需要,这就是希望自己是一个发现者、研究者、探索者。在儿童的精神世界里这种需要特别强烈。"历史讲述的是过去的事,是不能重演的。虽然我们可以借助播放资料片来帮助学生再现历史,但学生看资料片更多的时候是一种被动地接受学习。为了达到再现历史的效果同时又能让学生积极主动的参与,历史组教师开设了"历史剧本"的创编活动。目前创编的历史剧近百部,举一例说明。

七年级下册《和同为一家》历史剧:松赞干布向唐朝求婚

带着问题进行观看:松赞干布为什么要向唐朝求婚?

第一幕:赞普求婚

侍从:禀报陛下,吐蕃有使者前来朝见!

太宗:宣!

侍从:宣吐蕃使者进殿!

东赞:大唐皇帝陛下,万岁、万岁、万万岁!

太宗:平身,你千里迢迢来这里有什么事呀?

东赞:奉赞普之命,特向陛下求亲来了,这是礼物!

太宗:你的赞普为何多次向我大唐求婚呀?

东赞:因为我们的赞普十分仰慕大唐的文化,同时我们吐蕃人民也想世代与大唐友好相处!

太宗:哦!你的赞普看上我大唐的哪一位公主呀!

东赞:文成公主是也!

太宗:这样吧,我听说你们吐蕃人非常聪明,我出两道题考考你,如果你能给出满意的答案,我就将我家文成公主许配于你的赞普!第一题是你如

让幸福通向未来
——哈尔滨市风华中学课程建设的实践研究
RANG XINGFU TONGXIANG WEILAI
HAERBINSHI FENGHUA ZHONGXUE KECHENG JIANSHE DE SHIJIAN YANJIU

何让100匹小马寻找各自的母亲?

东赞:这很容易,将小马用栅栏围在一起饿上一夜。第二天,将小马放出来,小马自会跑向自己的母亲。

太宗:答得很好!这第二题嘛,就是从300名美女中将文成公主认出?

东赞:陛下,从右边数第二个便是!

太宗:(惊叹)哦?你是怎么认出来的呀?

东赞:我听说文成公主两眉之间有一颗红痣,同时她气质不凡!

太宗:很好!你如此聪慧,你的赞普也一定不简单,这样,我把公主许配于你的赞普,我也就放心了。

东赞:谢陛下,万岁、万岁、万万岁!

(第一幕演完)

第二幕:文成公主入藏

道宗:公主,现在我们已经跨入吐蕃地界了。

公主:唉,是呀!你看这里草原空旷,杳无人迹,多冷清。

道宗:公主,臣不明白你为何愿意嫁到吐蕃?

公主:我也不愿意离开长安呀!不过,每当我想到从此我大唐能和吐蕃友好交往,我也是心甘情愿啊。

道宗:公主真乃用心良苦,臣不如矣!(走几步,猛然看到松赞干布)公主,驸马接你来了!

松赞:(行礼)公主、江夏王,有礼了。

道宗:(行礼)还礼、还礼!劳驾驸马亲自前来迎接呀!

道宗:既然驸马到此,臣的职责就算完成了,臣这就回去复命了!

松赞:代我向大唐皇帝陛下问好,改日一定前去拜望!

公主,这里只有高原、雪山,无法与大唐长安的繁华热闹相比!公主来这里可以说是屈尊了!

公主:赞普,高原、雪山正是这里的独特风景呀!我从长安千里迢迢来此,不是为欣赏高原、雪山,而是为了促进大唐与吐蕃友好相处,我要和赞普一同努力让吐蕃人民的生活过得更好!

松赞:(激动并行礼)公主,我在这里代表我们吐蕃人民感谢你,我们祖先没能和大唐皇朝通过婚,今天我能迎娶公主,万分荣幸。我要为公主新筑一座城池,作为纪念,让子孙后代都知道!

公主：多谢赞普！赞普，我们还是快走吧！吐蕃人民也许正等候我们呢！

松赞：（高兴）是呀！我吐蕃人民知道大唐的公主愿意嫁到吐蕃都很高兴，他们正在那里等候我们呢！

（第二幕完）

历史剧不仅还原了历史场景，激发了学生学习兴趣；又让学生带着问题思考，从而锻炼了学生的思维，突破了教学的重点和难点。

（四）"行走"中的资源开发

在《历史新课程标准》中，提供了一个培养学生素质和情感教育的最好阵地，那就是历史遗迹，即我们通常所说的历史博物馆，2018年，历史社团组织学生参观了东北抗联纪念馆，学生反响特别强烈，这是一个"活动"中的历史平台，给了学生课堂里触摸不到的历史真实感，让学生获取的不仅仅是知识，更是一个近距离触摸历史的机会。所以在下学期，如果条件允许，我们将继续组织学生进行实地考察，也让更多的孩子们参与进来。

二、历史课程的实施与评价方式

以学科特色为切入点，激发学生学习兴趣，以丰富的学习资源帮助学生多角度分析史实，从事件中逐步形成独立的观点，进而提升分析能力，读懂历史。课程的实施是多层面的，既关注纵向的历史发展脉络，同时也重视横向的不同国家、不同地区的对比分析，注重古今分析、中外分析，从而构建出整体的历史发展脉络和学生学习历史的脉络，实现学生自主发展。

（一）课堂教学中多种资源融合

历史课堂中能够融合的资源比较多，可谓包罗万象，比如说图说历史、中华古诗词、材料分析中的文言文、成语故事、中华美食、多媒体素材等等。这些内容不仅能够极大地丰富历史课堂的教学内容，且能够激发学生学习和参与的积极性，提升的不仅仅是能力，更是学科素养。例如利用古诗词开拓学生思维。

学习中国传统文化最核心的内容是培养学生能力，传承祖先文化。而分析能力就是学生最不可缺少的能力。分析思维是通过判断、比较、推理等方式对事物的本质特征和内在联系加以认识的思维活动。古诗因为押韵、字数、对仗的需要,常常以单个字、词表达丰富的意思。有的诗词因为创作时代的不同,有些诗句中的字、词的意思也发生了变化。这时,作为教师应该紧扣古诗中的字词,培养学生的分析思维,从而拓展学生的思维。

比如讲《隋的统一与大运河》时,关于大运河的评价是教学重点,也是教学难点,所以我采取了两首诗的对比法:

千里长河一旦开,亡隋波浪九天来。锦帆未落干戈起,惆怅龙舟更不回。 ——胡曾

尽道隋亡为此河,至今千里赖通波。若无水殿龙舟事,共禹论功不较多。 ——皮日休

通过这两首古诗,让学生分析词意,引导学生加以分析。综合这两首古诗,告诉学生,对大运河我们应该一分为二地评价,既要看到它在沟通南北方经济文化交流方面所起的积极作用,也要看到它的开凿耗费了大量的人力物力以及隋炀帝乘龙舟沿大运河巡游,导致老百姓怨声载道的消极作用。这样的分析,比教材单纯地介绍要容易理解得多,仿佛给人一种水到渠成之感。

再比如讲《星星之火,可以燎原》这节课时,提到了长征,我引用了毛泽东主席的这首《七律·长征》

红军不怕远征难,万水千山只等闲。五岭逶迤腾细浪,乌蒙磅礴走泥丸。

金沙水拍云崖暖,大渡桥横铁索寒。更喜岷山千里雪,三军过后尽开颜。

通过这首诗,学生不但能领略到红军大无畏的革命精神,受到深刻的思想教育,同时还能借助形象思维,比较深刻地记住了红军在长征途中巧渡金沙江、强渡大渡河、飞夺泸定桥、爬雪山、过草地等知识点。

学科整合,已经逐渐跳出传统的纵向思维,转为横向思维、网状思维、系统性思维,甚至是创造性思维。这种转变除了呼应时代的趋势之外,也凸显知识学习的单一化已经无法适应知识的复杂性与多面性。

(二)小组合作探究释疑难点

小组合作是历史教学中经常会用到的一种教学方式,俗语说得好"三个臭皮匠赛过诸葛亮",小组合作学习通过不同学生思想的碰撞,能够激发起

智慧的火花,从而让课堂生出不一样的风采。

如在七年级第5课《夏商西周的更迭》这节课就设计了这样的合作探究题:此时的夏朝为什么不是一个部落而是一个国家呢? 通过小组合作交流总结概括出国家的概念。如讲九年级《美国独立战争》这节课,针对人物如何正确客观的进行评价,设计了这样的合作探究题:由于华盛顿的杰出贡献,所以有人认为是"华盛顿创造了美国历史",你同意这种说法吗? 通过这样的方式引出评价历史人物的正确方法。

如在讲八年级《国民革命的洪流》这节课时,我还在多媒体上打出了这样一道换位思考题"出出主意":讨论:如果你们是广东国民政府参谋部的成员,你们怎样分析北伐的实际情况? 怎样制定对策?

提示:

1. 分析敌我态势,包括分析敌人的优势和弱点和分析国民政府的优点和不足之处;

2. 制定战略方针;

3. 报道战争情况和报道先进事迹,精彩片段。

在这个过程之前,我做好了铺垫工作,设计了"为历史人物配音"环节:"大家好,我的名字叫张作霖,大家都叫我东北王,东北三省和京津等一些地方都是我的地盘,在我手下有35万兵听我使唤,厉害吧,现在我的势力可真强呢!"

"吾乃吴佩孚是也! 清朝秀才,现在没了皇帝,我当的官却不是一般的大了,湖北、湖南、河南和河北部分都在我的控制之下,拥兵20万。帝国主义要我不计前嫌和张作霖那个山大王合作,攻打那个广东革命政府,趁它还小容易对付,先和东南五省的孙传芳一起来围攻他。哈哈!"

"我,孙传芳,人称'五省联帅',占据浙江、福建、江苏、安徽、江西五省,拥兵20万,国民政府想打倒我,做梦吧。哈哈哈,简直是妄想!"

国民政府:"这么强大的敌人,而我们国民政府的兵力却只有8个军,10万人,而且我们的势力范围也仅限于广东附近,这可如何是好?"

通过这样有趣的故事环节,让学生们对三个军阀和国民政府的基本情况有了大致的了解,在此基础上进行讨论分析,使学生有据可依,有理可说。对于这道角色换位题,学生进行了有趣的议论和回答,他们热情的参与让我大吃一惊,因为备课之前我并没有想到会达到这样好的效果,而且还是平时表现不是特别积极的班级。

  学生们纷纷发表自己的想法和意见,我叫他们的时候也采取幽默的方法,如,这个同学姓国,我就说:"请国参谋来说说自己的想法……请李参谋说说自己的想法"等等,看得出来,学生对这个提法也比较感兴趣,举手的人相应地又多了起来。有的说:"我主张采用远交近攻的方法。因为从刚才他们的自我介绍中就可以看到,国民政府的兵力不多,只有10万人,而三个军阀最少的也有20万人,所以在兵力上就占了劣势,所以应该采用三国时期联吴抗曹的战略,国民政府应该联合张作霖,南北夹击,共同打败孙传芳和吴佩孚。"有的说:"我主张采用美人计,因为有貂蝉做榜样,所以可以给张作霖送美人,让他意志涣散,分散注意力,最后消灭他。"还有人说:"我觉得应该从人物的性格下手,张作霖在东北三省已经根深蒂固,势力比较强大;而吴佩孚也比较有能力,作战能够身先士卒,所以也不好打;而孙传芳这个人不怎么好,可以从这个人下手,这样集中优势兵力,各个击破。"还有的人说:"我觉得三个军阀内部肯定有矛盾,所以可以采用离间计,让他们结不成联盟,这样对于国民政府来说,力量就削弱了许多,可以有机会击破他们。"还有人说可以采取间谍战和暗杀等形式,总之这个问题很快地就调动了学生参与的热情,使他们热情特别的高涨,我感觉,教学达到了良好的效果,学生真正地融入到了课堂当中,成了学习的主人。学生的创新思维就像火花一样地迸发出来,燃烧整个课堂,从而使整个课堂都焕发着生机和活力。

  (三)专题课提升素养培养

  由于国家的大力提倡和弘扬,传统文化在教学和生活中的比重越来越大,以此为契机,七年级历史组设计了《中国传统节日》一课,目的是追根溯源,了解传统节日如清明节、端午节等节日的历史渊源以及节日习俗和我们应该继承的精华。同时针对不同国家的国旗,历史组也进行了深入的研究和思考,最终出台了《国旗》这节别具特色的专题课。针对东北地区的红色旅游文化,八年级历史组设计了《东北抗联》专题课,通过背景介绍、抗战过程,了解不屈的中华脊梁。

  以《中国传统节日》这一课为例。关于为什么要讲端午节和清明节这两个传统节日,源于一个真实且有些悲伤的网上段子。有网友问:"为什么端午节和清明节要放假一天呢?(可能真实的想法是放假有点少)"下面跟帖的纷纷回复,其中有这样一个回答戳人肺管:因为这两个节日都死了一个人。紧跟着:"那死一个人放一天假,南京大屠杀死30万人,得放多少天假?"紧跟着:……所以看到这段,我无语且有泪。所以我想如何教育好我的学生,让我的学生不这样无知是当务之急,因此设计了这样一节历史专题课。通过古今历史的穿越,让学生深刻地感受中华历史的源远流长。开篇我设计的问题就是"你觉得在中国众多的节日中,哪些属于传统节日",开篇就把题目明确在传统节日上,告诉学生,什么是传统节日,为什么会有传统节日的设立。然后重点介绍传统节日的来历,有哪些风俗习惯,古人和今人是如何过节的。通过这节课,让学生树立正确的人生价值观,汲取古代文化的养料和成分,更好地滋养自己的心灵,培养自己的学识。

(四)特色学科活动深度学习

风华中学历史组"以活动促发展"为指导思想,每学期都在活动课方面进行了大胆的探索和尝试,积极开展各种形式的活动课,为学生创造历史学习的新空间,为学生搭建施展才华的新舞台。如我们以教材为依托在七学年,开展《仿制彩陶》《贵姓何来》《寻访丝绸之路》的特色学科活动,八年级开展了《图说红军长征》《东北抗日联军》等活动课,九年级开展了《古代世界文明》活动课。

七年级历史活动课《彩陶行动》

活动目标:

1. 感知目标:通过对这些彩陶的直接观察,想象原始居民的生活景象。

2. 能力:让学生通过对表象的观察,探索表象背后的内涵,培养学生的想象能力和观察能力。通过动手创作彩陶,培养创新能力。

3. 认识:使学生在活动过程中初步受到科学和情感的启发。启发学生对家庭、对生活、对科学的美好情感。

导入:

历史就是过去的人类活动,人们可以通过哪些途径来了解祖先的过去?

学生:(实物资料、口头传说和文字材料)

教师:文物是历史上人类活动遗留下来的具有历史、艺术、科学价值的物质遗存,包括建筑、墓葬、碑刻、工具、武器、生活用品、艺术品等。它们生动形象地反映出历史的真实情况，为人们探究历史提供了重要的依据。六七千年前的原始居民在生产生活中，制作了大量的彩陶，创造了人类的彩陶文化。

神秘、美丽的彩陶反映了远古居民的生产情况和生活面貌以及思想感情。今天，我们就看看他们的杰作。你们从中能发现什么？

活动过程：

1. 多媒体出示彩陶图片相关材料。

2. 学生们认真观察。

3. 师生交流。

(1) 彩陶是如何出现的？

陶器生产之初，没有刻意装饰的纹饰，但加工过程中手捏、片状物刮削、拍打器壁等往往会留下一些不规则的印痕。随着人们审美意识的增强，他们逐渐将这种不规则的印痕转变为有意的、规则的纹饰，如成排的剔刺纹、一圈的手窝纹等。早期陶器上大量出现的绳纹是在木棍上缠绕绳索滚压器壁而形成的纹饰，既可增强陶胎的坚实度，又能起到美化陶器外表的装饰效果，一举两得。后来只起装饰作用的纹饰种类越来越多，逐渐演变为单纯的装饰花纹，也因此，人们对陶器的装饰也越来越注重。随着工艺条件具备，彩陶便应运而生了。

(2) 彩陶是如何制作的？

彩陶是将各种天然矿物颜料绘制到陶器上，形成五彩缤纷的各类图案，使陶器不再仅仅是实用品，而且还具备了艺术品的审美功能。其中大多数是先在陶坯上绘制，然后再烧制，颜料发生化学变化后与陶胎融为一体，这样的彩陶色彩不易脱落，经久耐用而且美观。还有一类称为彩绘陶，是将颜料直接绘制到烧成以后的陶器上面，此类彩绘贴附在器物表层，使用过程中容易损坏脱落。

(3) 生产彩陶需要哪些技术条件

第一，生产彩陶的首要技术条件，是对天然矿物颜料的认识。作为彩陶颜料，必须在高温烧窑时不分解，比如含量较高的赤铁矿具有耐高温性能。而且还要掌握矿物的显色规律，什么样的颜料烧制后会变成红色，或者会变为黑色，如此才能运用自如地生产出理想的色彩。

第二，陶坯表面必须达到一定的光洁度，颜料才能渗透到陶胎里面。这就需要认真对陶土进行筛选、淘洗,拉坯成型后对器表还要反复打磨。

第三,烧陶的温度越高,颜料的附着力就越强,纹饰越牢固。

(4)彩陶的绘制

绘彩是制作彩陶至关重要的一个环节。新石器时期的先民们在已制好的陶坯上,用彩色颜料绘出一幅幅稚拙、古朴、雅致的装饰图案,使极为普通的陶器在陶工灵巧的手中,变成了一件件珍贵的史前艺术精品。

(5)颜料的选择

棕色:在彩陶中还出现了既不红也不黑的棕色纹饰。棕彩与黑彩的化学成分相同,但锰的含量低于黑彩,铁的含量高于黑彩,可能是在颜料中掺和了红黏土。

红彩:用红色表达自己的激情,又用红色象征对幸福的企盼,红色早已被视为吉祥美好的色彩。

(6)猜想绘彩时使用什么工具?许多彩陶花纹在不经意间留有尖细的笔锋,推测是用类似毛笔的工具所绘,不仅有硬毛制作的硬"笔",还有用软毛制作的软"笔"。

4.学生创作:

用橡皮泥,根据你自己的联想,亲自动手捏制一个你喜欢的陶器。

结语:

新石器时代的彩陶生动地呈现了当时人们的生产水平和生活状况,通过同学们的介绍,我了解到那时人们对家庭、对亲情的珍惜、热爱;对科学的热诚探索;对生活的丰富情感;对大自然的崇拜。这也许就是古人把这些珍贵的文物留给我们现代人所带来的启示吧!

三、历史课堂实录

《清末民初的文化与教育》教学实录

(一)学习目标

知识与能力:了解京师大学堂的创办、科举制度的废除,简洁地说出中国近代教育发端的基本情况。

知道《申报》和商务印书馆,了解它们的特色和意义。

让幸福通向未来
——哈尔滨市风华中学课程建设的实践研究

通过解答"想一想"和材料阅读题,培养从材料中获取有效信息的能力。

过程与方法:

收集有关封建社会学堂、清末民初新式学堂和现代学校的基本情况,将它们进行比较,谈谈自己的看法。

收集商务印书馆发行的书籍,了解其编印、出版书籍的特色。

情感态度与价值观:

通过对清末民初教育与文化事业情况的学习,了解中国近代教育与传媒事业正在跟随世界潮流前进和发展,认识到教育改革的必然性,建立大众传播媒体的重要性以及积极影响,从中感受创办者的开拓创业和献身精神。

(二)重点、难点

重点:知道中国近代进行教育的发端和早期的大众传播媒体产生的基本史实,了解它们对于近代社会生活的影响

难点:如何让学生比较真切地感受到这些文化教育事业的变化对中国近代社会发展的重要意义,以及认同、学习先驱者们的开拓创业精神。

(三)教学方法

情景教学法,讨论法,归纳法。

(四)教学过程

导入新课——从学生已有的知识储备出发,调动学生学习兴趣

师:(出示图片)首先请同学们和老师一起朗诵图片上的文字"亲爱的未来北大人,让我们相会在金色九月美丽的燕园。"这是一所高等学府在9月份迎接新生时所挂出的条幅,同学们,你们知道这是哪所学校吗?

生:(齐声回答)北京大学!

师:同学们,你们太厉害了,一猜就中!那么关于北京大学你了解多少。

生1:北京大学的校徽是鲁迅先生设计的,是"北大"两个篆字的上下排列,其中"北字"构成背对背的两个侧立的人像,而"大字"构成了一个正面站立的人像。校徽突出一个办学理念,即大学要"以人为本"。

生2:北大是中国的最高学府之一,培养了大量的人才。

生3:蔡元培是北大著名的校长,提出的教学理念对北大的发展有重大的影响。

……

师：从刚才同学们的回答中，可以看出你们对现在的北大是有一定程度的了解的，现在让我们穿过北大厚重的历史与文化，到它创建的时期去看一看。

（播放京师大学堂的录像，让学生在历史与现实中感受北大的发展变迁过程）

师：想一想：你怎样看待京师大学堂的地位？其创办对中国近代教育发展起到了什么样的作用？

生1：京师大学堂是中国第一所国立的综合性大学，是当时全国最高、设施最全的学府和最高的教育机构。

生2：它培养了许多优秀的人才，所倡导的办学思想和办学原则对中国近代教育产生了深远的影响。

……

师：的确，京师大学堂的创办给许多有识之士提供了求学的场所，而正当这些有识之士纷纷赴北大求学之际，清朝的科举制依然在进行着。请同学们看一段动画，说说你的感想。

（播放1905年的科举制或让学生看书中小字部分1904年的科举制）

生1：清朝的科举制太腐败了，根本丧失了选拔人才的功能。

生2：人才的选拔不靠能力，靠名字，可见科举制已经走到了它的尽头，必须废除。

师：很好，那么同学们如果你们生活在这一时期，或是普通人，或是做官的人，你会怎么做？

生1：我要是一个做官的人，我就要实行改革，当然还要得到慈禧太后的支持，如果她不支持，我就找志士搞暗杀，支持皇帝进行改革。

师：看来又一个侠客诞生了。（全班笑）

生2：我要是普通的读书人，这一时期我就要出国留学，学习国外先进的技术，回来对传统的文化进行革新。

生3：我就主张改革，废掉不合理的制度，给国家带来新的气息和生机。

……（此处重在培养学生分析问题和解决问题的能力，同时利用角色换位方法给学生一定的想象空间，激发兴趣）

师：对，现在改革已经势在必行，清政府在此期间颁布了两项教育改革措施：

1904年清政府颁布《奏定学堂章程》，以教育法令的形式公布了新学制，并在全国施行。

1905年废除了科举制。

那么我们就深入地了解这场迟到的变革吧！（播放废除科举制的录像）

那么同学们还记得科举制创立于什么时期吗？

生：（齐声回答）隋朝。

师：对，隋朝时期的科举制在选拔人才、治理国家等方面都发挥了重要作用，所以英国大百科全书中说：我们所知道的最早的考试制度，是中国所采用的选举制度，及其定期举行的考试。伟大的民主革命家孙中山说过：现在各国的考试制度，差不多都是学英国的。追其源头，英国的考试制度，原来是从我们中国学过去的。

那么为何说废除科举制是中国历史上的一件大事？

（小组合作学习，培养学生合作学习的能力，从而让学生具备基本的能力）

生1：明清的科举制阻碍了对人才的培养，使人不知道变通，不懂得创新。

生2：废除科举制有利于培养适应时代发展要求的人才。

生3：有利于社会的发展与进步。

师：刚才在看《科举制》的录像时，有这样两个镜头不知道同学们有没有注意到？（播放当时报纸上关于废除科举制的图片）这说明什么？

生：有报纸出现了。

师：那你们日常都喜欢看什么样的报纸？你觉得报纸的出现给人们的社会生活带来什么好处？

生1：我愿意看《新晚报》，可以通过报纸了解最新的消息。

生2：我愿意看《生活报》，可以了解国家大事。

生3：我愿意看《中学生学习报》，可以了解学习信息。

生4：我愿意看《科学发现报》，可以增加课外知识。

……（注意现实和史实的紧密结合）

师：对，报纸给我们带来了很多好处，那追根溯源，就让我们回到旧中国，去了解那一时期一份影响最大、历时最长的报纸——《申报》。关于《申报》，你了解多少？

第三章
国家课程的实践探索

生：(先由学生说,如学生了解得不多,则通过教材了解其创办的历史)

《申报》原称《申江新报》,1872年4月30日创刊。最初由英商美查等人集资创办。

1912年转让给史量才,发表民主自由言论。

1934年史量才被蒋介石派遣特务暗杀后,言论又趋保守。

1937年12月,因日军检查新闻,自动停刊。抗战期间,曾在日伪控制下出版。抗战胜利后被国民党接收,成为CC系报纸。

1949年上海解放时停刊。前后办报77年。1983年,上海书店将《申报》影印出版。

师：那么它有什么样的特色和影响呢？

生：其特色就是紧密结合生活,内容丰富,新闻量很大并注重真实性。

师：对,我们通过一个事例就可以来了解。哪位同学愿意给大家介绍这个故事？

生：晚清四大奇案之一。是当时一起耸动朝野、家喻户晓的大冤案。清末光绪年间,余杭县的县民葛小杜以卖豆腐为生,其童养媳毕秀姑,貌美出众,绰号"小白菜"。余杭知县刘锡彤之子觊觎秀姑美色,毒死其夫。案发后,刘锡彤因与杨乃武有仇,愚骗葛小杜母亲诬陷杨"谋夫夺妇",将其屈打成招。全省众生员不服,联名上控。谁料浙江巡抚杨昌浚等官员均已受贿,杨乃武和小白菜受尽酷刑。杨乃武的姐姐为救胞弟,奔京告状,此时,醇亲王恰与杨昌浚等一派官员争权,遂借刑部设"密室相会"之计,使小白菜与杨乃武吐露真情,抬出真凶,杨乃武三年冤狱才获昭雪,此时两人均在狱中被折磨得体无完肤,残疾而回。

师：那么这份报纸有什么影响呢？

生：《申报》是中国新闻史上形态最完备的近代报纸,对后世报业的发展和壮大有着积极的推动作用。

师：有报纸自然就会有印刷厂的出现,现在我们了解一下跨越三个世纪的印刷厂——商务印书馆。关于商务印书馆你了解多少？

生：(先由学生说,如学生了解得不多,则通过教材了解其创办的历史)其创办和发展：1897年在上海创办,由最初的一个小小的印刷所发展为中国近代规模最大的文化出版机构。

生：其出版特色是以编译新式教科书、工具书和翻译西方的学术著作为

让幸福通向未来
——哈尔滨市风华中学课程建设的实践研究

主,出版范围上注重科教类。

师:那么同学们你们身边有什么书籍是商务印书馆出版的呢?

生:(齐声说)《新华字典》

师:对,看来商务印书馆距离我们并不遥远。那么想一想:为什么商务印书馆会取得这样的成就?

(学生活动,分组讨论)

师:我们来看看它的理念:我们是文化建设者,而不仅仅是商人;我们提倡实事求是,而不是夸张和误导;我们提倡社会责任,而不是攫取社会责任;我们提倡首创精神,而不是盗取他人成果;我们培育名牌,而不是捕捉猎物,我们提倡做有良知的出版人。

师:报纸和商务印书馆等新的事物在当时中国先后出现,对当时社会起到了什么样的作用?

生:对人们的思想解放起到了重要的作用。

生:启迪人们的思想,使人们能够快速地获得信息,对中国后世报业的发展起到了积极的推动作用。

知识回顾:

师:(播放音乐和图片)中国传统的教育和文化事业在很长的一段历史时期位于世界领先地位,到了近代却渐渐落后了,以京师大学堂等新式学堂的建立和废除科举制为标志,中国的教育开始步入近代化。《申报》和商务印书馆则给中国社会的文化事业注入了新鲜的血液,它们是中国近代传媒的先行者。所有的这些,都在使近代中国发生着悄然的变化,为古老的中国旧貌换新颜在做着努力!

师:好,今天我们的课就上到这里,希望同学们以后都有机会走进这所高等学府。

(五)课后反思

本节课内容与文化息息相关,因此在讲授的过程中,注意利用学生已有的知识储备,调动学生参与课堂的积极性,让学生成为课堂的主人。因此我觉得课程中有三大亮点:一是结合科研课题,设立了"角色换位"环节,让学生从现实中走进历史,从情境中感悟历史;二是"小组合作"环节,即讨论为何说废除科举制是中国历史上的一件大事,让学生从集体中汲取营养,吸收好的观点,体会合作的乐趣所在;三是和现实的紧密结合,学习历史最主要的目的是为现实服务,学史明智,所以课堂上学生有话可说,有疑可问,有问方能有所想,充分激发了学生的学习热情,整节课轻松活泼地完成了教学任务。但教学是门遗憾的艺术,本节课也有一些缺憾,如教师的评价语言再有一些实效性,再丰富一些就更好了。这些在以后的课堂教学中会努力改进。

第八节 地理课程的资源构建与实施

地理课程的特色定位于,歌谣与读图共生促成长。地理学科是初入初中的学生较难接受的学科,地理学科本身虽与社会生活紧密相连,但更显宏观,超出了学生的理解范围,同时学科本身的综合性较强,知识跨度相对较大,既与物理、化学等自然科学相联系,同时也与政治、历史等人文学科相连,其中也不乏语文和数学知识,总之,可以称之为多学科知识的"枢纽"学科。而对于学生来说,由于年龄和经历受限,空间感、方向感和立体感都不强,难以建立空间思维能力和综合分析能力,难以理解空间记忆和空间推理类问题,同时各地理要素相互联系和影响的综合问题也难以接受。基于学生学习的现状及教材要求,老师们所创编的地理歌谣与地图融合为特色的系列课程,破解学生学习地理的难题。

一、地理课程资源内容

地理课程资源建设重点要解决的是如何将课标中的如"了解""理解""运用""识别"等描述内容标准的词语,依据学生特点及学习内容,将其以具体的可操作的词汇加以解读,如"说出""指出""找出""描绘出""举例说明"等,形成具体的执行性目标。同时,在资源构建过程中,还应考虑涉及多学科内容的知识如何进行重组或加工,以适应学生的知识储备和能力基础,转换形式,分解重组单元,利用多种音频、视频资源将抽象问题形象化解读,更好地适应初中六七年级的学生。

(一)细读标准、研读教材,整合学习单元

结合地理课程标准,针对地理学科特点,将初中四册地理教材进行了划分。六年级上学期,地理基础知识的夯实,六年级下学期,进行世界区域地理模块的学习;七年级上学期,中国自然人文地理基础知识;七年级下学期,中国区域地理学习。每一个阶段的设计都会从学生的认知去设计教学。以六年级上学期为例。作为起始学年,教材内容安排为地理的基础知识的学习包括认识地球、学用地图、陆地与海洋、天气与气候等内容。这部分内容是地理万丈高楼的基石,在教学中要进行适当的拓展延伸,增加知识的深度和广度,用多种形式如动画演示、角色扮演、动手实践等方式突破重点和难点。例如在进行等高线地形图内容的学习时,教师引导学生用土豆、萝卜等制作出山体的模型,并水平做出不同海拔高度的切面,课上进行等高线地形图的绘制,学生通过形象的山体模型,直观地再现了等高线地形图的绘制过程,极大地降低了难度,将难点问题简单化,具体化,生动化,形象化,效率化。

(二)分析学生、确定考点,编写学习手册

学生是学习的主体,对于刚刚从小学进入初中的学生而言,学习方法的引导是非常重要的。结合学生的年龄特点,结合地理学科的图文结合的特点,我们编写了具有风华特色的地理课堂学习手册。课堂手册大约分为三部分:第一部分为"我的课堂笔记",给学生留有空白,指导学生学会记笔记。第二部分为"本课重点填一填",将每一课的重点知识进行梳理,以填空或者填图的方式进行,考查学生对每一课的掌握情况。第三部分为"图行天下",设计为学生在课上绘制本节课相关的重要的地图。三个环节的设计收放自如,既给学生留白,又突出重点知识和重点地图,特别是地图的绘制,初中两年坚持下来,孩子们不仅绘图水平得到提高,地理空间思维能力也无形中得到了提升。

(三)理解记忆、灵活运用,创编地理歌谣

地理是一门文理兼备的学科,既有理科学习的内在逻辑,又有文科中需要大量记忆的内容。为了更好地理解与记忆,结合初中学生的心理特点,我们创造性地创编了地理歌谣。将记忆内容编写成歌谣,是一种变枯燥为趣味的记忆方法。这种方法可以缩小记忆材料的绝对数量,把记忆材料分成组块来记忆,加大信息浓度,增强趣味性,不但可减轻大脑负担,而且记得牢,避免遗漏。歌谣大都押韵,朗朗上口,容易记忆。例如对于地球五带的划分,我们编写了这样的歌谣:"回归极圈分五带,太阳直射在热带,极昼极夜在寒带,四季分明在温带。"短短的四句话,将地球上的五带名称,五带特点,五带的分界线进行了高度的概括和浓缩。目前我们结合初中地理教学内容,共编写了80首地理歌谣,歌谣的内容涵盖初中地理全部教材内容。地理歌谣已经成为风华的印记,每个走出风华的孩子回忆初中的地理学习都会背诵出几首地理歌谣。

(四)释疑解难、情境体验,制作媒体资源

地理学科的特点决定了要有强大的资源作为支撑。经过多年的总结,我们已经形成了覆盖全章节的丰富而翔实的地理教学资源。打开每节课文件夹,下面有PPT,有音乐,有视频,有动画……这些资源见证着老师们多年以来的教学资源的积累,很遗憾这些资源中有很多已不能用。因为地理是一门时代感很强的学科,对于地理资源的收集与整理,是一个动态的不断更新,不断充实过程。需要教师有敏锐的视角,及时地捕捉最新的信息应用于我们的教学中。例如杨利伟作为进入太空的第一位中国人,想当年我们将他在太空中的视频资料用在《认识地球》这节课导入环节时,极大地调动起学生学习的兴趣,孩子们异常兴奋与骄傲。时过境迁,今天我们还用这个资源,就有些过时了,我们必须要用更新的,有时代感的视频资料,才能与学生产生共鸣。所以,从学生的角度出发,我们的课程资源是流动的,生动的,灵动的综合体。

(五)亲历体验、场馆共学、拓展多种资源

俗话说"读万卷书,行万里路"。对于地理学科而言,外出游学是重要的体验学习。为了开阔学生的视野,为了学生有更多的体验,我们充分地开发了现有的游学资源,带领学生走出去,走进了黑龙江地震科普馆,黑龙江防震减灾博物馆,走进了黑龙江省地质博物馆,走进了哈尔滨市城市规划馆……场馆里丰富而翔实的资料,生动而形象的实物,亲身参与互动的体验,专业的讲解都极大地激发了学生学习地理的兴趣。例如在参观省地震科普馆的时候,有关于房屋结构抗震性的动手实践展台,极大地激发了学生参与的热情,孩子们在动手参与中感受到了三角形的稳定特点,也意识到建筑防震设计的重要性。

二、地理课程的实施与评价方式

地理课程只在六七年级开设,承载未来学习的习惯培养、兴趣激发、方法引导等多重责任,国家课程的校本化实施研究中,地理课程着重在"有趣实施"方面加大了研究和实践的力度,形成"以兴趣为主导"进行问题的探究式学习,"以参与为目标"实现学生的自主学习,学习的方式由课上延伸到课下,由校内延展到校外,专题课程、特色课程、活动课程,不拘形式、不固化模式,充分利用可行性资源,实现地理课程对学生的素养培育功能。

(一)实施探究、体验的课堂教学

地理简单来说是研究地球道理的一门学科。具有综合性和区域性的特点。在教学中,我们结合不同的教学内容,设计了不同的课型。有的课型以探究为主,有的课程重体验。无论是哪种课型,都会立足课堂,引导全员参与,为了缩小学生之间的差异,采用小组互帮互助的方式,同时对于学生的评价不拘一格。例如在六年级起始学年,对于地球仪的学习,要求每位学生必须要准备一个地球仪。学生上课手里拿着一个地球仪,学生层次不同,但是对于学习的渴望,对于地球仪的热情是一样的,因此在评价时,只要是有地球仪就表扬。教学设计上,围绕地球仪设计了层层递进的问题,不同层次的学生都有收获。

(二)关注歌谣、地图相融合过程

歌谣是文字的,地理内容是立体的,如何将两部分有机地整合在一起呢?首先在教学环节,歌谣可以说是相关内容的总结,而且出现得要恰到好处。例如在讲解经线和纬线特点时,教师引导学生总结概括两者从形状、长度、指示方向和条数的异同点,最后用歌谣进行总结,水到渠成。歌谣的总结不仅仅是老师的任务,还可以交给我们的学生。例如,在区域地理学习时,我们引导学生将某个国家的地理特征用歌谣进行总结,学生的总结有的时候会和老师"不谋而合"。歌谣与地图结合最紧密的地方在地理复习环节。地理复习中,我们以歌谣为主线,学生们不仅要熟练地背诵出地理歌谣,更重要的是要将地理歌谣结合地图解析出来。为了凸显学生对歌谣的理解与重视,我们会给学生若干张地图,让学生从中找出和某一歌谣内容相对应的地图进行解释说明,这样学生们脑海中熟练的地理歌谣与地图就完美地结合在一起。

(三) 重视开放、多元的学科活动

为了丰富学生的地理学习,夯实学生的地理基本知识和基本技能,提高学生绘图基本功,提升学生的空间思维能力和综合思维,逐步培养学生的地理核心素养,我们开展了地理节活动。

活动内容:

1. 图形天下

六七学年全员参与,六年级绘制世界地图,七年级绘制中国地图。任课教师在课上进行。

2. 地理知识竞赛

六七学年全员参与,形式:100道选择题。

3. 地理歌曲演唱比赛

六七学年全员参与

(1)团体奖:全班合唱一首地理歌曲,学年评选一、二、三等奖。地理课前学唱,教师录像后传至专门文件夹,所有教师打分,取平均分。

(2)个人奖:个人录制歌唱视频上报任课教师。个人获奖为班级加分:一等奖5分,二等奖3分,三等奖1分。

4. 地理歌谣诵读解析大赛:

比赛流程

(1)第一环节:抽签决定参赛人员:

上午间操,六年级各班课代表和班长到三楼研修教室抽签决定参加歌谣诵读比赛的人员。

(2)第二环节:歌谣诵读和解析大赛:

六年级七年级利用中午时间,各班参赛人员站队统一到指定教室参加比赛。

计分要求:

歌谣背诵环节。选手抽签背诵地理歌谣,根据歌谣题目无提示背诵得10分,提示歌谣前两个字得9分,背诵三句得7分,背诵一半得5分,只背一句得2分。

歌谣解析环节。根据选手背诵的歌谣现场答辩两个问题,答对一题得5

分,两题10分。每题说对一半给3分,答错者不得分。

地理节活动评价:

总分100分,每项活动25分,以班级为单位分别记分,一等奖25分,二等奖20分,三等奖15分。地理歌曲个人获奖得分计入班级总分。利用升旗校会颁发每项活动单项奖状和最后综合奖状。

(四)实现方式、时空的体验学习

地理学习不仅仅局限在课堂上,为了学生的长远发展,我们将学习延伸到课下,延伸到假期。设计了富有特色的假期作业,引导学生进行有主题有思考的假期旅游,参观各种博物馆等活动。以地理假期作业来说:地理假期作业是由地理课堂向课外的一种延伸,让课程更有深度、有广度,让学生都获得成功的体验,让假期变得更愉快更有意义。具体设计了结合时事热点,查阅资料,形成论文、手抄报;结合假期旅行,实地考察,形成游记、攻略;结合教材地图,动手绘制,形成地图、规划图。有的作品是学生独立完成的,有的是一个小区内的几位同学们共同完成的,无形中培养了学生合作学习的意识和能力。学生上网查找资料,主动适应互联网+社会信息化趋势,提升了信息技术素养。绘制地图,颜色的搭配,提升了学生生成和创造美的能力。实地考察与调查,又锻炼了学生考察能力、观察能力、与人交流的能力。

三、地理课例

区域地理——美国

教材分析:

美国是世界上最大的移民国家和经济最发达的国家。教材主要通过不同人种的图片展示美国主要的人种构成;以"美国本土农业带分布图""美国本土资源、工业城市分布图"等介绍美国的农业、工业特点。

学习者分析:

学生在学习过《日本》《俄罗斯》之后已经具备了一定的根据国家的自然地理环境分析一个国家经济发展基础的能力。

三维学习目标:

依据《课程标准》我把该课的三维教学目标定为:

第三章
国家课程的实践探索

知识和技能：

1. 知道美国是一个移民国家，种族构成复杂。

2. 学习美国的人种构成、工农业与高新技术产业等知识，学生学会从国内生产总值、人均国内生产总值、产业结构等方面来分析一个国家的发展水平。

过程与方法：

结合课本提供的相应数据、插图，认识美国经济水平、农业与工业发展特点。

过程与方法：

了解美国强大的经济实力是优越的自然条件、先进的科学技术、发达的工业生产、雄厚的农业基础互相支持而形成的一个有机整体。这为我国的经济建设提供了借鉴经验。

教学重点：美国人种的构成；美国的工业分布于主要工业部门。

教学难点：从国内生产总值、人均国内生产总值、产业结构等方面来分析一个国家的经济发展水平。

教学过程：

学习阶段	教师组织和引导	学生活动	教学意图
导入新课	猜谜： 这里是印第安人的故乡…… 这里曾经是英国的殖民地…… 这是世界经济最发达的国家…… 习近平本月曾访问这里…… 这是……	学生回答：美国	创设情境，激发学习兴趣，引出新课
新课	活动：哪个是美国国旗	学生：图4	过渡

— 155 —

续表

学习阶段	教师组织和引导	学生活动	教学意图
1. 位置	教师:美国的国旗又叫星条旗,你知道美国国旗上的50颗星代表什么含义吗? **位置及组成** 美国所在的半球?临近的大洋?美国本土属于哪个温度带?	学会:美国的五十个州 学生指图回答	读图能力训练,培养空间思维
2. 最大的移民国家	费城76人队 美国于1776正式独立 欧洲人发现美洲新大陆后,陆续向美洲移民。 **现在大部分的美国人是欧洲人的后裔** 美国主要的人种是? 白种人79.96% 其他种族1.61% 印第安人等原住民1.15% 亚洲人4.43% 黑种人12.85% 除白色人种外,美国的亚洲移民后裔也不少。美国的黑人大多是非洲黑人的后裔。 **美国的华人、华侨与唐人街** 旧金山的唐人街　华盛顿的中国城　首都	学生读统计图	过渡 阅读统计图表

续表

学习阶段	教师组织和引导	学生活动	教学意图
3. 图形天下	华盛顿是美国的首都。 图行天下 在学案109页绘制美国本土轮廓 读美国地形图 ★美国地形 美国地形以什么为主？	学生绘图 学生：以平原为主	通过绘制轮廓培养学生空间思维
4. 地形河湖	美国中部是中央大平原 ★美国地形（图册35页） 中央大平原 该平原是哪条大河冲积而成的？ ★美国的河湖 五大湖 密西西比河 美国拥有世界第四长河，世界最大淡水湖群，淡水资源十分丰富 自然　　　　　　人文 广阔的平原 充足的水源 ——有利于农业发展	学生观察地图 是由密西西比河冲积而成	观察分层设色地形图，利用颜色判断地理类型 过渡并且引发学生思考

续表

学习阶段	教师组织和引导	学生活动	教学意图
小结	根据美国农业出口量排名表,说一说你对美国农业的认识。 | 农产品	出口量占全球比重(%)	位次
---	---	---
出口总量	20	第一
玉米	70	第一
大豆	67	第一
棉花	26	第一
小麦	37	第一
肉类	7.4	第一		学生总结	总结与过渡,引出美国的农业
5.农业	美国农业高度发达,除了平原广阔、水源充足的自然条件外,还有一项必不可少的因素,美国农业的发展方式是地区专业化生产。 明确美国主要农业带的分布	学生:美国农业发达; 美国是世界农业大国; 多项农产品出口量占世界比重大	分析统计图表

续表

学习阶段	教师组织和引导	学生活动	教学意图
	填写空白图	学生将这些农业带画在自己绘制的美国轮廓图上	掌握分布
	NBA季后赛正在如火如荼的进行中……		及时练习
	公牛队所在地芝加哥位于北美五大湖沿岸，芝加哥附近分布的农业带是 乳畜 带。		激情引趣
	思考：美国农业地区专业化发展有什么好处？有利于促进机械化，提高生产效率。播放美国农业机械化视频。	学生：乳畜带	应用练习
	过渡：美国农业能实现高度的机械化工业的支持，接下来我们来了解美国的工业。请你说说生活中你知道哪些工业产品或品牌？	学生：方便安排农事，产品质量好。偏于机械化生产（需要引导）	联系生活实际

— 159 —

续表

学习阶段	教师组织和引导	学生活动	教学意图
6.工业	读教材66页——美国工业城市分布图。 说出美国东北部,南部,西部分别有哪些工业城市。 在美国的东北部你能找到哪些工业城市?（底特律 活塞队） 东北部工业区是最大最老的工业区,主要是机械制造业和汽车制造业,随着老工业区的衰退,在南部和西部兴起了新的工业城市。 在美国的南部你能找到哪些工业城市?（南部工业区 休斯敦火箭队） 在美国的西部你能找到哪些工业城市?（西部工业区）	学生回答 学生读图回答	农业活动学生相对陌生,需要生动的视频资料,丰富认识。 体验生活实际 体验生活,增加趣味

续表

学习阶段	教师组织和引导	学生活动	教学意图
课堂小结	西部的旧金山是世界高新技术产业基地,其东南部的硅谷是世界高新技术产业中心。  练习: 思考:为什么要发展高新技术产业?	学生在地图上标出旧金山和硅谷 学生: 方便生活,价格高利润高等	利用地图强化记忆

教学设计反思:

课堂容量大,给学生的思考时间应该更充分,对于学生活动的评价语言应该更丰富,练习的形式应该更加丰富多样。

第九节　生物课程的资源构建与实施

生物课程的特色定位于,实验体验、构建"活"课程。研究生命、敬畏生命、

感知生活、热爱生活,这是生物课程所承载的重要使命,而对于初中学生来说,生物课程中的专业词汇理解是较为困难的,从习惯了的生活中分析研究生物现象也是需要逐渐培养的,构建科学合理的探究学习、体验学习体系是引导学生学习理解的必要元素,让知识和学习知识的过程真正的活起来,以灵动的生命去感知鲜活的知识,在真正的观察、猜想、实验中,体验知识,发展自我。

一、生物课程资源内容

整合教材内容,结合地域特点和学生生活实际,构建学生适合学习的情境。充分发挥课程资源的作用,以真实实验为目标,创编多类别可实践学习项目,更好地增强学生的知识体验。图片、视频、模型、实验、实物观察等等,需要按照教材主题,恰当融入,改变以往的知识本位现象,在学习中体验、在体验中学习,两者有效结合,互相促进,这需要构建系列学习资源。

(一)科学开发实验资源

在生物教学中,通过实验突破难点,培养学生的科学素养,眼见为实、动手操作解决困惑。探究实验中要了解探究的一般方法与步骤,能识别并选择实验仪器和材料,正确实施实验操作程序,完成实验并记录实验现象,分析实验结果。培养学生勤于动手,善于合作,严谨求实和创新实践的精神。

六年级确定科学探究所要达到的目标为:学生能够知道科学探究的一般方法:观察、调查、收集和分析、探究实验。进行科学探究的时候,有的时候用其中的某一方法,更多的时候是几个方法的综合运用,如对探究实验的结果,离不开观察。通过体验概述科学探究实验的一般过程,明确什么是对照实验,设计对照实验的原则。

六年级开发实验:

1. 观察不同字母或文字图案在显微镜下的呈现方式
2. 选取各种蔬菜水果,观察植物细胞的结构。如:山楂、菠菜、蒜薹、黄瓜、柿子等。
3. 学生用不同形式制作植物细胞模型或动物细胞模型。
4. 用点燃的花生(坚果类含脂肪量高的)来体验细胞所含物质及能量的转换。
5. 用橡皮泥模拟细胞分裂的方式。

6. 以常见的水果为例，找出各种植物组织。

7. 吹气蔬菜（如菠菜）体会植物内的输导组织。

8. 将人呼出的气体与种子萌发产生的气体比较，都能使澄清石灰水变浑浊。

9. 验证高锰酸钾使维生素 C 变色的原理，比较各种食物的维生素 C 含量。

10. 模拟胆汁的作用。

11. 学生自制肺呼吸模型。

12. 学生自制血管以及内部三种血细胞。

七学年的科学探究学习中达到的目标有：能够根据特定目标设计、拟定合理的实验方案进行探究，分析、评价不同实验方案的科学性、合理性，并加以完善和改进；养成理性思维的习惯，形成积极的科学态度，发展终身学习的能力；具有实事求是的科学态度、探索精神和创新意识。

七年级开发实验：

1. 观察生活中常见软体动物。

2. 以虾为例，数出虾的足的个数，进一步认识节肢动物。

3. 尝试对鱼进行解剖，找到各器官，了解鳞片，鳍，其食性等等。

4. 观察鸟类羽毛，找到其特点。

5. 通过实验验证鸟类的骨骼中空，坚硬，轻。

6. 观察自己的牙齿，猜出不同牙齿的作用。

7. 学生通过发面等观察发酵现象。

8. 学生尝试体验接穗的过程方法。

9. 自制显性、隐性基因模型，体会相对性状和基因的表现型。

10. 尝试对药品进行分类。设计常见病（感冒、肠胃炎等）对症药品。

11. 学生模拟急救方式。

例：人教版——《鸟》

探究实验：鸟类生有不同类型的羽毛，协助飞行的正羽生于鸟的躯干、翅膀和尾部。绒羽生在正羽里面，为身体隔热。

步骤：

① 先用肉眼观察正羽和绒羽的整体形状构造，再用放大镜仔细观察。

("看一看""摸一摸""折一折")

② 分别用两种羽毛朝你的脸扇风,记录下每种羽毛所产生的气流的强弱。

③ 小心地分开羽毛正中央的两根羽枝,用指尖来回摩擦羽枝分离后的边缘部分,有什么感觉?

结合资料卡(一)推断这是什么结构?

④ 用胶头滴管向正羽上滴一滴清水进行观察,你有什么发现?
(注意:接触动物材料后,双手必须用肥皂洗干净)

分析、思考:

1. 总结、描述你观察到的正羽的结构特征,分析这对鸟的飞行有何帮助?

2. 绒羽的结构对鸟的飞行有何帮助?

3. 正羽是否会被水滴打湿?这种情况对鸟类有何益处?

(二)有效创建学习场景

学生学习的方式不拘一格,学习的地点也可多方面拓展。

1. 我们的校园

环境育人,我们把校园环境当成隐性教育资源来利用,风华中学的校园是洁净优美的绿色校园,人文校园。夏末秋初正是最美的季节,也是六年级学生来到学校的时候。根据教学内容《调查身边的环境》,我们把校园当成了课堂主阵地,让学生自己分组,小组合作,调查校园内的植物。老师可以通过各种方式引导学生去调查校园植被情况,如:课前介绍调查的方法,组内设计调查方案或者表格。老师将植物照片塑封,并交给学生,让学生有目地去找寻,了解其名字,生活环境等等。并将植物主要特征画出来,生长环境加以描述。最后在不影响植物正常生长的情况下,每位同学可以取一片叶片作为标本,老师将其塑封,或者制作成叶脉书签留念。正所谓"一草一木会说话,一墙一壁皆育人。"

2. 学校楼内的绿植园

在我们的教学楼内有一处至静至美的所在,是充满设计感的绿植园,小桥流水,亭台楼阁,各种植物生机勃勃,水里的鱼儿欢畅地游着。学生参观绿植园,感受此处生态系统的组成,了解各种生物所扮演的角色和功能,将知识活学活用。

3. 学生生活的小区

调查身边的植物、动物种类,数量、分布,生活特点。调查卫生状况,垃圾分类与否等等。

4. 市内各个特色博物馆,生态园等

在我们的身边有很多特色博物馆,如黑龙江博物馆,森林博物馆,生态园等等,为我们的教学提供了有力的补充。在校本课程上或者学生利用假期时间都可以进行参观,学到书本上没有的知识。

(三) 重视采集信息资源

主要积累两方面素材:一种是模型和标本实物素材;另一种是文本素材。包括图片素材、视频素材和文字资料。

第一方面实物素材主要以实验室内的为主。如各种玻片标本,蜜蜂的生活史标本,人体各部分标本以及生理活动演示器,各种动物模型标本等等,为生物的实验教学提供了丰富的资源。

第二方面主要是文本素材。比如图片素材的来源主要有两种。一种是网上搜索图片;另一种是教师在生活中随时发现随时拍摄。视频素材的积累方式主要有两种。

第一种是自制实验视频:我组所有演示实验的视频基本都是由教师亲自录制的,再经过剪辑、配音、添加字幕等完成制作。如观察小鱼尾鳍的实验,观察动物运动的实验,鱼类的解剖方法,自制纸张的实验视频、观察蚯蚓的视频等等。

还有一些材料性视频,比如介绍生物进化历史、现代生物科学技术发展这类的视频,就需要在网上下载,我们对其进行适当的筛选,剪辑与拼接,甚至对英文视频进行中文字幕的添加、配音等。

文字素材的来源主要也有两种。

第一种是通过平时阅读书籍并及时整理笔记的方式进行积累。另一种是大量阅读与课题相关的论文

(四) 切实助力自主学习

现在的课堂不再是老师的一言堂,对学生进行自主学习的培养更加重

要,为此编写了适合不同年级的生物学案。六年级学案主要依托教材,将知识回顾、新知学习和课堂检测,课后拓展紧密联系,再将生物绘图融入其中,培养学生生物绘图能力。七年级结合毕业考试,编写考试学案。将考试说明、知识点梳理、习题等按照十个主题分别编写,对学生自主复习提供了有力的保障。

二、生物课程的实施与评价方式

让学生动起来,这是生物课程实施过程中的重要目标,植物、动物、人三者从生物科学角度来说都有其内在的联系,融会贯通十分重要,而学科知识点的理解和掌握应是首要任务,并在此基础上得以创造性的发展,形成科学的探究精神,以自己的视角看待生物科学,引发学生研究思考的强烈兴趣,由此形成可持续性学习。

(一)采取有效的课堂策略以构建生动的课堂

生物教师在课堂上,合理地选择、组合和使用挂图、模型、投影、录像等直观手段,展示或再现不同的生物及其生命活动的情况,不仅可以形象、直观地向学生传授生物学知识,而且可以激发学生学习生物学的兴趣,集中学生的注意力,还能打破时空的限制,增加课堂信息容量。这些都有利于提高生物课堂教学效率。做好观察实验,加强直观教学,上出生物课堂教学的学科特色是实现生物课堂教学高效率的首要途径。在学生活动中,尤其是探究实验部分,教师一定对学生的设计操作进行评价,指导,学生也可互评,让学生真正参与到课堂中。

(二)重视科学的实验体验以实现鲜活的实验课堂

实验课的具体实施,过程中如何指导、问题如何设计、如何评价等等,罗列实验名称,重点谈一个实验的过程。

根据生物课程标准,生物学科中的实验课必不可少,我们也通过实验探究来调动学生的学习热情,培养学生生物学科素养。首先每学期开学制订实验计划,保证每个学年每个学生都有实验的机会。在实验中,提出问题和设计实验尤为重要,老师都会提示引导学生自己发现问题,设计方案。实验中保持变量唯一是基本要求,学生设计时往往会忽略这个问题,老师及时提醒协助学生设计出科学合理的实验计划。实验中老师时时巡视,保证实验的正常进行和学生安全问题,对学生的表现及时点拨评价,帮助学生顺利完成实验,领会知识内容。

(三)形成系统的学科活动以奠定自主的成长基础

每学期我们都设计实施本学科的学科活动,六年级主要以体验探究活动,自制生物模型为主。如自制草履虫模型、动植物细胞模型等,学生发挥自己的创造力,用生活中的常见物品去按自己的设计想法进行原创制作,对学生想象力和创造力是很好的培养。七年级学科活动一种是传统的百题大赛,对学生掌握知识进行有效考察和激励,另外一种是进行项目式实验。针对七年级学生的知识能力水平和实验能力而设计。如:制作护手霜,培育蘑菇等菌类生物等。

每学期的假期作业紧密联系学生生活,紧扣时代脉搏,让学生在假期中通过一个活动或者一次参观、一次制作,对生物学又有全新的认识。

例:DIY制作植物微景观。植物微景观是近来比较流行的室内装饰方法。小窗口里蕴含着大自然,可以运用自己的智慧去设计独一无二的景观作品,既可清新空气,又可放松心情。微景观主要用苔藓、多肉等生长条件需求差不多的植物,配上各种精美的小玩偶,做成实用又美观的桌面盆景。

制作工具/原料:花盆或景观瓶,苔藓、微型小植物(多肉等),种植土,轻石,颜色铺面石,干水苔,景观装饰摆件公仔,喷壶,镊子,勺子,剪刀等。

要求:1.制作后在景观明显位置写出作品名称,姓名,班级(将下表剪下填好既可)。

作品名称	
制作人姓名	
班级	

2.作品完成后,请附带景观照片一张。

三、生物课例

培养学生生物学科素养的理论与实践研究

——《食物中的营养物质》课例研究

(一) 主题与背景

生物科学是自然科学中的基础科学之一,是研究生命现象和生命活动规律的一门科学。生物学包括了人类认识自然现象和规律的一些特有的思维方式和探究过程。生物学素养是学生科学素养的重要组成部分,是参加社会活动、经济活动、生产实践和个人决策所需的生物科学概念和科学探究能力,包括理解科学、技术与社会的关系,理解科学的本质以及形成科学的态度和价值观。

中学生物学课程对于发展学生核心素养的基本价值主要体现在:有利于形成正确的生命观,培养理性的思维习惯,提高科学探究的能力、养成科学的态度、建立参与社会事务的责任感等方面。学生是学习的第一主体,要注重使学生在现实生活的背景中学习生物学,倡导学生在解决实际问题的过程中深入理解生物学核心概念,并运用生物学原理和方法解决相关的社会和生活中的问题。这一目标指向为生物课程服务于学生核心素养的提升开拓了广阔的教学实践空间。教师应努力使生物课堂成为滋养学生核心素养的核心阵地。

生物学科的素质培养目标是:

1.倡导探究性学习,力图改变学生的学习方式,帮助学生领悟科学的本质,引导学生主动参与,勤于动手、积极思考,逐步培养学生收集和处理科学信息的能力,获取新知识的能力、分析和解决问题的能力,以及交流与合作的能力等,突出创新精神和实践能力的培养。

2.培养学生实事求是的科学态度和探索精神,初步形成用生物科学知识解决生活中的问题的意识和能力。

3.了解我国的生物资源状况和生物科学技术发展状况,形成爱祖国、爱家乡的情感,增强振兴祖国和改变祖国面貌的使命感和责任感。热爱大自然,珍爱生命,理解自然和谐发展的意义,提高环境保护意识,具备生命观念。

4.关注与生物学相关的社会问题,环境问题,初步形成主动参与社会决策的意识,承担社会责任。

(二)课例研究过程

苏联教育家苏霍姆林斯基曾经说过:"教育是人与人心灵中的最微妙的接触。"每一个学生个体都是有感情、有生命活力的人,懂得喜怒哀乐,懂得自尊和荣誉。教书更要育人,要教给学生学习的能力,体会他们学习时的心情和要求,所以生命化教育最重要的一点是要改变以往的教学方式,提出课堂是学生学习的地方,而不是教师自我展示的地方,减少讲和听,增加说和做,把更多的时间还给学生。

在初次授课过程中,教师基本将教材中的理论知识讲授清楚,如食物中含有的物质有哪些？各自的作用是什么？虽然老师完成了自己的教学任务,但是学生真正参与课堂了吗？学生感兴趣的点在哪？培养了学生哪些生物学科素养？带着这些问题,我们风华中学生物组针对此课《食物中的营养物质》,又重新备课讨论。在原设计基础上增加了生物探究实验,测定食物中的能量及维生素C的测定。生物实验是在实践中引导学生发现、学习生物学知识的重要手段,初中生物是一门以实验为基础的自然科学。学生通过实验 观察与实际操作,可以培养科学的思维方式,提高学生生物学科素养。科学实验,可以实现学生"科学探究力"的核心素养培养,实现新课程标准倡导探究式学习的学习方式,激发学习兴趣,同时可以培养收集和处理信息能力、解决问题能力、创新精神和实践能力。通过实验探究学生会有很多收获,可以加深理解,巩固和验证学到的基础知识;可以培养学生的基本技能和动手操作能力;可以培养学生的观察能力、思维能力、分析问题和解决问题的能力。

经过再次备课修改后,课堂上呈现的效果有了明显改善,学生主动参与并动手实践,初步实现了科学探究科学素养的培养。在本学期研讨课后,我组又参加了国培活动,对来自其他县市的生物教师进行国培。所以我组针对此课又深度挖掘科学素养的培养,在备课中还关注了学生的身体健康,生

命观念以及理性思维等科学素养的初步培养。更加关注学生的学习状态。学生是学习的主人,学生在课堂上学得是否快乐,"玩"得是否开心,都是通过各种教学活动完成的。在这个过程中,每位学生是否都有所收获?教师的教学目标设计要合理,要因材施教;教学环节的设计要科学,合理;教学资源利用要能充分调动学生学习的主动性和积极性,使学生的身心得到全面发展。总之,要培养学生"爱学"态度,"乐学"情趣,"会学"技巧,"自学"能力,突出优化思品质,培养思维能力等科学素养。

1. 与时俱进,激趣导入——利用多媒体视频

原有的教学方案:

本节课作为本册教材第二章的第一节,不仅是上一章内容的延伸,更是后面内容的基础,起到一个承上启下的作用。为了激发学生的学习兴趣,我们采用了视频导入,导入方案如下:由时下最火的电影《厉害了,我的国》导入,从而引出中国的航天梦,提到"神舟十一号",好奇航天员的餐食,然后观看相关视频。视频过后提问,为什么科学家会配制这样的一餐,这些食物中都含有哪些营养?在学生回答后,再次提问,我们平时吃的食物中都含有哪些营养物质,这些营养物质又起到了什么作用,引入今天要学习的内容《食物中的营养物质》。

组内研究建议:

导入过于烦琐,由电影引到航天,引到航天员的餐食,再提问两次才引入食物中的营养,浪费了时间,还容易耗尽学生的兴趣。每节课四十分钟,学生的注意力集中时间有限,如果导入过长,就会喧宾夺主,主次不分,让学生对后面的重点内容记忆不深。所以导入应当力求简洁,指向明确,避免烦琐。本节课可以直接了当地以学生的早餐入手,简单明了,更加贴近生活。

改进后的教学方案:

你今天早饭吃的是什么?学生会积极踊跃的分享,再追问为什么我们要吃这些东西,学生自然而然地会提到营养,直接引入本节课的内容《食物中的营养物质》。

2. 食物中营养物质的分类

原有的教学方案:

根据学生对早餐的分析,直接给出食物中的六类营养物质,并将其自动

分成两类,让学生回忆上个学期讲过的知识,分析分类的理由。大部分学生可以提到有机物和无机物,教师借此再复习一次无机物和有机物的区别。由于课堂时间的限制,我们决定将本节课分成两课时,第一课时先完成有机物部分的教学,包括糖类、脂肪、蛋白质和维生素。

组内研究建议:

对教材中资料的分析:(1)不同食物中所含营养物质的种类和数量是否相同?这对你选择食物的种类有哪些启示?(2)细胞的生活离不开物质和能量。那么食物中的营养物质与人体细胞所含物质和所需能量有什么关系?应该充分利用资料分析这两个问题,让学生通过查阅"常见的食物成分表"自主分析。应用好教材中的资料分析,不仅可以充实教材内容,扩展知识领域,而且可以逐步提升学生搜集和处理科学信息的能力,还可以培养学生的生物学科素养。

改进后的教学方案:

原来我们的早餐就补充了这么多的营养,那我们平时的食物中究竟都含有哪些营养物质?现在请同学们参考教科书第38~39页"常见的食物成分表",查阅这些食物中各含有哪些营养物质。学生在查表后,归纳总结食物中的六类营养物质。

3. 各类营养物质的作用

原有的教学方案:

对糖类、脂肪、蛋白质逐一进行分析,哪些食物中富含这类营养物质?它的作用又是什么?

(1)让学生根据生活经验举例子,例如米饭、馒头、土豆等都富含丰富的糖类。在这个过程中可以纠正学生的一些误区,如肉中富含丰富的脂肪,这就需要教师进行纠正,肥肉中富含丰富的脂肪,瘦肉中富含丰富的蛋白质。

(2)利用教材中的事例,让学生自主分析各营养物质的作用。例如:病人不能正常进食时,往往需要静脉注射葡萄糖液。这说明糖类具有怎样的作用?在学生分析过程中,不一定一次就准确地分析到位,这就需要教师不断的追问,通过引导,让学生一步一步回答出。

(3)完成教材中的探究实验"测定某种食物中的能量",通过测量食物燃烧放出热能的多少来测定食物中的能量。选择生活中常见的食物,如花生、腰果、核桃等，参考教材中的实验装置和实验步骤，制订探究计划，并完成实验。在实验的过程中，培养学生科学探究的能力，教会学生做出假设、设置重复组的科学方法。

（4）通过视频引入，介绍维生素的种类，我们初中阶段只需要掌握维生素 A、B1、C、D 这四种。让学生掌握这几种维生素的缺乏症状和食物来源。并以歌谣的形式，将常见缺乏症状与对应维生素记忆下来。

组内研究建议：

有关探究"测定某种食物中的能量"的实验，虽然可以培养学生的实验能力、合作精神，但由于本节课知识内容较多，课堂时间有限，该实验就显得有些匆忙，其他的内容也没有透彻的讲解。应该将本实验作为单独一课时，可以与无机物放在一起，这样安排更加合理，课堂效果会更好。

可以将维生素 C 的鉴定实验加入课堂中，分别鉴定维 C 泡腾片、柠檬汁和市面上的水溶 C 饮料。这个实验操作简单，现象明显，不会花费大量时间，而且学生会更加地感兴趣，既对维生素的讲解有帮助，也可以非常紧密地联系生活。

改进后的教学方案：

有关糖类、脂肪、蛋白质和维生素的讲解内容不变，去掉探究"测定某种食物中的能量"的实验。在讲解完维生素的知识点后，提问：维生素我们可以看得到吗？看不到的话，那科学家是如何进行区分的呢？生物学是一门科学，任何理论知识，我们都可以通过科学探究实验来进行验证，让我们一起来当一回小小科学家吧！给出实验的原理及实验材料，先让学生自主设计实验过程，巩固对照试验变量唯一的实验要求，培养学生设计实验的能力。先验证维 C 泡腾片和柠檬汁中是否存在维生素 C，因为是学生认知的事实，较容易接受实验现象。再进行追问，市面上的饮料中也宣传含有各种维生素，你相信吗？学生一定会不相信。这时让学生对水溶 C 饮料进行验证，在验证饮料中也含有维 C 后，再次追问，那我们是不是可以通过喝饮料来补充维生素 C 呢？播放有关喝饮料有害身体的新闻视频，相比直接播放视频教育，学生更容易认同。最后通过视频，提及过量补充维生素也不是好事，也会引起各种疾病，正确的方法就是通过食补。

学习是一个循序渐进的过程，让学生体验学习过程，比传统的讲解要更加有效。生物学是科学,也要让学生体会科学是怎样探究的。让学生在探究中达成认同知识的目的。

(三)课例研究的启发

生命化的生物课堂教学应该尊重学生生命的独特性和差异性,并在课堂实施中设计富有实效的教学过程,使之成为教学的宝贵资源,服务于学生的发展。课堂教学应是一种以人的生命发展为回归原点的教学,它尊重生命,关注生命,欣赏生命的成长,追求生命价值与意义。通过本次课例研究的过程使我对课堂教学,生物素养培养又有了更进一步的认识:

1. 关注学生本身,关注生命健康。从学生早餐开始,切实关注学生健康问题,从学生生活实际出发,使教学不再是空中楼阁、海市蜃楼,而是与之密切相关的问题。让学生身临其境,有所思,有所想,有所答,有所得。陶行知先生说"生活即教育"。教师在课堂教学中巧用实例,如:不吃早餐会怎样?为什么青少年和病人需要补充蛋白质?引导学生在原有生活经验的基础上建构科学知识,不仅能够使知识脉络因生活而灵动,也使生命在科学的解读中显出深远的意义和价值。

2. 科学探究是落实核心素养的关键,让学生亲历探究过程,感悟生物学的思想和方法。科学探究能够促使学生积极主动地发现现实世界中的生物学问题,对常见的生物学现象进行科学的观察、提问与假设,方案的设计与实施以及结果的交流与讨论。科学探究能够促进学生学习方式的改变,使学生能主动地获取生物科学知识,通过亲历探究学习的过程,形成一定的科学探究能力和科学态度与价值观,培养创新精神。在开展不同的活动中,都乐于并善于团队合作。

3. 与STEAM课程紧密联系。STEAM是科学(Science)、技术(Technology)、工程(Engineering)、艺术(Art)、数学(Mathematics)的缩写。STEAM教育是综合的技术教育,它需要跨学科融合,STEAM的课堂常常是基于真实问题解决的探究学习、基于设计的学习,强调发展学生的设计能力与问题解决能力。在本节课中与数学、科学等紧密结合,培养了学生的理性思维和综合科学素养。如:在计算食物中能量时,需要根据温度与热量之间的换算得出食物中具体的能量(1毫升水每升高1度吸收4.2焦热量),需要与数学计算、物理学科结合。还用到锥形瓶量取 30 毫升水,高锰酸钾使维生素 C 褪色等化学知识。生化不分家,在生物学中渗透着很多化学知识。这样的多学科整合课程为学生以后的发展和学习奠定了基础,开阔了视野,增长了综合能力。STEAM 教育符合当下创新教育、个性化教育的理念。

4. 科学与技术,科学与环境是密不可分的,关注日新月异的科学新发展,了解科技发展。如:本节课涉及的常喝果汁饮料、大量补充维生素是否科学合理,让学生通过分析得出自己的结论,同时意识到本身的社会责任。通过教材、网络、书籍等了解社会、技术、环境,增强社会责任感。

第十节 音乐课程的资源构建与实施

音乐课程的特色,定位于名曲融合、提升鉴赏力。作为艺术类课程的音乐课,在校本化实施过程中,将名家名曲、中西方经典音乐作品引入到音乐课程中,改变传统的教唱歌、学唱歌等单一的学习资源,通过多媒体介入到教学中,更好地实现了走近经典、走入作品,在欣赏作品的过程中逐渐形成对音乐的深入理解,从而真实地体验到生活与音乐之间的不可替代的美妙关系,聆听音乐、学习作品、个性化落实基础乐理知识与基本演唱、演奏技能,实现学生音乐感知能力的提升,进而提升对音乐作品的鉴赏力。

一、音乐课程资源内容

音乐课程资源主要分为基础课程资源整合和创编资源,国家课程需要结合学生特点及音乐教师的个性特长进行有效整合,以满足个性化的课程实施。音乐课程资源的选取过程中,涵盖乐理知识、乐器认识与演奏、作品赏析、演唱方法与技巧、舞蹈、戏剧等多种形式的艺术作品,同时考虑音乐作品的创作背景、发展变化、不同表演形式、音乐与情感关系等等,总之,音乐课程资源丰富而繁杂,科学选取与创编是音乐课程校本化实施的关键所在。

(一)多种课程的资源开发

我校对教材进行了重组加工,保留的经典内容如下:

1. 六学年演唱作品有《校园的早晨》《歌唱祖国》《西风的歌》《黄河船夫

曲《猛听得金鼓响》《樱花》《我相信》，古风新韵《但愿人长久》《游子吟》《花非花》《爱是一首歌》，音乐剧《DO RE MI》《阿细跳月》《火把节》，流行音乐《明天会更好》《欢乐颂》《火车来了》，民族歌曲《道拉吉》等；欣赏作品《飞来的花瓣》，管弦乐《红旗颂》，合唱《在灿烂阳光下》《沃尔塔瓦河》《丰收锣鼓》，民歌《包楞调》《孟姜女哭长城》，民族音乐《阿里郎》《甘美兰》，综合《青少年管弦乐队指南》《小步舞曲》《古琴曲》《贝多芬作品集》等。

2. 七学年演唱歌曲有《彩色的中国》《国歌》《走向复兴》《银杯》《牧歌》《美丽的草原我的歌》《桑塔露琪亚》《友谊地久天长》《我的太阳》《军民大生产》《放马山歌》《红旗飘飘》《故乡的云》《七子之歌》《青春舞曲》《当兵的人》《雪绒花》《游击队歌》《保卫黄河》《十送红军》《红星歌》《难忘今宵》等；音乐欣赏有《多情的土地》《爱我中华》《青年友谊圆舞曲》《溜冰圆舞曲》《雷鸣电闪波尔卡》《万马奔腾》《伏尔加船夫曲》《哈腰挂》《天地人交响曲》《婚礼进行曲》《G大调弦乐小夜曲》《如歌的行板》《我心永恒》《盼望远方的客人》《非洲的灵感》《龙船调》《鳟鱼》《蓝色的探戈》等。

3. 八学年演唱的歌曲有《让世界充满爱》《翻身农奴把歌唱》《唱脸谱》《美丽的村庄》《踏雪寻梅》《给未来一片绿色》《阿西里西》《大海啊，故乡》《猎人合唱》《化蝶》《军民团结一家亲》等；欣赏音乐有《瀑布与溪流》《日出》《远方的客人请你留下来》《瑶族舞曲》《渔舟唱晚》《夜莺》《看天下劳苦人民都解放》《饮酒歌》《卡门序曲》《十八相送》《梁山伯与祝英台》《场景音乐》《西班牙舞曲》等。

根据学生的学龄特点，起到音乐的教育以及艺术引领功能，各学年都另外增添了一些作品，比如：（1）音乐的时尚引领作用，全校学生3月份开学配合3月5日的雷锋日，要学唱《接过雷锋的枪》，9月份开学要学唱赞美老师的歌曲《我爱米兰》等。（2）配合学校管理作用：六年级军训阶段，为了配合学校军训要求，鼓舞士气，新生要全体学唱五首歌曲《奔跑》《打靶归来》《精忠报国》《我相信》《风华校歌》。（3）我校高雅音乐欣赏特色，为补充拓展风华中学学生视野与积淀，六年级添加十首中国古典音乐作品，《北京喜讯到边寨》《春节序曲》《扬鞭催马运粮忙》《快乐的女战士》《山丹丹花开红艳艳》等；七年级学生加设十部经典外国音乐作品，华尔兹《蓝色多瑙河》、歌剧《卡门》、踢踏舞《大河之舞》、意大利文歌曲《我的太阳》、茶花女选段《祝酒歌》；

八学年则要紧跟时代的步伐,让同学们更多地感受新时代赋予我们的责任,比如《新的天地》《眺望你的路途》等。

音乐学科与其他学科的整合,体现在以下几大方面,比如:

《一二三四歌》与中国历史的结合;

《长江之歌》与地理的融合;

《眺望你的路途》与影视的融合;

《青春舞曲》与地区知识的融合;

《红河谷》与外国音乐的融合;

《沂蒙山小调》与中国民族文化的融合;

《新的天地》与新时代赋予我们的责任结合等等。

(二)活动资源开发

合唱团、舞蹈队、尤克里里队、晨奏队是我校音乐团体,为学生搭建多彩成才之路,培养学生专业知识,培养学生团队精神,提高学生对高雅艺术的鉴赏力与表现力,提升学生的艺术修养。通过校本课排练、五月动漫周演出、七月"七一"建党演出、九月艺术节、团体舞蹈队和合唱队比赛、艺术节单项比赛、十二月"一二·九"合唱比赛等丰富的校园文化活动,增强学校的艺术氛围。

(三)拓展多种学习资源

1. 班歌创作是在实践作曲中,带领学生学会创作旋律及歌词,学会写作方法,让学生能在创作中提升音乐素养,学会运用所学音乐基础知识,做到活学活用。

2. 艺术节节目编排,在艺术节节目排练过程中,通过老师的筹划及排练,让孩子们从单一的表演转化为团队合作表演,既增强了学生的合作能力,更提升了艺术表演水平。

3. 舞蹈队的构建,通过舞蹈队训练及演出和比赛,培养学生的节奏感和韵律感,在感受音乐的基础上,能够随着音乐的不同情绪,节奏以及节拍的变化,有表情地进行律动,模仿动作和即兴表演,寓教于舞蹈活动中,让每一位学生都在舞蹈活动中享受到美和欢乐。

4. 合唱队的训练,为了丰富校园文化生活,挖掘学生的音乐潜能,提高其音乐修养及自身素质,培养他们的集体观念。特在我校建立了校合唱队,使学生掌握科学的发声方法,会唱部分中外合唱歌曲。进一步展示我校的艺术风采和文化底蕴。通过严格的气息训练和不同的发声方法规范学生的声音,使学生的演唱水平和演唱技巧得到提高;练唱中外合唱曲目,提高学生的音乐修养和自身素质;合唱姿态、舞蹈造型的训练,提高学生的音乐审美能力、表现能力。展示我校的素质教育和精神风貌。

5.尤克里里队是我校于2018年成立的器乐团体,由各层次的学生组成,课程内容是根据学生实际情况编排,有对尤克里里的外观认识,基础音阶练习、练习曲以及乐曲的练习等等,不但提升了学生的乐器演奏水平,而且发展了学生的团队意识,增进了学生对音乐的喜好,进而进行表演。

6.晨奏队的成立,我校在校长的高瞻远瞩下,于2016年成立钢琴晨奏队,于2017年拓展演奏乐器,加设小提琴及二胡、笛子等多种乐器,2018年后又进行了晨奏队的规范及重组,目前晨奏队包括钢琴演奏及音色柔和乐器的演奏,每天清晨,演奏的同学及老师早早来到学校,给同学们带来优雅的音乐,为一天的学习生活注入了新鲜的活力。

三、音乐课程实施与评价

音乐课程实施按年级分为不同的层次与类别,目的在于激发不同层次学生对音乐的喜爱,当前学生的音乐素养差异较大,兴趣趋向各有不同,以丰富的、可选择的资源或形式调动学生参与,是实现有效音乐课堂的前提。在每一节课上、每一次活动中,使学生都能尝试找到属于自己的成长切入点,乐于参与、自信发展。

(一)课堂教学关注参与体验

1.情感是上好音乐欣赏课的关键

在音乐课堂上,多变化欣赏的音乐类型,可以满足不同学生的欣赏需求,使学生的音乐情感得到自由地发挥。还可以用各种方法、手段以及生动形象、富有情感的教学语言和学生一起进行音乐体验活动,创设一个富有感染力的音乐情境,引导激发学生入情入境。

在欣赏管弦乐曲《桑塔露琪亚》时,伴随着悠扬的旋律,引导学生展开丰富的想象力,把学生的情感带到如诗如画般的意境中,犹如眼前出现一幅美

让幸福通向未来
——哈尔滨市风华中学课程建设的实践研究
RANG XINGFU TONGXIANG WEILAI
HAERBINSHI FENGHUA ZHONGXUE KECHENG JIANSHE DE SHIJIAN YANJIU

丽的山水画,优美的旋律在不知不觉中,唤起他们对美丽大自然的热爱。又如,欣赏《父亲》这首歌曲,让学生先自己听一遍,然后给他们讲述这首歌曲创作的背景,再次欣赏的时候,几位女生眼中已经充满了泪花,播放第二遍时,我要求学生"用'情'和'心'仔细聆听",当歌曲唱到高潮部分时,几个学生已轻声哭泣起来……我评价道:"我们班多数同学很认真听懂了音乐要表达的情感……"音乐心理学家经过研究发现:任何一种音乐能力,都是在音乐感受能力基础上发展起来的。在这节课的感受环节中,学生通过歌曲的听赏加深了他们对音乐的情感体验及感悟。

再如:欣赏华尔兹《春之声圆舞曲》时,先播放五个各具特色的音乐主题,让学生自己分析、了解五个音乐主题所呈现的特点和所表现的情绪,这样做的目的是能培养学生自主学习的感知能力和听力,同时又能加深学生对这部作品的理解力和感悟力,体会音乐的美感,丰富情感体验。因此,在欣赏时尽可能激发学生听赏音乐的兴趣,鼓励他们"对所听音乐表达独立的感受与见解",并通过多种形式引导学生积极参与音乐体验,尽可能地为学生树立终生学习和享受音乐的目标奠定基础。

2.让学生大胆表现音乐

音乐欣赏是心理反应的过程。从喜欢听音乐到用心、用情去聆听音乐,再到理解、评价、分析,使学生的欣赏层次逐步提高。学生欣赏音乐有自己的欣赏出发点,有的喜欢欣赏作品的整体感受,有的喜欢欣赏演奏员高超的技巧,有的喜欢乐器和歌唱演员极富美感的音色,有的喜欢作品起伏变化的主旋律,在教学实践中,为了提高学生理解作品的能力,发展学生的形象思维和抽象思维,尽量多提问题,让学生思考,并且勇于表达自己的意见,让学生学会边听、边思考、边创作、边表演,这样一种欣赏音乐的学习方法。营造开放自由的课堂氛围,表现是实践性很强的音乐学习领域,是学习音乐的基础性内容,是培养学生音乐表现能力和审美能力的重要途径。在欣赏《雷鸣电闪波尔卡》时,我激发学生感受乐曲节拍的时候,首先带领大家边听边做指挥,渐渐学生们学会了指挥的本领;感受力度变化,听到镲的音色就做拍手动作,这样学生们在感受和听辨中学会了表演,也更敢于表演了。因此,为学生打造一个开放、自由的课堂,对激发学生学习音乐的兴趣、提高学生音乐感受能力是非常重要的。

— 178 —

3. 尊重个性差异,培养学生富有情感的创造力

让学生在音乐课堂轻松自如,没有负担,没有压力。让每一个学生都能在音乐课中找到自己的位置。以丰富的教学手段、方法,充分发挥学生的想象力与创造力为前提,为学生自主学习创造条件,以学生发展为本,重视学生的音乐实践过程,通过听—动—演—赏—创几个环节来提高学生的音乐实践能力,同时加强创新意识,培养创造力。通过多种手段,营造艺术氛围,激发学生的学习兴趣,促进学生的主动参与表现,体验愉悦的审美活动。在音乐课开设的"小小音乐会"中,让学生自导、自演、自唱,尽情表现。学生不仅自娱自乐,同学之间相互影响,学生的欣赏水平和品位也在不断地提高。情感投入得越多,兴趣就越浓厚。针对学生的性格、爱好等方面的差异,通过选取不同风格的音乐来表现自己,释放自己的艺术激情。

(二)打造特色音乐欣赏课

风华中学高雅音乐欣赏实施过程中,经历了统筹规划、作品的选定、问题难易程度的设置、所用课时以及考核评价方式等方面的不断更新和完善。在领导带领全体音乐组老师统筹规划了高雅音乐欣赏的种类及方向下,在具体实施的过程中,我组成员针对不同的问题,思考并不断完善具体内容:

1.作品的选定,根据学生的学龄特点,六年级选定中国音乐作品欣赏,七年级学生欣赏外国音乐作品,可是音乐作品包罗万象,教材中又有一定的涉猎,因此,如何选择又成了一大难题,最初我们根据多年教学经验,选择一些孩子们可能爱听的作品,尝试了一段时间,《北京喜讯到边寨》《春节序曲》《高山流水》《快乐的女战士》《山丹丹花开红艳艳》等这些作品中,普遍学生对《高山流水》不感兴趣,我们将其改为《紫竹调》,之后发现还是不喜欢,于是,我们将其改为著名的中国竹笛独奏作品《扬鞭催马运粮忙》,目前看很受欢迎,学生很喜欢,通过这一部作品对竹笛有了进一步了解。七年级欣赏作品,最初选定了华尔兹《蓝色多瑙河》、歌剧《卡门》、踢踏舞《大河之舞》、意大利文歌曲《我的太阳》、茶花女选段《祝酒歌》等,其中歌剧《卡门》虽经典,却需要我们把歌剧从头到尾看一遍,才能选出最适合孩子们的片段,这就需要大量的时间,我们只能用课下时间或自己的休息时间,用了近一个月的推

敲,才选定了《街头少年合唱》。

2. 课程问题的难易程度设定及考核方案,因为所学内容要有效提升学生的音乐素养,所以问题的设定显得尤为重要,结合考核方案,还要考虑全员都要学会,所以课程问题,主要围绕几大点设置:"听音乐说曲名""听辨乐器音色""说出所听音乐曲作者或作品背景""说出所听音乐的音乐体裁"等。

3. 所用课时的选择,经过大家的多次研讨,如果把音乐欣赏放到课前几分钟,不但作品欣赏完成不了,而且影响正常的音乐教学任务,所以把音乐欣赏一个作品作为一课时进行教学,这样欣赏内容层层递进,有梯度,每学期需要五课时正课和两课时复习课以及一课时考核课,这样不但补充了音乐教学内容,还将音乐欣赏高效率地完成了。

4. 2018年,风华中学高雅音乐欣赏的推进,可以说达到了一个小高潮,在音乐教师的引导及帮助下,学生由原来的孤落寡闻到一学期以来有大量的学生喜爱欣赏高雅音乐了,有的到音乐厅欣赏流行乐队的表演,有的到音乐厅欣赏古典的音乐作品,有的欣赏舞台剧,有的欣赏声乐表演,还有的参加音乐厅表演等等,相信学生的音乐素养将稳步提升!

(三)关注音乐创编活动

音乐的创编活动是学生对所学知识的理解和广度到达一定高度,经过老师的指点和提升而达成的有意义的教学活动。创编活动能够促进学生直觉思维和发散思维的发展,同时使学生在创造的过程中感受到前所未有的快乐。

1. 日常教学中的音乐创编活动。日常教学中,多数音乐作品是可以引导学生从音乐的多个角度进行二度创作的,充分尊重学生的课堂主体地位,教师以引导者和帮助者的身份开展音乐教学。让学生能够在自由、轻松、愉悦的学习环境发挥自身的创造能力,创编出更多有趣、优秀的音乐作品。

例如,在进行中学音乐曲目《劳动号子》的教学时,教师就可以将学生分成几个表演小组,互相配合模仿劳动者的动作与神态,根据自己的理解配合老师进行动作合作的创编,并且在动作表演的同时感染其他同学,活跃音乐课堂氛围,为学生进行劳动号子的创作打下坚实的基础。

另外,鼓励学生表达情感,提高学生创作素质。音乐学习区别于其他学科,是需要学生产生情感共鸣与情感体验的,学生只有在充分调动自己情绪的基础上,才能够对音乐有所感悟、有所体验,才能够准确的理解音乐想要表达的内涵,这与学生创造能力的培养也是分不开的。

采取多种创编方法教学,提升创编活动效率。音乐课堂中的创编活动包含着多种构成要素,需要学生将歌词文字、旋律节奏、肢体动作、舞蹈、配乐等方面的知识进行充分结合,全方位地感受并体现美感。中学音乐教师在鼓励学生完成创编工作时,要注重从学生的实际出发,综合运用多种创编方式方法展开课堂创编活动。如创编配乐、配合肢体语言、改编表演、指挥表达、配乐朗诵等方式,都能够帮助学生通过自己喜爱的方式,表达自己对于音乐作品的理解,教师要给予学生高度的创编自由,无论是通过绘画传达音乐意境还是配乐朗读表达音乐情感,都应当鼓励,允许学生以多样化的方式展示自己的创造力和创编作品。

及时评价创编活动,增强学生学习信心。教师应当及时评价学生的创编活动并给出反馈,从而巩固创编成果,对于学生的创编成果,教师要及时肯定和鼓励,使学生感受到教师的认可和创编活动的乐趣,增强学生学习音乐、创造音乐的信心。

2.班歌的创编,初中生还不能独立完成完整音乐作品的创编,但是我们可以引导部分学生参与班歌的改编,近几年,我校的班歌创作是这样做的,首先,9月份新生入学,音乐教师就要用自己的休息时间,到各班进行采风,尽快创作出各个班级的班歌初稿,因为时间紧任务急,所以,在班级教唱之前,有的班级可以直接教唱,有的班级可以由学生对作品加以改编。

3.艺术节作品的创编,为了校园艺术节节目的水准,艺术节节目的表演者是经过层层筛选的,但是艺术节节目的编排是由老师统筹规划并组织排练的,这也属于课外延展的学习活动,在老师带领排练过程中,引导学生对演奏、舞蹈及演唱细节进行调整和二度创作,学生们不但体会到了艺术的团体美,更提升了自身的演奏水平。

四、音乐课例

课　题	《银杯》		班级	六年级	授课时间	40分钟
授课教师					课　型	歌唱课
一次备课	教材分析	本册教材是人民教育出版社出版的教材，内容丰富、生动活泼、图文并茂，涉及声乐、乐理、器乐演奏、乐曲欣赏等内容，分为六个单元，既相互联系又互相独立。					
	学情分析	学生经过一个学期的初中音乐学习，增进了对音乐的学习兴趣，对于音乐感受和评价欣赏的能力，有了一定的提高，大部分同学能都自信、有感情地演唱。					
	教学目标	1.学习和了解蒙古族音乐文化及独特的艺术特点。 2.能用柔和自然的声音演唱歌曲并能进行二度创作。 3.感受体验蒙古族长调、短调的艺术特点，初步掌握演唱方法及知识。 4.初步尝试使用IPAD模拟乐器软件，进行综合艺术表演。					
	教学资源	音频、视频、IPAD（文字资料及应用软件）、电子琴					
发布任务	自主学习目标	1.学习蒙古族舞蹈的压腕及硬肩。 2.自主学唱《银杯》的主要旋律并进行学唱。 3.通过自学，提升自身听辨乐器音色的能力。 4.能分辨歌曲的不同演唱形式。 5.预习蒙古族相关音乐文化及风土人情。 6.自主练习IPAD《随身乐队》软件。					
	自主学习任务	1.学会压腕硬肩的基本舞蹈动作，通过舞蹈动作感受蒙古族舞蹈特点。 2.初步唱准《银杯》音高和节奏。 3.能听辨出马头琴圆润、低回婉转的音色。 4.课前学生能了解齐唱、带领唱的合唱、二重唱、独唱等演唱形式。 5.通过观看有关蒙古族风土人情视频，归纳出蒙古族音乐的风格特点。 6.下载IPAD《随身乐队》软件。					

续表

获取学情	学生问题归纳	1. 所有学生需要录制演唱《银杯》视频或音频,反馈到平台。 2. 发布"蒙古文化知多少"调查小问卷。				
	课堂教学目标	根据学生问题对以下教学目标进行调整 1. 学习和了解蒙古族音乐文化及独特的艺术特点。 2. 能用柔和自然的声音演唱歌曲并能进行二度创作。 3. 感受体验蒙古族长调、短调的艺术特点,初步掌握演唱方法及知识。 4. 初步尝试使用IPAD模拟乐器软件,进行综合艺术表演。				
二次备课	课堂教学设计(增、删、改、减一次备课预设课件)	教学内容	教学环节	教学活动	设计意图	教学时间
		内容1	展示交流	积极鼓励学生们演唱蒙古族歌曲、学会蒙古族简单的舞蹈动作	解决学生个性的问题,了解民族音乐的基本特征	10分钟
		内容2	合作释疑	小组合作展示综合表演成果	突出个性,调动学生积极性	10分钟

一、导入

1. 师:先给大家拜个年,今天,老师给大家带来一段视频,我们一起来回顾一下,视频中跳的舞蹈是哪个民族的?哪个动作让你们印象最深刻呢?

生:(一起说)蒙古族舞蹈!

师:看来大家课前预习做得很充分!

2. 他们跳的是蒙古族的舞蹈,哪个动作让你印象最深刻?

生:压腕、硬肩。

师:对,他手上的动作很多,蒙古族是一个能歌善舞的民族,蒙古族这些独特的舞蹈动作,都是源于生活而高于生活的,比如压腕动作就是在生活中挤羊奶的过程中提炼出来的,压腕动作怎么做?我们来试一下吧,1、2、1、2,能稳定住吗?(找一名同学教大家做动作)

师:这一动作多数同学做得比较标准了,我们尝试在不同方位做压腕动作,比如上下左右,大家把握好节奏啊,我要唱歌了。(师唱生感受并体验歌曲),感谢这位学生,请回。

续表

师:大家节奏感很强,跳得好整齐,你们有没有发现刚才在跳舞的时候,我唱了一首歌,歌曲的名字叫什么?生:《银杯》。师:相信大家都听过这首歌了。

二、新课

1.师:我们听过了这首歌曲,那么我们完整欣赏这首歌的时候,想一想歌曲的速度是怎样的,歌曲表达什么内容?

生:中速。

生:歌曲表达蒙古族人热情好客,招待客人的情景。

2.蒙古民歌

师:对,正是表达招待客人、欢聚一堂的场景,看来你是很认真地在听歌曲,作品主要是在叙事。

师:速度较快,节奏整齐,结构紧凑的蒙古音乐就是蒙古族的短调,那速度较慢气息悠长的你们说是蒙古族的什么调?

生:长调。

师:有一首歌曲,大家都很熟悉,你们想听我唱吗?我给大家唱一下(师唱《鸿雁》)。

师:谢谢大家的掌声鼓励,这是一首长调歌曲,所以蒙古族的长调与短调并称为蒙古族的民歌。好听吧,那今天我们就来一起唱一唱这首短调歌曲《银杯》。

三、

1.课前已经预习了,我们唱一遍吧

生:

师:看来大家有一定的预习,不过我们需要唱得更准确一些。

2.演唱乐谱

师:已经基本唱下来了,你看一下歌曲的乐谱,哪个音比较有特点?

生:

师:这个音我们把它称为倚音,它是装饰音的一种,你们看那个１６,哪个是主音?1是来装饰6的,演唱时要快速地演唱到主音上,咱们来唱一下。这里出现了一个标记,叫什么?

师:叫下滑音,演唱时就像是叹气一样,下滑下来,咱们来唱一下。

师:这里是这首歌曲的一个难点,这种节奏型我们把它称为是切分节奏,共出现了两次,所以演唱时要把节奏唱得准确,现在咱们再来完整演唱吧,注意出现装饰音切分音的地方,音高要唱得准确,节奏要唱准。

3.完整演唱乐谱

4.填词演唱

师:你们来看一下这首歌曲哪句话比较有特点,出现了几次,这句话不仅有着切分节奏,还出现了一字多音,我们来唱一下吧。

续表

5.完整演唱
全曲演唱
完整齐唱
师:老师这有歌曲的伴奏,你们能跟上吗?咱们来试一下?
6.课前预习的时候,我们学习了多种演唱形式,检测一下大家学习的效果怎么样?(做题)
7.看来预习得不错,那大家会运用吗?我们分小组选择一种演唱形式来表现这首歌曲
8.表演可运用手中的IPAD《随身乐队》软件"鼓机"尝试创编
四、蒙古族音乐文化
1.师:你们有去过内蒙古的,你们对蒙古的直观印象是什么样的?
师:看来你的观察力很强啊,(而且音乐感知力很强),那你知道蒙古最具特色的乐器是什么吗?
师:对,大家都知道,你知识面很广啊马头琴正是因为在琴顶雕有马头,所以才被称为是马头琴。
2.蒙古还有一个特殊的唱法?有知道的吗?
师:对,就是呼麦,呼麦是一人演唱两个声部,高声部和低声部,所以呼麦也被称作是双声部唱法。现在我们就来感受一下。
3.师:我们已经了解了蒙古的音乐,那你们知道蒙古族的敬酒礼仪和汉族有什么不同呢?
师:蒙古族在敬酒时用无名指点一下酒敬天,敬地,再点一下抹额头以示敬祖宗,我今天就作为一位蒙古族的主人,你们就是我的客人,蒙古族分为多个部落,你们分别是四个部落。
五、合作表演
今天学习的《银杯》就是一首敬酒歌,是用于招待客人敬酒时演唱的,所以我们在敬酒时要边唱边跳,让我们载歌载舞!第一段,你们唱我跳舞,第二段你们唱,我来伴舞,(第二段没唱完的时候)现在我们边唱边来敬酒。
师:大家真的是太热情了,你们唱歌曲代入感真的太强了,感谢大家的配合,同学们下课!

第十一节 美术课程的资源构建与实施

美术课程的特色,定位于动手创作、陶冶性情。参与是最大的兴趣,美术课程同属艺术类课程,负责学生审美能力的培养,构建多维的美术课程体系,不仅使学生学会基本的美术知识和技法,还能在美术作品的赏析过程中,透过作品,看到"美"的所在,激发学生向往美和创造美。传统的美术课程,往往以绘画基础为主,伴随简单的技法指导,在如今学习多元的时代,信息的广博与快捷,家长对学生艺术修养的重视与培育,都使得美术课程的校本化实施更加需要创造性的开发资源,同时科学有效实施,让艺术与科学相通相融,互相助力。

一、美术课程资源内容

美术课程资源的创建,主要依据教材的核心指向,重组或拓展有地域特色和学校文化特色的学习资源,加大美术教师的创作力度,在示范的同时也更多地思考学生的参与体验感受。美术课程资源创建在很大程度上来源于教师的特长爱好,而教师的行为也对学生产生直接影响,直接影响学生的审美取向和爱好专长。

(一)对教材内容的资源重组与加工

初中美术教学主要特点是面向全体学生,关注每位学生的个性与特长。美术组为了补充国家基础课程中的不足,根据不同年级的学生特点,开发重组了面向全体学生的特色教程,努力培养学生的绘画语言的应用;加强学生对身边材料的应用和废旧材料的再利用;对中国传统艺术、非物质文化遗产了解和创作等。让学生以个体或集体的方式参与美术活动,激发创新思维,了解美术语言及其表达方式和方法;让学生运用各种工具、媒材进行创作,表达学生的情绪情感提高学生的审美能力。

具体做法如下:

六年级

1. 在课前,开设课前五分钟,针对学生线条、造型能力的培养,进行肖像画速写。

2. 引入经典国产动画片如:《大闹天宫》《小蝌蚪找妈妈》,培养学生热爱中国特色的动画卡通片,并分析其美术特点。

3. 初步认识《剪纸艺术》,让学生认识世界非物质文化遗产——剪纸的历史、技法和艺术特色。

七年级

1.《剪纸艺术》,让学生认识世界非物质文化遗产——剪纸的历史、技法和艺术特色。

《团花纹样》,学生掌握2~3种团花的剪纸方法,体会团花的独特魅力。

《抓髻娃娃》，了解抓髻娃娃的由来及其特点，并创作一幅属于自己的抓髻娃娃作品。

2.《多色版画》延续《单色版画》的兴趣，让学生把色彩、肌理和空间的美术语言的表达融合到一起表达自己的情绪，装点生活。

八年级

1.《剪纸艺术》优秀作品临摹与创作，主要以团花为主。

2. 引入经典国产动画片如：《大闹天宫》赏析，体味经典的中国民族风，引导学生关注剧情的同时，更应该关注的是它的创作手法，从而帮助学生学会赏析经典，培养学生的爱国主义情怀。

补充这样的课程后，学生对美术课的热情更高了，每一节美术课激情引趣，趣中施教，教中有乐，乐中起智，达到了我们预期的效果。学生对民族文化、对造型语言、对多种材料的运用、对优秀作品的评述都提高了一个层次，达到了美育的目的，使我们学校的美术课堂高效、有趣伴随学生整个初中生活。

(二)专题鉴赏资源

美术是一种视觉艺术，要想提高学生的审美修养，美术欣赏课的开展非常重要，我们选取了一些优秀的中外经典作品和同学们一起来品味，像古代人物画《韩熙载夜宴图》，《最后的晚餐》《格尔尼卡》等。七年级开始对专业知识渴望，我们设置了一个完整的课程体系，人物题材欣赏首尾呼应，中西文化对比了解肖像画，引导学生学习造型比例线条色彩技能技巧等美术语言的运用，及面对面的模特写生，画自己熟悉的模特，既锻炼了自信心又学会了观察方法。

在美术作品欣赏过程中，我们要有意识地培养学生多角度的欣赏方法并总结了一些经验，如下：

1. 从作品美术语言的角度

侧重于观察和分析作品色彩、线条、构图、明暗、肌理等，弄清作者是怎样表达思想感情，懂得作者所使用的色彩和线条等美术语言不是随意的，而是和作品的主题有着密切联系。

2. 从历史研究的角度

《当卢浮宫遇到紫金城》教学范本的教学视频，从中我们学到了很多知识。中西方同时期的作品对比,了解每个时代同时期的代表画家和历史背景,了解他的人文思想。力求使学生对作者的生平有一个较为全面的了解。在此基础上,对作品进行分析,使学生了解作者为什么创作该作品?什么时候创作的?作品表达了他们的什么思想感情?作品在作者的创作生涯中,占有什么样的地位?

3. 从美术史的角度

从某一画派,某一艺术运动出发,看它们的演变、兴衰。欣赏美术作品时,可以着眼于作品在某一画派中的地位,在美术史上的贡献。例如莫奈《日出·印象》作品因印象画派而得名,所以在美术史上占有特殊地位。

4. 从文化的角度

将不同历史时期,不同国家的美术作品中同一类的题材,放在一起欣赏,用文化比较的方法,使学生看清不同文化背景中的艺术作品具有不同面貌。这样,他们会反过来对传统文化有进一步了解。

(三) 个性化资源

为了培养孩子对美术的感知和创新,要首先从自己所教的学生开始培养。每一堂课都要唤起学生对于美术的兴趣。让他们从内心深处热爱这门艺术学科,让他们发自肺腑地去创作自己的作品,体会创造力带给自己的愉悦感。

美术组的每位成员都在培养自己的特长,发挥个性优势,打造属于自己的特色课堂。现以郑伊涵老师的优势与大家分享资源的优化。

郑老师利用自己的水彩专业特色开设了魅力水彩校本课程。水彩内容因为其难度性高,在平时常规课程 40 分钟内很难能达到课程预设效果;但是在校本课程上却能够被很好地表现和提升。郑老师根据自己初学水彩时的经验总结了水彩学习中的一些困难和问题,一方面是材料的问题,另一方面是技法的问题。所以在课程的第一阶段先让学生了解水彩画的起源和用具,学生们之前对于水彩画的了解是模糊不清的,也经常与水粉、国画和丙烯画混淆。在以前的课程中,学生们经常买错材料,国画颜料,丙烯颜料等等,殊不知这几种材料与水彩材料的差异性巨大。尽管有的学生买对了颜料,但是对于颜料的品质不了解,后续会影响作画的效果。工欲善其事必先利其器,所以根据经验,郑老师给孩子介绍了几种不同材质的水彩颜料,孩子们可以根据自身情况自己选择。在纸张方面也是同样的问题,分不清水粉纸与水彩纸的区别。因为水彩颜料它的透明和水性特色,所以表现在胶纸和棉纸上的水痕效果也相差甚远。纸张和颜料作为水彩画的必备品一定要有所甄别和筛选。第二阶段要先建立起孩子对于水彩画的信心,水彩相比于其他水粉,油画等画种具有不可逆转的特点,也就是说另外两种画如果画错了可以覆盖更改看不出痕迹。可是水彩画因为其透明的特点几乎不具备覆盖能力,所以很难更改。而唯一洗画的方法对于初中阶段的孩子来说又难以掌控,所以郑老师用"将错就错"的随形创意方法让孩子们建立信心,培养其创新能力。在练习阶段,郑老师更是利用多媒体资源录制微课为学生们详细示范了湿画法与干画法的区别;而这一方法也解决了课程演示学生们不能集体观看的难题。随着学生们绘画技法不断提高,课程也由浅入深地递进,从花卉,食物,静物,昆虫,动物到风景等不断增加难度,循序渐进;在不知不觉中提高孩子们的技法和表现能力。而且在素材的选择方面,郑老师也是将本身擅长的插画类表现手法带入到课堂中,符合学生年龄特点,孩子们内心接受程度高,创作欲望强烈。对于能力较强的孩子给予一些自由创作的空间,对于基础薄弱的孩子给予简单的素材并重点示范指导。潜移默化的分层式教学,针对不同学生的个性和能力特点设定符合他们的难度内容,让每一个学生都能充分参与课程,有所进步。第三阶段,阶段性在课堂举办"水彩画作品展"。在展览的过程中让学生懂得珍惜自己的作品,欣赏自己的作品的同时发现其他人的闪光点。艺术绝不是闭门造车式创作,而是要打开心扉和眼睛,多看多想多学习。在小型的作品展中懂得用更多的视角去赏析自己和别人的作品,发现优点与不足,总结经验。郑老师也在点评的过程中给予学生真诚的夸赞与鼓励,为学生们建立信心与信念,也经常和孩子们分享自己的艺术成长之路的经验和思考,永远不要把技法当成是追求路上第一重要的,技法永远是为想法服务的。但是想要艺术之路长久并不能靠一时的灵感,所谓江郎才尽,不是才尽,而是学问尽了,所以永远要保持一颗谦卑的心去学习,学习永无止境。

郑老师针对未来水彩校本课程资源建设方面的想法主要有两点。第一点建立带有美术特色的材料包。比如说准备一个格子柜,每一个格子中放不同的材料分门别类,既方便了使用,也体现了美术教室的设计特色。第二点整合课程的资源和学生作品,将优秀作品进行装裱,装饰教室与校园,还可以将作品挂在食堂里,为孩子们打造艺术的氛围,给予学生和老师视觉和心灵上的愉悦感。

二、美术课程实施与评价

参与体验并获得创作的成功感,这是学生学习美术课程所希望达到的,艺术的评价没有固化的标准,创作本身就是思维的创造性体现,美术课程实施过程中应以调动学生的主动参与为出发点,提供学生学习创作的时间和空间,创设宽松的环境,并给予展示的平台,使学生获得充分的学习体验,提升对艺术的理解与热爱。

(一)创作体验式课堂教学策略

1. 课堂作业的展览,让学生在"看"中参与

绘画是由线条、色彩、形体等外在形式构成的可视图像,学生可以直接感受。在课前,拿一些上一届或活动小组的作品当范画,特别是同龄人的优秀作品作为榜样,请同学用分析、讲解、评价的方式和作品对话,一定程度上,同学更容易接受,对此比较感兴趣,看得也会仔细,学得也会认真。教师若在此基础上介绍一下作品构图、色彩等方面的专业知识,学生掌握会更快,更全面,学生也会主动参与到学习中来,对于创作素材的积累也有很大的益处。

2. 换位思考,你的课程我来"教"

心理研究成果早已提示:民主、平等的课堂氛围中,学生情绪积极,思维敏捷,想象丰富,能主动、积极地参与学习。在这里为了营造平等的课堂氛围,我鼓励学生走上讲台,开展课前五分钟,小组合作查找资料,自由设计讲解方法,从而使学生参与到"教学"中来。这种方法很有效,每位同学都不希望输给别人,都争着寻求最佳方式方法,备课认真,学得也开心,真正体现自主参与。

3. 学生学会评价,让他们在"说"中参与

大部分美术教师在作业讲评中多采用教师讲评法,但是这种方法受教师个人的年龄、性别、知识水平及爱好等的影响,往往会挫伤学生的积极性,遏止学生的思维与个性的发展。因此,让学生参与评价更是必要的,师生互评、学生的自我评价和他人评价形式正好弥补了这些不足。把个人的审美

标准和作画认知表现出来,教师进行适当的点拨;对自己的画作客观、公正的评价,发现了哪些优缺点,想如何改正;对别人作品我有什么建议等多种评价,让同学们的思维更开阔,使美术课堂更生动更活跃。

(二)主题式创作体验

《环保服装秀》主题式创作,从题目上不难看出这是两个活动,其一是服装设计加制作,其二是服装走秀,七年12个班级的零经验的孩子们共同参与,实施的过程中困难重重,方案敲定后,一切过程都在推敲和探索中进行着,活动教室每天"一片狼藉",各种问题层出不穷,从每个班级课上设计、选拔样稿、小组合作搜集衣服材料装饰、选拔模特、量身制作、或缝制或粘贴,服装作品完成40多套,再加上模特走台排练、走台反复练习、带妆彩排、主题介绍串场、走秀音乐选择与截取,最后T台秀,完美收官,20多天完成一项大学本科课程,将STEM课程的核心特征体现得淋漓尽致——跨学科、艺术性、体验性、情境性、协作性、设计性。在活动中,张扬了孩子们的个性,在实践中既增强了老师的组织领导的能力又提高了孩子们的团队合作意识与创新能力。

环保时装秀解说词

在我心中,有一个梦,梦想有一天纸屑不再飘扬,塑料不再飞舞;天会更蓝,水会更清,树会更绿。今天我们自主设计,大胆构思,用灵巧的双手,将废旧的物品变成了美丽的衣裳。此刻,就让我们一齐擦亮眼球,欣赏一场精彩的时装盛宴!

1. 首先上演的主题是——纱影魅力

薄薄的轻纱做成的礼服,犹如春风拂面,在秋日里畅想夏的赞歌,高贵典雅,朵朵纸花镶嵌,精巧别致,绸带、羽毛、彩钻的装饰,如天使般纷纷飘落,我们会把这份独特的美丽永久珍藏!

2. 此刻,上演的主题是旧衣改造——嘻哈风

我们爱蓝天、爱自然、爱生活,这个系列的灵感来源于原始部落的草裙,材料收集于生活旧衣,当优雅与野性相遇时,碰撞出这亮丽的火花,时尚又帅气,充满着青春的活力!

3. 此刻,上演的主题是——环保纸艺

来自于生活的原材料——报纸和皱纹纸,畅想自然章节,回归朴实本

质。复古的报纸绽开 A 字形的裙摆，一层层素色的报纸，或卷曲、或折叠、或粘贴……泛着优雅、安谧又和谐；灰白、彩色的皱纹纸翘起的花边美丽大方，洋溢着青春的活力与自信！

4. 此刻，上演的主题是——环保塑料袋

紫色、黑色垃圾袋叠加、压皱，具有很强的层次感，搭配疏密有致的撞色花朵，和谐优美，波动精致，把人带入神秘意境！

5. 此次，上演的主题是——英雄联盟

瓦楞纸、废旧光盘、黑塑料袋的组织与穿插，塑造了孩子们心目中的英雄战衣，实现了孩子们的英雄梦。

梦想的国度不再遥远，快乐似天堂！我们热情奔放，我们朝气蓬勃，我们一齐演绎生命的孕育与传承，我们共同缔造大自然最美的风景！让我们携起手来，保护环境，保护地球！

(三) 选择多元学习途径

风华园里的美术课程丰富又多彩，因为美术组这个团队每天都在思考如何让孩子们幸福快乐的学习。不断地研发新的课程和学生们共同分享快乐，从室内走到室外，从班级到专业教室，到处都有孩子们幸福的身影。

五月的风华校园春暖花开，这一刻带着同学们走到室外，可以尽情地享受泥土的气息，欣赏精心打扮的一花一草一木、房屋建筑、文化长廊等校园美景，尽享阳光中屋檐下的阴凉，借助自然的力量，开展了室外写生课，用画笔洗涤浮躁的心灵。在课程的实施中选择了三种途径完善课程。

(1) 观察比较。中学生已经能自觉地、自主地观察事物、分析异同。学生在绘画中观察比较自然和具体对象后，思维就有素材，接着以自身体验进行绘画就水到渠成。

(2) 临创结合，加强技法训练。绘画课对技法的要求很高，这是学生正确描绘对象，进行创作的基础。技法训练包含的内容较多，如：水彩的构图、造型、上色；中国画的笔墨、布局；素描的透视、线条……因此，技法训练既要扣紧每节课的重点，又要胸有全局，点面结合；既要着眼于全班同学，又要照顾个别成绩突出或能力较弱的同学，因材施教；既要表扬鼓励，又要具体辅导，帮助同学们解决技术上的困难。在《校园风景写生》一课中，学生在教师的直观演示下，了解花草树木的用笔走势，落笔方法，透视结构等，在优秀作品的欣赏中打开写生的思路,拓展风景速写的基本技法,引导学生,眼睛就是绘画的标尺,笔就是指点画面的魔棒,心就是你的灵感,不要用格尺去画呆板的毫无生气的线条。

(3)课后作品评价与展览。让学生获得成就感的同时给出专业的指导意见,或作品批改,为知识的延续打下坚实的基础。同时在学习过程中,通过一定努力完成的作品,学生的内心充满成就感。

教学是教和学活动的统一体。因此在教学中,把学法指导与轻松的学习方式有机结合起来,使学生发自内心愿意去参与学习,才能达到真正的创作目的。

如果你爱生活,校园中处处都是你施展的舞台。组织素描精英进行通气管道彩绘,画得好不好其实都不重要,但是参与美化校园环境这段幸福的记忆,过程中的小组中的团结合作,组与组之间的协作,同学们的欣赏与鼓励,以及完成后的那份自豪感一定能永远留存。通过彩绘刺激了他们的表现行为,在实践中不断创新并摸索解决问题的方法,找图片修改,找同学帮忙,画坏了找老师商量如何修正,参与的人既从中得到快乐和成功的满足又学会了解决问题的方法,每个人都在用美的积极的方式传递着校园文化。

三、美术课例

课程选自江苏凤凰少年儿童出版社,六年级上册,第一课《我种的植物》

课　题	我种的植物	教师	郑伊涵	上课时间	2018.08.17
教学目标	知识与技能	认识植物,蔬菜,了解其生长规律。初步了解植物的生长过程。根据个人经验,尝试用不同的构图方法描绘自己与植物播种、培育、收获过程中的某一个瞬间。单幅形式表现植物的形态以及自己的情感。			
	过程与方法	运用观察,记忆等方法,结合游戏。采用语言描述,绘画多种手段探索生命生长的过程,感受劳作的快乐。			
	情感态度价值观	激发学生热爱自然,热爱植物,体会劳动创造幸福的美丽。感激父母对于自己成长的付出与爱,实现德育与美的综合教育。			

续表

教学重点	培养学生热爱生活,热爱植物。用绘画形式进行劳动场景的艺术创作。表现"我"与植物之间的情感故事。				
教学难点	植物生长不同阶段的形态特征,"我"与植物互动场景的描绘。				
教学媒体	多媒体	课型	造型·表现	课时	1课时
教学设计					
教学环节	教师活动		学生活动	设计意图	
一、导入	游戏导入: 第一个问题:猜一猜神秘的黑色塑料袋里有什么东西?请同学互动。闭眼睛摸一摸,猜一猜。结论:袋子里装的都是蔬菜,蔬菜也是植物。这些植物是怎么来到这个世界的?带着这样的问题我们开始今天的学习,引出课题。		学生参与游戏互动。	通过小游戏的形式激发学生的兴趣,集中学生的注意力。	
二、新课讲授	一、小游戏:猜一猜图片中都是什么植物的种子?(黄瓜种子、南瓜种子、番茄种子) 第一个问题:同学们都见过很多植物的种子,那有谁种过植物并和大家分享一下种植经历? 总结:大家都种过很多的植物或蔬菜,但是对植物的生长过程真的了解吗?有科学家曾说,表面上看似平静的植物,体内却充满了神奇的运动,这个神奇的过程中就是植物生长的过程。		学生分享自己的种植经历并描述过程。	通过提问的方式让学生回忆自己是怎么种植物的,引出下一个知识点。	
	二、图片示例植物从种子到结果的过程。了解植物的大概生长流程。同学们多数时间都在城市中度过,很少有机会去农村,没有天天去农田里耕作的经历。接下来我们观看一个视频(农民耕种的过程)并思考两个问题,第一个问题:植物的生长分为哪几个阶段?第二个问题:在这几个阶段中你最喜欢哪个过程或者哪一个瞬间? 总结:植物的生长可以概括为播种、培育、收获三个大过程。同学们喜欢的这些过程和某些艺术家们是有共鸣的。		学生通过观看视频回答问题并说出自己喜欢的阶段。	让学生更详细的了解植物生长的过程,并在此过程中找到自己感兴趣的环节。	

续表

教学环节	教师活动	学生活动	设计意图
	三、分别展示中西方画家创作的有关于劳动中的场景图片。 作品一《播种者》作者米勒。单人场景创作，描绘的是播种的瞬间。 作品二《播种者》作者凡·高。同样的场景表现方式不一样。 作品三《拾麦穗的女人》。多人劳动场景的创作。 作品四《耕作图》中国元代画家系列组图。体现中西方劳动方式的不同，并学习中国古代人们用劳动智慧解决问题的优良品质。	观察每一个作品中人物在做的事情，表现手法和风格。	通过对艺术大师画作的欣赏和学习为自己的创作寻找灵感和方式。
三、学生创作 四、作品展评 五、拓展	四、我们刚才看到的是有人物，有植物，有场景的创作。也可以记录植物本身，可以是植物生长过程中某一个阶段的特写。例如黄瓜的生长过程（图片展示）第一个问题：黄瓜的叶子什么形状。总结：类似于心形。南瓜的生长过程（图片展示）第二个问题：南瓜的叶子什么形状？总结：类似于缺一角的心形。西红柿的生长过程（图片展示）第三个问题：西红柿的叶子什么形状？总结：锯齿形，一个茎上多个叶子。 五、教师以"收获"植物这一特写为例做演示。 1. 内容场景的选定 2. 构图，大小，位置 3. 运用恰当的美术语言（前后遮挡，绘画剪贴，夸张手法等） 请学生自评，互评 虽然这节课学习了植物的生长过程相关知识。但是植物的生长过程和我们的成长过程是不是有类似的地方呢？只不过在我们成长过程中，培育者不是农民是我们的父母。	让学生通过观察总结不同的植物生长过程中叶子的变化。请学生上来互动，挑选不同植物搭配不同的叶子组合创作。选择自己要表现的过程与故事进行构思创作。给予自己或其他同学认真的评价。认真思考植物的成长过程和我们人的成长过程中的相同与不同之处。	培养学生仔细观察生活的能力，了解植物叶子的真实形态，为创作做铺垫。考查学生之前讲过的知识有没有理解和记忆，让学生加深植物各种细节的印象。 给学生足够的时间和空间展示自我，表达自己的创作想法，展示自我，抒发艺术情感。 通过对知识的学习延伸到德育教育上，理解父母的不易与辛劳。让学生学会感恩父母，热爱生活。

第十二节 体育课程的资源构建与实施

体育课程的特色定位于,强素质、增技能。提高身体素质,增强锻炼身体、强健体魄的意识,是学校体育课程的基本任务,也是体育课程校本化实施的重点。强素质,即按照不同年级设定不同的素质达标标准,并以此标准制定相应的素质训练课程,增技能是指每名学生在保证基本身体素质达标的情况下要掌握相应的体育技能,能够参与到体育活动中,在这一过程中,增加自选课程项目及集体活动项目,增强身体素质的同时,增强心理素质以及形成健康心态。

一、体育课程资源内容

为了适应学生的发展,并兼顾学校所处的地域特点、学校环境条件等,需要对国家课程进行重组和加工,构建基础体育、基本技能、特长发展、团队活动的课程模式,为各学年学生设定不同且螺旋式上升的课程内容,在此过程中,充分发挥教师的个性专长,形成特色、个性、多元的课程资源,为学生的全面发展奠定基础。

(一)各学年课程资源设定

周校长在体育组工作会上提出让每个学年的孩子掌握 2~3 项体育的基本技能,注重学生的身体素质和运动技能,结合我校的实际情况,现对六七八九学年的教学进度进行了调整,新的设想注重了学生的身体素质和基本技能,具体内容如下:50 米、耐久跑(800 米、1 000 米)、立定跳远、跳绳、素质练习(力量柔韧协调速度灵敏耐力)、球类(篮球、足球、排球)、队列、广播操、韵律操、体质健康测试、毕业班的体育加试内容。根据季节特点和我校的实际情况,要把这些项目安排到每个学年不同时段,总体形成四个阶段的递进式教学,课堂中只进行一个项目,素质练习(根据项目的不同安排 2~3 组)贯穿到每一堂课,现将各学年教学进度整理如下:

六年级:队列、耐久跑、体质健康测试、50 米、韵律操、广播操、立定跳远、跳绳、素质练习。

七年级:队列、耐久跑、体质健康测试、50 米、球类、立定跳远、跳绳、素质练习。

八年级：队列、耐久跑、体质健康测试、50米、球类、立定跳远、跳绳、素质练习。

九年级：队列、篮球、足球、中考项目。

（二）特色资源整合与开发

根据我们教师的特点，以及各学年的注重点的不同，现将各学年的特色罗列如下：

六年级：队列、广播操、韵律操。

七年级：田径。

八学年：球类。

九学年：中考项目。

以六学年为例：刚刚升入初中，对中学的生活还不是很了解，就需要一个行为习惯的养成过程。开学初我们进行了半个月的军训，效果十分显著，这就要求我们在平时的课堂中继续对学生的队列进行巩固加以练习，促使学生行为习惯的养成，所以六学年一定要把队列练习作为一个重点的内容强化。另外，上半学期进行韵律操的教学，要求下半学期把广播操作为教学的重点，使学生能够正常地参加大课间，尽快地融入初中生活。

（三）团队体育活动创编

我想重点谈一下风华中学最具特色的大课间，它分冬季和夏季。首先夏季，我们进行的是广播操、韵律操、蛇形走、分列式正步进楼。冬季是绕操场跑，要求四路纵队、步伐一致，然后分列式进楼。

（四）特长培养资源构建

我校共有排球、篮球、足球、橄榄球、乒乓球、田径、冰壶、啦啦操8个体育训练队，其中排球为省级基点校、省级传统项目学校、国家传统项目学校；篮球为省级基点校、全国校园篮球特色学校；乒乓球、田径、冰壶为省级基点校。各个训练队均取得优异成绩。以排球为例，2014市中学生男冠军、女冠军。省锦标赛男冠军。2015市中学生男冠军、女冠军，省锦标赛男亚军、女第四。省传统校比赛男亚军、女第四。2016市中学生男冠军、女冠军。省锦标赛男季军，女第四。省传统校比赛男季军，女季军。2017

市中学生男冠军、女冠军。省锦标赛女季军、传统校比赛男第四、女季军，2018省锦标赛男亚军、女季军。2018年市中学生男冠军、女亚军。省锦标赛男第四、女第五。

二、体育课程实施与评价

体育课对于学生来说，其重视程度有着较大的差异，不愿意运动和不善于运动的学生较多，这和现在学生的日常习惯有关，所以充分调动学生参与是体育课程有效实施的前提，以兴趣为主导，注重课程实施的环节与活动安排，节奏、力度、规范性、评价等都能够影响到实施的效果，往往老师们在课程实施时都需要考量各方面安排与学生基础能力的适合度，从而科学有效实施课程。

(一)实施多元的课堂教学

课堂中实施分层教学，"分层"教学就是教师根据同一个教学班的学生客观存在的差异性，针对学生的不同层次设计相应的教学要求、内容和方法，促进不同层次的学生都能得到最优的发展，感受到成功的愉悦。分层教学主要以班级教学，小群体教学，同时配合分层练习，分类指导的教学组织形式。如：六年级的跳绳课，学生刚刚由小学升入初中，所在的原来学校对跳绳重视程度不一，学生之间差异很大，有的同学会跳前后双摇跳、有的同学会前后编花，还有的会编花双摇，有的同学连前后单摇都协调不上。针对学生中出现的这些特点，我按照以上学生的掌握程度将学生分成1、2、3、4组。在课堂中不同的组给予不同的指导，1组的同学在复习前后双摇的基础上学习编花双摇和三摇跳，2组的同学学习双摇跳和编花双摇，3组的同学学习三摇跳，4组的同学练习前后单摇跳的基础上学习前后编花跳。经过一段时间的练习，所有的学生在自己原来的基础上都有提高、都有进步。

(二)开展系列专题课及活动

1. 如何上好专题课

如：六年级的50米课堂，首先我们要建立单元教学模式分6次课进行。首先要进行腿部力量练习，其次途中跑要解决学生的直线跑、摆臂问题。最后要解决学生的步幅、步频的问题,每次课中都要重点解决1~2个问题,并针对问题加强练习,最后根据学生的情况个别指导。

2. 大型活动的部署与开展

如:运动会、体育节。我们上学期运动会、下学期体育节,每半年有一个重点,每学期开学的时候就会召集全体会布置工作,有哪些项目、什么要求、如何评比、如何选拔队员、各项目的练习方法以及需要的器材等等。教师前期工作要求负责好自己的班级,做到有求必应,积极鼓励学生。

(三)特长训练

如:啦啦操的特长训练。六年级的时候我们就进行广播操、韵律操的大课间教学,从中选出了优秀的学生组建啦啦操队,利用课余时间进行训练参加校内外的活动,七年级时参加省、市、区的比赛并取得优异成绩,形成了梯队建设。

三、体育课例

《素质练习》

教材分析与设计:

针对我校学生近几年身体素质下降,我们及时的修改了课堂的教学内容,专门增加了素质练习这一块,目的是全面地提高学生的身体机能,增强学生的力量、速度能力,达到增强体质、愉悦身心的目的。在本单元教学中,我针对学生个人运动能力逐步地提高学生的身体素质,练习的内容难度逐步提高。本堂课作为单元教学的第一堂课在练习时注重趣味性、竞赛性。

教学目标:

知识与技能:95%的学生掌握力量练习的方法。

过程与方法:采用整体教学与个别指导的方式,发展学生力量、速度。

情感态度价值观:在练习中提高学生的配合意识,增强集体荣誉感。

结合教学目标和学生的具体情况,确立了以下重点、难点。

教学重点:学习腰腹肌、上下肢力量的练习方法

教学难点:动作路线幅度。

学情分析:

七年级学生个人的运动能力、对所学的技能的理解能力一般。通过本课的学习,不仅激发和培养了学生运动兴趣,而且也满足了学生在参与学校文体活动和自身健康成长方面的需要。

教学方法与手段:

在本课的教学中采取教师引导为主、指导为辅,做到学与练的最佳整合。

四、教学过程设计

共分为以下六个环节:

(一)游戏引入

以游戏"穿越火线"入手,我将学生分为四组,提前将垫子摆好,以接力的形式依次绕过垫子,提前完成的一方为胜。通过游戏激发学生的学习兴趣,使学生充分热身,为引入课题做好铺垫。

(二)力量练习

分四个小组根据教师准备的图片,由各组组长带领大家一起研究学习并掌握各部分练习方法,按照图片的要求完成训练任务,规定时间分组轮换,即:上肢力量、下肢力量、腰部力量、腹部力量。

1. 上肢力量

组长带领学生练习俯卧支撑30秒,间歇2分钟以后,男女分层练习10个俯卧撑、跪卧撑,要求:身体水平,不允许塌腰或提臀。

设计意图:提高上肢的力量,一静一动,掌握正确的动作。

2. 下肢力量

教师指导学生隔一米摆一个垫子,一组连续的并步跳。

要求:并步,不准踩垫子。

设计意图:发展下肢力量。

3. 腰部力量

两头翘经历30秒、连续两头翘20个,中间间歇1分钟。

要求:腿绷直、快起慢落。

4.腹部力量

举腿静力 30 秒、连续举腿 10 次。

要求:有停顿。

设计意图:提高腹部力量,帮助他们熟练地掌握动作。

(三)搬运工

教师组织学生分四个组进行搬运垫子的接力比赛。

要求:垫子摆放一定到位。

设计意图:力量练习后的合作接力跑,发展学生奔跑能力。

(四)搬砖过河

教师讲解游戏的规则:通过合作的形式利用小垫子的铺垫,使学生都顺利地跳过河。

要求:不准接触到河面。

设计意图:游戏放松,培养学生合作能力。

以上就是我的说课,还存在很多不足之处,敬请各位评委、专家、老师给予批评指正。

教学设计(七学年)

教材内容	素质练习 重点:学习腰腹肌、上下肢力量的练习方法 难点:动作路线幅度		教具	小垫子40块			
教学目标	1.进行腰腹肌、上下肢力量的练习 2.95%的学生掌握力量练习的方法 3.在练习中提高配合意识,增强集体荣誉感						
结构	时间	教学内容	教学过程与措施	设计意图	运动量		
					次数	时间	强度
准备部分	15分钟	游戏:穿越火线 垫上压腿	分四组进行使学生热身,充分活动全省各个关节	热身活动,了解学生基本情况,烘托课堂气氛,激发学习兴趣	3~4 1	5 3	120 90

续表

基本部分	25分钟	上肢动静力量练习	讲解示范,学生跟随练习	发展上肢力量	1	3	130
		腰腹肌动静力量练习	教师讲解示范,学生模仿练习	发展腰腹肌	1	5	130
		下肢力量练习	教师讲解要求,学生认真练习	发展腿部力量	1	5	130
		游戏"搬运工"	教师说明游戏规则	运动中发展学生快速反应能力	2	5	160
结束部分	5分钟	游戏:垫砖过河 教师总结 下课	分四个组进行	放松心情,运用肢体语言调整身体状态	1	4	120 90
全课练习时间 30分				全课练习密度 75%			

本课小结:本节课就是利用小垫子发展学生的身体素质,一个小垫子贯穿始终,开始部分"穿越障碍"密度适中,学生热身,然后进行简单的拉伸。基本部分的拉伸有些过于简单,但是也有休息降低心律的考虑。基本部分的练习密度较大,考虑到六年级学生单元的第一次课,设计的时候降低难度让学生有一个适应的过程,能够基本完成既可以了,适当降低一下动作的质量要求,学生在上下肢、腰腹肌练习结束以后,再进行一组接力跑继续巩固。结束部分安排的是游戏趣味性极强,要求学生们的合作意识。单元教学中难度的增加要考虑学生的基本能力,可以再进行一次课,然后提升难度,基本上可以达到预期的效果。

第十三节　信息技术课程的资源构建与实施

　　信息技术课程的特色,定位于创客教育。信息技术课程,是适应如今互联网+时代的必要学校课程,提升信息素养是每个人适应时代发展的必要要素,国家陆续发布关于信息技术的相关学习、发展、深化的要求和举措,不断加强中小学课程建设的意识与技术支持,以切实提高学生对信息课程学习的重视,从而真正提升学生的信息技术能力和信息素养。信息技术教材近年来不断改进,融合时代发展的必要信息技术知识及基本应用,信息技术的老师们结合教材内容,保证基础知识融会贯通的情况下,重点开发了创客教育,旨在引导学生,利用信息技术完成创造性的学习和发展。

一、信息技术课程资源内容

(一)课程内容设置

课程内容由普适内容和精英内容两部分组成,以普适内容为主。

1. 普适内容面对所有学生,主要围绕教材的内容开展学习,利用信息技术课的时间开展教学工作。重点培养学生具备基本的创新意识和实践能力,为学生适应信息时代生活打下坚实基础。

教材内容按照"体验""编程""设计"和"控制"四个层次推进,主要针对六七学年学生。

六上的关键词是"体验",让学生在安装和搭建电子模块的过程中认识、了解各电子模块的功能和作用。

六下的关键词是"编程",重点让学生理解编程思想,掌握基本的编程结构——顺序结构、选择(分支)结构。此外任务分析与建模,也就是流程图的绘制同样是重点。

七上的关键词是"设计",设计是有目的的创作行为,也是问题的解决方案。其重点在于设计思路和实现方式的分析和软、硬件模块的选择。

七下的关键词是"控制",以智能小车为主体,控制小车移动或以编队的形式来完成任务,适合班级授课的形式,突破以往智能小车大多是单独完成任务的情形。

2. 精英内容面对少部分酷爱科技、热衷实践、善于创新的学生,满足他们更高的需求,给他们足够的发展空间,课程内容难度和广度都应超出教材,学习时间更多,学习形式更自由,为学生发挥无限的创造力创造条件。

(二)课程资源的构成内容

创客课程资源包括硬件部分和软件部分。

硬件部分:购买相应的创客课程教具。随着创客课程的深入开展,可以选购不同层次的课程教具,以满足不同水平学生的需求,兼顾普适内容和精

英内容的开展。

软件部分:主要来源于自主开发和下载改编。根据教学用途分为教学资源、导课资源、辅助资源、试题库和作品资源库。建议按照课程安排,以项目任务为单位进行整理,并不断进行修正和补充,使资源更具普遍性、实用性、综合性,保证后续创客课程的顺利开展。

1. 教学资源:包括教学设计、教学课件、课后反思、课堂实录,以及安装程序等。

2. 导课资源:一般用于导入环节,用来激发兴趣、创设情境,主要是结合创客课程的具体内容。通过网络下载后根据实际需要进行编辑和处理,也可搜集并录制生活中的实例应用,此类资源多为视频和图片类。

3. 辅助资源:一般是用于支撑学生自主学习的各类素材,例如讲解难点内容的微课;自主学习的课件;任务卡文档(引导学生自主学习);编写的程序文件等。

4. 试题库:包括复习检测题库、自主学习题库、综合测试题库等。

5. 作品资源库:收集整理学生学习过程中的材料,例如作品设计图、流程图、填写后的任务卡等。

二、信息技术课程实施与评价

(一)课程特色做法

1. 借助标准化的"任务卡"等表格,以专门的教学指导学生逐步深入掌握问题解析、计划分工等复杂的工程管理能力,提高学生的自主判断能力。

A 初级任务单:重在基本知识和技能的梳理

任务卡内容主要呈现给学生的是引导性材料和学习建议,引起兴趣和注意,注重新旧知识的连接,进行有意义的点拨和启发。

B 中级任务单:注重思维过程的训练

任务卡内容从知识和技能的角度,向内深入、向外延伸、趋向产品化。例如:设计方面从解决问题的角度,分析功能,完成硬件的选择;由问题引发学生思考测试方法,完成经验的总结和内化;设计课外习题,完成多种学科的融合,向产品化努力。

2. 通过小组合作,培养学生协作意识和合作能力。

A 分组:2~3人为一组,确定组长,按照能力强弱进行合理搭配,强调组长的组织和协调作用。小组成员任务分配采取轮换制:要求学生在每次活动中担任不同的角色,例如:记录员、讲解员、组长等,尽可能避免能力弱的学生游离于学习之外,保证学生全面的、不同程度上都能有所发展,让每个学生在小组中找到存在感,保持学习的热情。

B 每堂课前总结各组作业上交情况,将每位同学的表现与小组成绩挂钩。制定小组加分制,全体完成进行格外奖励。

C 提倡组内互帮互助。对帮助他人的同学进行加分奖励。学期结束时,评选出助人优秀代表进行展示。

(二)教学策略方面

1. 采用了行之有效的教学模式:准备阶段+实施阶段

A 准备阶段中:进行有意义的传递—接受,以及教师主导下的探究性学习。

B 实施阶段中,学生对相关主题进行研究性学习。

2. 强调小组合作学习方式,激发学生积极参与、相互评估、相互帮助的热情,并将小组表现和个人的成绩评价挂钩,鼓励合作;

3. 借助标准化的任务单等表格,以专门的教学指导学生逐步深入掌握问题解析、计划分工等复杂的工程管理能力,提高学生的自主学习能力;

4. 注意对学生小组合作中角色与能力加以专门的指导,以确保学生愿意投入时间思考、分析问题,确保小组内部交流的效率,将学生担任的小组任务与评价挂钩,鼓励承担责任。

(三)教师指导方面

1. 切不可急于求成。创客课程不怕学生不会做、做不好,就怕学生不尝试、坐等现成,所以,教师要对学生的实践表现有足够的忍耐力,只要学生一直在尝试,就尽量不要急于通过教授来跨越他的思维过程;

2. 教师要明白这个阶段最重要的建议是指向于思维方式、看问题的视角,因此应该多从这些角度指导学生,教师自身也要提高这些方面的个人素养;

3. "给够时间"和"载体保障"是创客实践至关重要的先决条件,因此,教师在这个阶段要尽力做好学生的后勤保障,从时间应用、策略优化、材料供给、工具调度等方面协助学生开展练习。

三、信息技术课例

案例:《温控风扇》

(一)教学内容分析

《温控风扇》选自黑龙江教育出版社出版的信息技术教材第一单元第4课。在单元教材中是一个重要的知识环节,起到承上启下的作用。主要包括获取温湿度、四位数码管显示字符串、如果—执行—否则、比较运算等代码块的应用;了解温湿度传感器、四位数码管模块、直流电机等硬件的使用方法;继续学习任务分析、绘制流程图和程序编写的方法。借助硬件连接操作,进一步促进学生选择正确管脚的能力;在任务分析过程中,学会分解任务、认识新代码、理解选择结构程序的组成及其作用。

(二)学情分析

学习本课内容时,学生已经具备了对 Mixly 软件的基本认识;学会了基本输入／输出代码块的使用;认识了主控板的基本组成和顺序结构程序。但是,在任务的分析和流程图的绘制方面还需要进一步培养。本课内容以演示操作为主,以兴趣为引导,以任务为驱动,以交流促理解,让学生高效地学好本节课。

(三)教学目标

1. 知识与技能

◆学会应用获取温湿度、四位数码管显示字符串、如果—执行—否则、比较运算代码块;

◆认识选择结构的基本格式,理解选择结构的执行过程;

◆会使用"如果—否则"代码块编写"选择结构"程序。

2. 过程与方法

◆ 通过完成任务分析的过程,逐步培养学生学会目标分解、提炼关键字、观察等分析方法;

◆ 通过硬件连接的过程,进一步让学生理解主控板与模块之间的工作原理;

◆ 通过绘制流程图和程序编写的过程,进一步提高学生图形化编程的能力。

3. 情感态度与价值观

◆通过对任务分析、编写程序及测试的过程,培养提炼关键字和任务分解的方法和意识,建立良好的思维习惯;

◆通过小组合作分析任务、作品展示交流等活动,学会分工协作,培养团队精神。

(四)教学重点

"如果—执行—否则"代码块认识和应用。

(五)教学难点

"选择结构"程序的理解,以及"如果—执行—否则"代码块的具体应用。

(六)教学准备

多媒体网络教室、《温控风扇任务卡》文档、豆米工坊基础套件

(七)教学策略

以实物导入、谈论法、直观演示法、读书指导法、任务驱动法等教学实施策略为主。

(八)教学课时

共计2课时

(九)教学过程

教学环节	教师活动	学生活动	设计意图
I 产品展示 引入新课 (第1课时)	一、实物展示:温控风扇作品引导学生观察、分析。 提出问题: 1. 说说温控风扇的特点和优势。 2. 产品的应用领域。 二、引入课题:温控风扇作品的制作	1. 观察实例,思考问题。 2. 思考问题,联系生活实际,尝试回答问题。 3. 明确本节课内容。	联系生活实际,激发学生的学习兴趣和激情。 导入本课的学习内容,激发兴趣。

续表

教学环节	教师活动	学生活动	设计意图
Ⅱ 新知教学 任务驱动 （第1课时）	一、任务分析与准备 1.分析温控风扇的硬件组成 A 准备需要的硬件。 B 了解各个硬件的作用。 重点关注：四位数码管的使用 2.认识新代码块 任务：查找新代码块名称及所在的模块分类。 重点："如果—执行—否则"代码块。 任务：实践操作，衍变生成代码块。 3.输入和输出的信号类型 A.确定输入输出的信号类型； B.确定可选的主控板接口。 二、初识"选择结构"程序教学 1.问题：选择结构有几种类型，区别是什么？ 2.学习选择结构流程图的绘制。 "如果明天下雨，你就乘坐出租上学；如果没下雨，你就坐公交。"请在笔记本上画出上面文字所描述的选择结构流程图。 3.点评学生绘制的流程图。	1.自主阅读教材后，小组进行讨论，确定基本硬件组成，了解各硬件的特点。依据小组讨论结果，准备硬件。 填写"任务卡" 2.查找新代码块。 实践操作完成"如果—执行—否则"代码块的衍变。 3.分析信号类型，确定正确的主控板接口。 1.阅读教材，回答问题。 2.绘制流程图。 3.师生共同点评，明确绘制流程图的要求。	促进学生阅读教材的意识和能力。帮助学生进一步认识主控板和模块。 为实践活动打基础。 在学生对选择结构有了感性认识的基础上，系统认识单分支和双分支选择结构的一般格式。 规范流程图绘制；培养绘制流程图的基本能力。

续表

教学环节	教师活动	学生活动	设计意图
Ⅱ 新知教学 任务驱动 （第1课时）	三、"如果—执行—否则"代码块和流程图内容的对应关系。 图片："如果—执行—否则"代码块 1.练习题：根据给出的"如果—执行—否则"代码块，绘制出对应的流程图。 任务：根据代码块绘制流程图。 2.思考题： 问题1："如果"块中的内容对应流程图中的哪部分内容，作用是什么？ 问题2："执行"块中的内容对应流程图中的哪部分内容？ 问题3："否则"块中的内容对应流程图中的哪部分内容？	1.观察、分析、发现并总结选择结构程序的特点，了解其作用为根据条件判断的结果，选择执行不同的指令。 2.以小组为单位完成流程图绘制。 通过上述问题的回答，理解两者的对应关系。	进一步深化对选择结构的认识，理解判断条件的作用，同时理清流程图和代码块之间的内在联系。 帮助学生建构清晰而完整的知识框架，为后面的学习打下扎实的基础。
Ⅲ 实践操作 程序测试 （第2课时）	一、实践任务：完成温控风扇作品 具体要求： 1.完成硬件的正确连接； 2.绘制流程图； 3.进行程序编写； 4.测试程序是否与任务描述一致。 二、思考：如何确定设定值？	1.按照流程图的内容，在Mixly软件中编写程序。 上传程序并进行测试。 2.尝试改变设定值，反复测试，观察现象，明确设定值的确定标准。	理解、掌握程序编写流程，体会相应代码块的作用，培养动手实践能力。

续表

教学环节	教师活动	学生活动	设计意图
Ⅲ 学习评价 归纳总结 （第2课时）	1.通过归纳总结。依据评价标准针对本节课的学生活动组织开展学生的自评和他评。 A 评价流程图； B 展示与测试程序； C 展示程序。 2. 上交小组任务卡。 3. 引导学生课后完成教材"各显神通"和"博弈舞台"中的任务。	1.依据评价的标准和要求开展自评、他评。 2.完成"各显神通"和"博弈舞台"中任务。并截图作为交流内容在全班分享。 3.记录学习成果及学习感受。	学生需要对本节课的学习效果进行梳理和评价。教师的归纳总结对学生的知识梳理起到了很好的指导作用。 通过学生开展的评价过程，扩展学生的视野，学会欣赏，促进学生逐步养成交流、分享的习惯。
作业	基本	改编《温控风扇》程序，使用串口打印功能替代四位数码管的作用，说说两者的区别。	
	拓展	温湿度传感器在生活中应用广泛，查找相关资料，说一说在生活中哪些地方用到了温湿度传感器。	

附表：

《温控风扇任务卡》

班　级		记录人		程序 编写		流程 图绘制	
具体任务	温控风扇			参考资料			
1.硬件分析与准备	（　　　）（　　　）（　　　）（　　　） 和4P端子线				1. 教材 P21 2. 豆米工坊基础套件		
2.新使用的代码块	名　　称		所在模块类		教材 P20－21		
	任务1：实践操作，衍变生成"如果—执行—否则"代码块。						

续表

3.信号类型分析	输入信号		选择的接口	教材 P21
	输出信号		选择的接口	教材 P21
4.重难点知识学习	1.选择结构有几种类型,区别是什么? 2."如果明天下雨,你就乘坐出租上学;如果没下雨,你就坐公交。" 任务2:请画出上面文字所描述的选择结构流程图。 3. 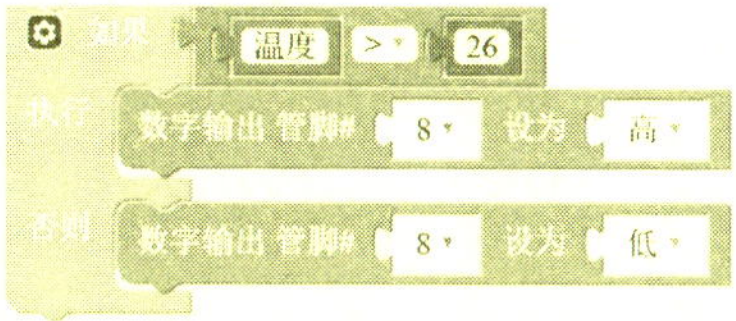 任务3:根据代码块绘制流程图。			教材 P15 思考题: 问题1:"如果"块中的内容对应流程图中的哪部分内容,作用是什么? 问题2:"执行"块中的内容对应流程图中的哪部分内容? 问题3:"否则"块中的内容对应流程图中的哪部分内容?
5.实践任务要求	1.完成硬件的正确连接; 2.绘制流程图; 3.进行程序编写; 4.测试程序是否与任务描述一致。			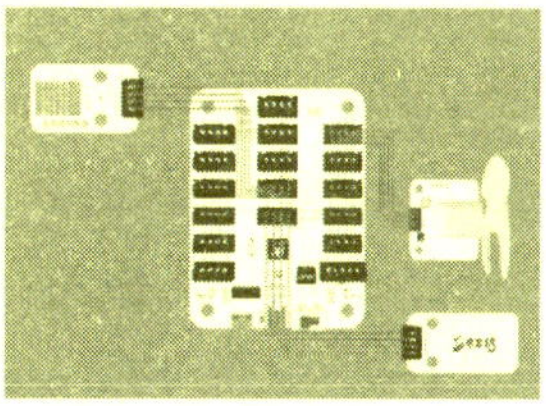 硬件连接示意图

第四章 校本课程的实践探索

"校本课师本化"是我校课程建设中对于校本课程的总体指导思想,校本课程作为学校课程体系之一,承载着发展学生特长和个性成长的重要使命。"师本化"的核心是尊重并依靠教师的爱好和专长设定课程内容,保证课程的有效实施。校本课程的又一关键是,保证学生的自主选择,这也是校本课程的核心意义,校本课程非应试课程,源于学生的兴趣爱好,所以多角度、多层面、多范围的开发实施是学校多年来一直实践和探索的。校本课程分为两种形式,一是面对六七年级的确定时间、固定课时、自由选择的校本课程;另一种是面对八九学年的与国家课程相融合的校本课程。两类课程主要是考虑了学生所学学科和课时安排确定的,充分满足学生成长的需求和学校的育人需求。

一、校本课程的开发

校本课程的开发主要有两种方式,一方面是由有专长、有意愿的老师自主开发;另一方面是由学科组或备课组承担与学科有关的课程开发,整体构思与开发,指定教师实施。具体流程是:

（一）学校制定校本课程标准

根据学校整体课程建设的思路和要求,编写课程标准,从而指导各个校本课程有效实施。

1. 校本课程的总目标

培养有个性特长的合格的中学生,关注学生的情感活动、实践操作、心灵成长和毅力耐力培养,让学生享有真实生活的愉悦体验,让学生在一个科学世界与艺术生活世界、现实生活与传统文化相结合的时空里得到充分的自主发展。

在各个科目进行的过程中,学生的艺术品质、自身素质、科学探索精神都有提高,增强了学生敢于创造的动手能力和大胆实践的自主意识,让学生的学习生活保持旺盛的活力、愉快的情绪,使自己的身心得到全面的发展。

2. 校本课程的各课程目标

(1)自身发展(艺术·内涵)类课程,以增进自我了解,发展个人潜能;培养欣赏、表现、审美及创作能力;培养自身的责任感和具有爱心的自我;提高自我发展与终身学习的能力等为目标。

(2)科学创新(科学·探究)类课程,以提高运用知识和信息,解决自然问题的能力;激发学生主动探究的精神;培养独立思考与解决问题的能力等为目标。

(3)社会参与(人文·素养)类课程,以培养表达、沟通和分享的知识技能;促进文化学习,了解学校、家乡,热爱学校和家乡;增进学生的实践能力,培养学生实践过程中的规划,组织协调技能等为目标。

(4)文化传承(国学·修为)类课程,以增进对祖国传统文化艺术理解和感悟,增强学生审美情趣;形成良好的行为习惯与健康的价值观念;形成积极健康的人生态度与良好的人际交往习惯等为目标。

(5)运动健康(体育·技能)类课程,以熟练掌握一项终身体育的锻炼手段,培养其终身从事体育锻炼的习惯和能力;充分发挥学生的主观能动性,使学生具有参与健身运动的意识;培养学生坚韧不拔的毅力和顽强的拼搏精神等为目标。

(二)申报课题

各组教师根据学科特点和组内教师专长,进行课题分析,形成校本课程思路,并考虑课程目标、资源选取、实施评价等多方面要素,从而进行课题申报。例如,语文学科申报的课题有:"戏剧剧本欣赏""与鲁迅相遇""水浒人物谈"等,物理、化学学科申报"化学探索""小制作"等,艺术学科申报"尤克里里弹唱""建筑模型""魅力水彩"等等。

(三)课题论证

对于所申报的校本课程课题,学校进行整体论证和部署,召开骨干教师、组长和教师代表的会议,从学校整体课程计划、实施方案、上课地点、课时安排等方面进行整体思考,形成意见,整合课题,并形成校本课程实施意见。例如,在对数学学科提交的课程申请中,将原本的三个题目,"数学史话""趣味数学""数学与生活"进行了整合,整合为一个课题"数学趣谈",这样整合的想法是由于数学教师多为班主任教师,工作任务比较繁忙,减轻压力,集中优势资源,做好课程融合,将多维内容融于"趣"中,也丰富了课程资源。经过科学严谨的论证,最终确定各类校本课程在25个左右,满足学生的自主选择,切实有效。

(四)资源探索

学校进行课题的论证确定后,各学科组以学科主任为主要责任人,带领组内教师研发课程资源,形成课程计划,并进行校本教材的编写,课程内容及校本教材,为课程实施做好充分保障,同时对课程内容加以具体明确。校本课程资源各课题建立资源包,涵盖文本资源、音频资源、视频资源以及推荐阅读的书目或浏览的网站,借助信息技术手段实现资源的多维整合,为学生自主学习提供尽可能多的可选资源,促进个性发展。

二、实施方案

校本课程为每周两课时,时间是连续的,在每个周五的13点到14点30分,每个学期计划安排15次课,所有学生在相同的时间参加校本课程学习,每名学生根据自己的兴趣,自主选择一门课程学习。在学期初,学校利用校园网站上传校本课程名称、内容简介、主讲教师等,学生填写选项,学校进行汇总整理后,统一下发各课程学员名单,主讲教师组建校本课程学习团队,固定上课的教室或各功能场馆。例如:

2018年六年级校本课程简介及上报方案

课程序号	课程名称	课程内容简介	上课教师
1	戏剧欣赏	带领大家走进戏剧,欣赏戏剧之美,感受戏剧的魅力。在课堂中我们会学习戏剧的历史,欣赏古今中外优秀戏剧,甚至我们还会自己朗读剧本,学习角色的表演,真正地融入戏剧爱上戏剧,快来加入我们吧!	刘雪莹 张 丽

续表

课程序号	课程名称	课程内容简介	上课教师
2	相遇鲁迅	走近鲁迅之后,会发现,他的针砭时弊都是以爱为基底的,他弃医从文是爱祖国,他培养年轻作家是爱青年,他哀其不幸怒其不争是爱每一个中国人。这样充满爱的鲁迅,唯愿少年早日相见,在充满阳光的时间里,与鲁迅相遇。	陈 丽 吴 丹
3	"水浒"人物谈	宋代奸臣当道,正直之人无生存之地,很多英雄好汉最终被逼上梁山,这是一部英雄的交响曲;这是一部美丑的照妖镜;这是一部奋斗史;这是一部寒暑表;这是一部世相画;这是一部令人荡气回肠的史诗。课堂上会与同学们共同品读!	苑丽莉
4	诗词诵读	本课程以诗词朗诵为主要内容,诗歌包括现代诗《祖国啊 我亲爱的祖国》《再别康桥》等经典现代诗歌,《钗头凤》《将进酒》等古代诗歌。多种诵读方法指导,并辅以电影片段,朗诵视频渗透作者以及写作背景等内容。	赵长丽
5	创客空间	信息技术的重要实践,课上将利用计算机编程完成各种控制性指令运动,如果你对创客有所了解,有一定的计算机使用基础,并且善于合作分享、有一定的创新能力和探索精神,请加入我们,我们将实现高品质的"玩"!	钟立峰 王 月
6	天下地理	天下地理通过让学生们动手、动脑、动口培养学生地理综合思维能力。在天下地理课堂上,老师将带领孩子们绘制地图,制作美食,校园探险,博物馆参观等。我们的要求是,每次课要保证按老师的要求,带好上课用材料才能报名。	六年级地理组
7	化学探索	你知道干冰吗?它不是冰;看不到摸不着的空气能变成液体……自制汽水、纸烧不坏……你将在"化学科学探究实验"主题中动手实验;你还将在"化学与社会发展"主题中感受到化学造福于生活的应用。化学校本课——千变万化、学以致用。	杨志强

续表

课程序号	课程名称	课程内容简介	上课教师
8	魅力水彩	针对水彩的基础练习,使学生了解水彩的特性,感受水彩画的魅力,学习用水彩这种透明材质描绘花、鸟、鱼、虫等简单植物动物的基础方法并巩固练习。让学生发现生活中的美,徜徉在水彩的梦幻世界中。	郑伊涵
9	建筑模型	以室内空间的整合作用为基础,并且通过学生自己的主观创作,对自己的家有一个概念,让我们共同感知设计一个家需要有哪些步骤以及过程。从最基本的平面图进行设计,再一步步地对外立面、家具等进行设计和制作,呈现整体的建筑模型。	刘 硕
10	素描世界	素描是一切造型的基础,本学期根据学生的情况分出有基础和无基础两组分设不同难度内容,重点描绘单个几何形体的结构素描,组合形体的穿插转折,以及多个形体的组合,透视、构图知识穿插其中,两节课形成一幅完整作品!	顾丽婷
11	生物时代	生物时代,通过相关材料的介绍使学生进一步了解地球绚烂多彩的生物,包括生物绘图,制作模型,设计并操作实验等,从自制葡萄酒,萌发豆芽,栽培花卉到血型鉴定,水果中维生素C的鉴定等都等待着学生的大胆尝试。	六年级生物组
12	趣味数学	趣味数学课程包括数学游戏、数学魔术、九宫格等形式,充分利用生活中的数学情境,鼓励学生通过讲故事、做游戏、直观演示模拟表演等形式,引导学生积极探索数学奥妙,激发学生对数学的兴趣,培养学生数学思维。	六年级数学组
13	同心社	开展的是心理团体活动。在团体活动中,我们有不同的感受,感受游戏的快乐、感受交往沟通的进步,感受自我感悟与成长。我们从最开始破冰之旅相互认识,形成自己的温暖小组,组员们在各种团体游戏中去参与、去感悟、去成长。	刘 静

第四章 校本课程的实践探索

续表

课程序号	课程名称	课程内容简介	上课教师
14	风华小驻	这是一个记者团,将会指导组织采访、参观等活动,活动中将展开摄影、写作方面的知识及锻炼,将进行一系列实战采访,挑战自我。如果你有一定的自我管理和约束能力,善于沟通表达,欢迎你的加入!	六年级政治组
15	冰凌花合唱团	合唱团将排演经典合唱曲目,学习并实践练习合唱技法,掌握合唱基本功及提升表演能力,在大型活动和重要比赛中将作为参演团体,需要有一定的合唱基础并且喜欢合唱,能为之努力练习的学生。	郭 超 巨雨薇
16	篮球队	篮球是中小学生最喜爱的运动项目之一,锻炼身体的综合效果好,能培养学生团结合作,积极进取的拼搏精神,篮球运动作为一个竞技运动项目,能在奔跑、跳跃的过程中,发展力量、速度、耐力和灵敏等素质。	梁家超 吴 昊
17	啦啦操	啦啦操运动把体操中的技巧动作和现代舞蹈动作与音乐等巧妙地融为一体。其动作简单、活泼、流畅、节奏感强,讲究针对性和实效性,注重动作的力度和定位控制,并强调协调性、灵敏性以及良好的身体姿态控制。	王 琪
18	排球队	掌握各种排球的动作方法。发展学生的弹跳、速度、耐力和爆发力,提高身体灵活性、协调性。提高学生参与排球运动的兴趣,使其树立终身锻炼体育意识,形成坚持锻炼的习惯。在排球运动中让学生体验成功的乐趣,使其树立自信心。	于宏洋
19	历史风云	读史使人明志,本科讲述历史人物,了解历史重要事件,再现历史风云,同学们在历史长河中,学习先贤,感知世界,理解古今人物、事件、社会发展的多重对照,从而立志做更好的自己。	七年级历史组
20	尤克里里弹唱队	尤克里里小巧易上手,是学生喜欢的乐器之一,遵循由浅入深循序渐进的原则,前期课程内容安排注重演奏技巧和和弦练习,在能够弹奏和弦的基础上增加演唱部分。学期末以小演奏会的形式以小组为单位进行表演。	马恩慧

续表

课程序号	课程名称	课程内容简介	上课教师
21	百合舞蹈队	排演成品舞蹈,作为演出及比赛的重要参与团队,从基本功训练到舞蹈编排及练习,科学指导,专业提升,为学生开创舞蹈学习和表演的重要平台,如果你爱好并有一定的基础,欢迎你的加入!	外聘教师 王佳瑶
22	英语影视	赏析英美电影中的人物特征和故事情节特点,截取电影中经典对话片段,进行个人、小组的台词配音模仿,使片中人物变得更加丰满,更富有立体感,从而培养语感,提高学生对英语的兴趣,背诵经典励志台词,增加词汇量。	胡 妍 孙丹丹 刘姝含
23	西方节日趣谈	感知西方节日文化,了解西方节日及生活礼仪,将通过阅读、视频、创意表演等多种途径感知不同文化下的行为差异,以初步了解并尊重各自文化下的风土人情及各项习俗。	刘佳哲

校本课的实施,学生实行"走班制",打破原有的班级限制,以学年为单位,学生进入各自教室、场馆,按任课教师组织进行学习,校本课程在上课期间,不同班级的学生重新组成学习团队,这在学习的过程中,也增加了相互的了解,可以互相促进、互相学习交流,形成良好的交往和学习氛围。

三、评价方式

校本课程的实施定位在学生个性发展的资源拓展方面,所以要求每门课程制定激励性、发展性、差异性评价要求及方式,注重参与体验和自我展示,普遍的评价规则是,以每节课中的学生表现定义为不同的评价维度,学生准时出席、积极参与小组活动、主动思考并交流、创造性的想法或做法等等,都作为评价的依据,在每学期课程结束时,各课程团队要有自己的汇报展示,可以以作品展示、表演、达标考核等多种形式,设定等级评价级别,给出学生的阶段性评定,同时给出个性化建议。

四、保障实施

学校层面高度重视校本课程的实施,从校本课程构建的各个阶段形成具体的人员负责制，保证校本课程的内涵与品质，保障顺利、有效实施。

首先，校本课程写进学校课程表，保证课时；

第二，尊重教师个性化实施，提供支持和帮助，例如在学习资料、教学备品等方面，各部门协调配合，保证及时到位；

第三，保证功能场馆的正常使用，以及配备齐全的教学设备，专用教室注重日常维护，责任到人；

第四，细致组织，做好学生的引导和管理工作，保证安全，任课教师做好人员核查，做好上课学生的签到登记；

第五，各级管理人员，分工合作，做好指导与巡查，保证校本课程的有效实施。

第一节　舞蹈课程

一、课程目标

1. 丰富学生的课余生活，培养对舞蹈学习的兴趣，为学生进行舞蹈基本功的训练。

2. 提高舞蹈专业素质，使其达到学习舞蹈的初步要求——具有健美、灵活的体态。

3. 通过专业训练，使学生掌握较广泛的舞蹈知识并兼备音乐与舞蹈的艺术表现力。

二、课程内容

1. 热身运动：利用 10~15 分钟左右的时间，让学生做一些轻松、简单的热身运动，使队员的身体和情绪适应课堂训练的准备，避免用力过度。

2. 地面训练：软度开度是舞蹈动作的根本点，所以要运用平整的地板来帮助队员们进行软度和开度的训练。具体内容有：

（1）脚背和膝盖的训练；

（2）肩的开度和前腿的软度训练；

（3）旁腰和旁腿的软开度训练；

(4)胸腰和腹肌的训练;

(5)脊椎和胯骨的训练;

(6)胯部和臀部的训练;

(7)胯部和腿部的综合训练;

(8)节奏和方位的训练;

(9)后腿和背肌的训练;

(10)踢腿和力量的练习。

3.把上训练:遵循先双手扶把,熟练以后单手扶把为中间训练打下基础。具体内容有:

(1)直立和半蹲训练;

(2)擦地推脚背练习;

(3)压腿练习,分为压正腿和压旁腿;

(4)大踢腿;

(5)下腰。

4.中间训练:这是使学生掌握、熟悉、提高舞蹈表演能力和技巧的重要部分,在中间训练中,主要目的就是解决形体、重心、控制和呼吸。具体内容有:

(1)手的姿态的训练;

(2)小跳训练;

(3)控制。

5.能够随着音乐的旋律做动作,要求节奏准确,能充分表现音乐的特点,培养学生的即兴创编能力。

6.排练几个小型的舞蹈,通过这些组合来锻炼学生。

7.在节目的编排上我们主要以集体舞为主,在每次基本功练习过后,会根据舞蹈难易度根据学生特点选择不同民族的音乐进行练习,其中包括:

(1)排练一些简易的民族舞,如藏族舞、蒙古族舞等。

(2)排练广场集体舞,如踢踏舞、交谊舞等。

(3)排练现代舞和劲舞、街舞(在排练之前先把作品的情节内容,人物形象讲解给队员听,有助于他们对舞蹈主题、人物情感的理解,更好地把握舞蹈节奏变化。教授舞蹈动作时先教基本动作,学得快的同学可以作为小老师帮助较慢的同学。当动作都较成熟完整时再配上音乐,完成整部舞蹈作品)。

三、课程实施方式与要求

1. 舞蹈基本功训练采取芭蕾和古典相结合的方法。
2. 在训练过程中,采取基本功训练与舞蹈组合、成品舞蹈相结合的方法。
3. 定期观看舞蹈录像资料及视频资料,以提高学生的表演水平,开阔视野。
4. 对参与课程的学生制定严格的学习制度与管理要求,严格自律、勤奋练习。

四、取得成绩

我校自2004年以来,连续十四年创编的舞蹈参加哈尔滨市中小学生集体舞蹈比赛均获得一等奖。成绩是令人欣喜的,学生不仅能在舞蹈排练、演出、比赛中磨炼自己的意志,提高自身的修养,而且还能学会与他人合作,增强集体的荣誉感。

第二节 合唱课程

一、教学目标

1. 学会歌唱的发音、状态、气息运用。
2. 通过训练使学生懂得在合唱集体里所发挥的作用及如何有效地运用自己的嗓音在集体的合唱队中能协调和控制并达到统一的共性。
3. 课堂的组织与学生合唱的要领掌握

二、教学内容

(一)呼吸训练

呼吸是发声的动力,也是共鸣、音准、吐字等的基础,没有合理统一的呼吸就没有良好的气息支持,也就没有好的歌唱。

1. 日常身心平静时的呼吸是无意识而较浅的,激烈运动或者情绪紧张时呼吸会自然加深。歌唱时属于较深的呼吸,是有意识、有控制的,而且更深沉,腹部的活动更积极。但这并不是说把注意力都集中在呼吸上面,而是体会这种正确的活动状态,以适应演唱的需要。

2. 歌唱时的呼吸是口鼻同时进行的。口腔内部打开,软腭提起,面部提眉,两肋及腹部扩张,很自然就完成吸气过程了。

3. 吸气的深浅按歌唱的需要,切忌太深,那会影响发声的灵活性,使呼吸器官僵硬,音也无法唱准。

4. 整个合唱队的呼吸和分句都要统一,特殊的高音,延长音或破句的呼吸,尤其要由指挥指示并经过练习。

(二)音量训练

很多作品都要通过小而弱的音量来表现内容,造成力度的对比。音量大的歌手必须善于控制自己的歌声,以免破坏整个声响效果。弱声时要求更集中、更有力、更有紧张度。因此,队员应该掌握半声、轻声、抑制声的唱法;学会随时调整力度,做到强而不噪,弱而不虚,使演唱符合整个色调的变化要求。

(三)音色训练

通过对共鸣的泛音的调节,使音色有灵敏而多样的变化能力,或浓或淡,或明或暗,能高亢激越,能深沉委婉,有极大的适应性,能根据音乐内容而做出变化,这些变化又统一在色调处理之中。

(四)发声训练

歌唱的声音有音质、音高和音量的要求,还有色调处理的起伏变化,要调动所有与发声有关的器官参加工作,而且正确灵活地配合动作,才能实现演唱的发声。

起声要求音头准确、整齐而有弹性,干净清脆,不能带有"舒起"所特有的沙哑声,防止臃肿无力的起声。成熟的合唱队能默契地运用这些技巧,并且与咬字吐字等其他技术结合起来,完美地表现音乐内容。

共鸣——歌唱的时候,人体的喉腔、咽腔、鼻控、口腔、胸腔、头腔(包括前额和两颧)都起着共鸣作用。

(五)波动训练

这是合唱的忌讳,尽可能不要使用,因为波动的幅度大小或波动太快都会破坏合唱的音响。总之,合唱的统一要求是为了达到完美的艺术境界,做到了这些就可达到强而不炸,轻而不虚;高而不挤,低而不压;快而不乱,慢而不断;统一得越好,合唱队的演唱水平就越高。

三、课程特色

合唱教学对于启发学生学习音乐的兴趣,培养学生的音乐审美能力、表现能力和进行思想品德教育具有重大的意义。通过有表情地歌唱可使学生真正地感受到合唱艺术的魅力,培养学生独立识谱能力,发展他们的音乐听觉和音乐记忆力,提高音乐修养和鉴赏水平,理解和掌握各种音乐表现手段。通过合唱还可以培养学生集体观念和群体意识,可以陶冶情操、启迪智慧、增进团结,使学生身心得到健康的发展。

第三节　尤克里里课程

一、课程目标

1.开发了学生的潜质,有效迁移至学习和生活中。

创意无限、形式多样、个性鲜明说的是尤克里里这门乐器。尤克里里教学实践,锻炼了学生双手的灵活性、协调性和演唱技巧,养成学生的专心、细心、耐心等良好习惯和品质,并迁移至学习和生活中。在尤克里里弹唱课中,能够充分展示自己的表演及演唱才能,从而获得认同与自信。

2.培养了学生的艺术感觉和艺术气质。

在欣赏与创作过程中提高了学生对艺术的审美情趣。学生接触各种形式、风格的作品,开阔学生眼界,了解尤克里所表现的不同风格特点,培养了他们天真美好的情感。

3.培养学生动手实践能力。

尤克里里是一种简易的弹拨乐器,教学使学生直接体验、感受、逐步掌握这门乐器的基本知识与基本演奏技巧，一步步通过手、脑的协调，使学生掌握了这门乐器的基本功。由于教学强调了学生的主体性、创造性、表现性，他们突破传统习惯"唱""弹"。充分展现了学生的创新性和个性的发展。带着童心的稚趣与灵动的创意，学生在自己创作的作品中感受了音乐的魅力，在不断地体验中插上了想象的翅膀，从而带来更美好的表演。

二、课程内容

（一）调琴训练

当你得到一把尤克里里，检查和探究它的时候做的第一件事就是要给它调弦。给尤克里里调音非常重要，音准的尤克里里使演奏变得轻松。认识弦：最下面1弦、2弦、3弦、4弦。面朝自己的，左边是4弦。调音器夹在琴头，显示面朝自己，可看见。

乐理知识补充说明：乐理上分音名和唱名（通俗点相当于人的大名和小名，大名不可变，小名可变）音名有：C、D、E、F、G、A、B（按顺序），唱名有：do、re、mi、fa、sol、la、si、do。

调琴弦的方法指导：

先调四弦（G），右手大拇指拨响四弦后，调音器上会出现G，指针指在中间，颜色会变成绿色，表示调准了。然后调三弦（C）——二弦（E）——一弦（A）。依次调，方法同。调音时是空弦，即左手未按任何弦，弹出来的音。

（二）拨弦训练

空弦弹奏：坐着弹奏时，把琴自然放在右腿大腿上作为一个支撑，左手的动作是一样的。初步感受尤克里里的基本音。用拇指从上至下缓慢弹出4个基本音——so、do、mi、la。用食指从下至上缓慢弹出4个基本音——la、mi、do、so。要求：弹奏时，闭上双眼静静感受，可反复多弹几遍。反复弹奏4个基本音的同时，学生能深深感受到尤克里里透亮音色所带来的听觉冲击。

（三）和弦训练

1. C和弦（大和弦）

结合教材进行学习，明确指法，并进行有针对性的个性指导，使学生掌握。

2. Am(小和弦)

3. F 和弦

4. G 和弦

C 和弦和 Am 和弦配合起来,就有许多动听的歌。随着学习和弦的难度增加,更多丰富的和弦技巧的掌握,在此基础上加入演唱训练,学生能够更好地弹唱一首完整的歌曲。

三、课程特色

作为一门学习乐器的科目,学校开设尤克里里课程能够使学生对音乐的理解更加深入。而对于我们风华中学,这是乐器校本课的初尝试。通过有"弹"加"唱"可使学生真正地感受到演奏乐器与歌唱之间的魅力,培养学生独立识谱能力,训练学生表演能力,与此同时音乐素养得到提高。

第四节　建筑模型课程

一、课程目标

1. 学会观察自己家的设计以及小区内的一些设计。

2. 在初步了解设计的概念之后,可以对自己的家进行自己喜欢的设计。

3. 借助自己画的设计图,可以用身边各种材料来制作出自己设计的模型。

4. 从身边的一些小事中发现设计,有设计的想法以及一定的动手能力。

二、课程内容

首先进行设计的概括,其次让学生设计自己的家或者自己喜欢的公共场所,再次,学生可以通过自己的想法来简单地绘制出平面图,最后学生们可以根据自己的图纸,利用身边所有的东西来进行模型的制作,培养学生的动手能力以及观察生活细节的习惯。课程主要包含四大内容:

内容一:设计的概述

室内设计是根据建筑物的使用性质、所处环境和相应标准,运用物质技术手段和建筑设计原理,创造功能合理、舒适优美、满足人们物质和精神生活需要的室内环境。这一空间环境既具有使用价值,满足相应的功能要求,同时也反映了历史文脉、建筑风格、环境气氛等精神因素。明确地把"创造满足人们物质和精神生活需要的室内环境"作为室内设计的目的。

内容二:

在学生对设计有初步了解之后,可以通过查找资料、自己学习、观察身边的各种设计,不只是室内和室外的设计,所有的设计都可以融会贯通,不仅可以提升学生的自学能力,也可以养成自己查找资料和学会观察身边任何事物的习惯。

具体步骤:

(1)教师讲解,通过教师的讲解可以对设计有一些初步的了解以及兴趣,激发学生们的学习兴趣。

(2)自主学习,如今的网络十分发达,学生们对设计有了兴趣之后,就可以很好地利用网络等媒介来查找自己所需要的资料,可以看大师的作品,也可以看各种各样的设计方案。

(3)观察生活,观察自己家里的一些好的设计的点,以及各种公共场所的设计,其中包括房间的格局,房间的功能,一些小物件的设计和交通动线的设计,从身边的微小的事物来观察,不仅可以培养学生的观察能力,也培养了分析问题的能力。

(4)交流合作,每节课上课之前,可以预留一些时间,让学生们进行自主交流,自己对设计的简介或者自己有什么好的设计想法和思路,也可以解决自己没有解决的问题,之后进行汇报和分析,解决不了的问题由老师来进行解答。

内容三:图纸的设计与绘制

有了自己一定的设计思路和想法之后,就可以拿起身边的纸和笔画出自己的想法,前期不需要画得精致,只要自己能看得懂,能表达出自己的想法就可以,等全部想法都稳定之后,可以进行整理和归纳,再用A4纸进行规范的尺规作图,之后再用针管笔进行描绘,保证图纸自己看的懂,其他人也可以看得明白,这也是后期制作模型的凭证和参考资料。

内容四:模型制作

根据自己绘制的图纸,来收集材料,有的需要进行购买,有的可以收集身边的废弃用品来当作制作模型的材料,教师会教给学生们制作方法,学生也可以进行自己的一些创作和改良,一步一步地来制作出自己设计的东西,做完后会有一定的成就感,这样也锻炼了学生的动手能力。

三、课程特色

现代室内设计作为一门新兴的学科,尽管还只是近数十年的事,但是人们有意识地对自己生活、生产活动的室内进行安排布置,甚至美化装饰,从人类文明伊始就已存在。自建筑的开始,室内的装饰即同时产生,所以研究室内设计史就是研究建筑史。室内设计含义的理解,以及它与建筑设计的关系,从不同的视角、不同的侧重点来分析,许多学者都有不少深刻见解,值得我们仔细思考和借鉴。例如:认为室内设计"是建筑设计的继续和深化,是室内空间和环境的再创造";认为室内设计是"建筑的灵魂,是人与环境的联系,是人类艺术与物质文明的结合"。

第五节 素描课程

素描是一切造型艺术的基础,解决形体、结构、空间、质感等等关系的认识和把握,是素描造型最核心的课题。

一、课程目标

1. 了解素描的基本语言,如结构、受光、背光、色调、比例、透视等基本元素的理解,并且理解五大调(黑、白、灰、明暗交界线、反光)、三大面(亮面、暗面、灰面)等要素间的关联。
2. 通过几何形体写生和静物写生来完成教学目标。
3. 通过素描基本形体、组合形体等来完成对结构的深入理解。

二、课程内容

(一)线的练习

排线,是素描最基本的语言元素。线条的变化与叠加产生了画面的明暗、虚实与情感变化。长短相叠,虚实相生,哪怕没有明确的内容,依然可以成就一幅具有美感的画面。

(二) 透视练习

1. 透视,绘画专业术语,指在平面或曲面上描绘物体的空间关系的方法或技术。

视域——眼睛所能看到的空间范围。

中视线——视锥的中心轴。又称中视点。

天点——视平线上方消失的点。

地点——视平线下方消失的点。

灭点——透视点的消失点。

视平线——与人眼等高的一条水平线

2. 几何形体结构素描写生

将线条融入几何形体写生中,逐步体会并解决近大远小近实远虚的素描问题。此阶段共分为以下几个过程练习:

(1) 方体的透视,长方体的穿插体练习。

(2) 圆的透视,圆柱体、球体、圆锥、圆锥与圆柱的穿插体练习。

(3) 构图贯穿整个创作始终。

(三) 观察分析逐步走进创作

1. 学生已经有一定的基础,需要通过组合几何形体写生练习,进而获得从整体到局部的观察能力。

2. 独立观察与思考阶段,素描静物写生,学会观察生活,美化生活。

3. 实施方法:组合的几何形体,画的时候要一起画,也就是我们老说的从整体、到局部。

具体步骤:

1. 确定整体画面的最高点和最低点,及每个物体的大致位置。

2. 起稿,塑大型,用侧锋轻笔触,简单确定它们的大致形状,然后确定无误,勾勒出它们的具体形状(注意透视关系:近大远小)

3. 强调结构和近实远虚的透视关系。

(四) 素描作品展

根据学生不同的学习效果,组织同学们将自己最优秀的作品进行展览,标注班级姓名及作品的创作日期,从亲自布置展览中,又提升了版面的设计能力和团结协作的能力。

第六节　戏剧欣赏课程

一、教学目标:

1.让孩子们了解一种艺术形式,欣赏戏剧之美,提升文化审美素养。

2.让孩子在扮演角色时,学习怎么沟通、怎么表达自己的观点,学会和别人一起分享和探索。

二、课程内容

(一)戏剧历史概述

分为东西方戏剧史简介,西方介绍古希腊罗马—中世纪公元5世纪罗马帝国灭亡—中世纪后期—14至16世纪文艺复兴时期—17世纪古典主义戏剧—18世纪启蒙运动到浪漫主义时期—19世纪浪漫主义,现实主义兴起—19世纪后期现代主义的戏剧。东方抽取中国元杂剧、日本能剧进行介绍。

(二)经典戏剧赏析

1.戏剧赏析方法:品味个性化的人物语言、品味富有动作性的人物语言、品味人物语言中丰富的潜台词、抓住人物的主要特征深入品味人物语言、弄清人物性格的发展变化。

2.通过欣赏《哈姆雷特》《雷雨》《茶馆》等经典话剧,让学生分析戏剧语言,把握矛盾冲突、体会人物形象、体验戏剧魅力。

(三)朗读剧本

通过分析人物形象,把握戏剧中角色情感变化,进行剧本的朗读。选择一段独白或者一小段对白,学生之间互相配合朗读,也可以配以简单的肢体动作,融入自己的情感,让学生更专注于剧本的本身、更深入地挖掘剧本的内涵和人物,可以让学习和实践有效结合。

(四)解放天性表演法

解放天性是所有表演训练的第一步,目的是让演员在面对舞台和观众时,能够自如地控制自己的身体和情绪。让学生在课堂上在表演时,能完全释放自己,全身心地投入到角色中。解放天性就是重新认识自己的过程,可以帮助学生更好地放空自己,更好地融入角色,让学生的表演更真实,更生活化,能让学生在面对大场面时,有足够的勇气和应变力。

1. 盲人训练

盲走。就是一位学员扮演盲人,另一位学员牵着他走,不用双眼去看,靠声源去判断,从而深入感受真实的外界和内界的区别,慢慢建立心理上的松弛度,同时培养与伙伴的信任感。这些有助于培养专注力,舒缓紧张感。

2. 木偶训练。学生可以想象自己是提线木偶,头顶仿佛有提线,从头部、脖子、肩膀、手臂……一路向下,逐个放松。根据老师的语言进入角色和场景,比如提起肘部与肩平齐,放松腿部直至瘫软在地,漫步在充满芬芳的鲜花丛中。

3. 镜子模拟。两位学生呈镜像站开,由一位学生"照镜子",另一位学生观察并模仿。要求双方行为动作上高度同步,细至锁眉、撇嘴、抽搐、叹息等都要相似。可以从同步呼吸开始,这样可以缓慢地进入对方的身份,从而放空自己,直至两人动作甚至心理达到同步。

4. 动物模拟。模仿不同的动物形态,比如饥饿的狮子、从动物园被放到大城市中的狮子,从各个方面去模仿,比如形态、叫声、习性、走路的方式、吃东西的样子等等。

(五)团队表演戏剧选段

学生自行组队,选择经典戏剧选段,进行排练,最后进行展演评比,评比内容包括服装道具、台词、肢体语言、舞台调度等。

三、课程特色

戏剧是一种与诗歌、小说、散文并行的文学体裁,它以激烈的情节、矛盾冲突、个性化的语言魅力和鲜活的人物形象获得了学生的认可和喜爱。遵循"大语文"新课程的理念,风华中学六年级的戏剧教育实践,是以阅读经典戏剧文学作品为基础,在此基础上,辅之欣赏戏剧、朗读剧本、编演戏剧等教学手段,让学生在相对轻松的环境中初步感受戏剧这一古典文学形式的文学性、艺术性,培养提高学生的审美人格。

六年级戏剧欣赏是在校领导的指导下、六年组语文教师共同研讨下有计划、有架构地进行的。课程以戏剧历史概述、经典戏剧赏析、朗读剧本、角色扮演、模仿、游戏等方式进行,让学生在互动关系中,能充分发挥想象力,自由表达情感和思想。在这一过程中有利于培养学生的语言思维能力、想象创造能力、感受表达能力、交流交际能力及角色意识。

戏剧欣赏作为工具性较强的一门课程,还整合了其他学习领域,特别是与其他艺术形式(音乐、舞蹈、绘画等)融合运用,营造的是一个开发式、互动式和引导式的学习环境,不仅能发展初中生的智力,还可以延伸到自我发展、独立人格的培养,构建全面的人文素质教育。

同时,在中学开展戏剧欣赏这一校本课程,极大地丰富、活跃了校园文化,提升学校教育的内涵,可以培养健全的人格,提高学生的艺术素养,对人的全面发展起着重要的促进作用。

在本学年校本课上,一位六年级同学在了解和欣赏了亚洲戏剧艺术后,探索了日本戏剧形式,并在课堂上与同学们交流互动,开拓性地延伸和衍生出一堂全新的日本戏剧讨论小课堂,这让我们老师惊喜不已。现在回想起来,或许这就是戏剧欣赏这门校本课真正的意义,它像一块石头激发起了学生思想的涟漪、探求的渴望,让学生真正地因"爱"而"动"走进戏剧艺术的百花园。

第七节　相遇鲁迅课程

一、课程目标

1. 学生通过学习,初步了解鲁迅生平及相关人物关系,拉近学生与鲁迅的距离。

2. 通过鲁迅作品的研读,提高学生文本细读的能力。

3. 培养良好的读书习惯,激发学生对鲁迅作品的热爱。

二、课程内容

本课以鲁迅生平为起点,鲁迅作品为终点,用生命引出作品,用作品证明生命,整个课程的设置,具体内容如下:

第一部分以鲁迅生平介绍及鲁迅主要社会关系讲解为内容开展课程。对鲁迅生平进行梳理,重要人生节点重点解读,以实现学生对鲁迅有较全面认识的学习目标。这方面课程内容的讲解辅以视频方式的呈现,包括鲁迅的传记电影,大大激发了学生学习的热情。鲁迅主要社会关系介绍了鲁迅与周作人、朱安及许广平的关系,着重讲解鲁迅及周作人失和的原因,朱安和许广平对鲁迅一生所起到的重要作用。周作人、朱安及许广平是学生所不曾了解的人物,这三个人物的介绍充分调动了学生学习的积极性,同时也让学生心中的鲁迅丰满起来。

第二部分以"童趣"为主题组织课程内容。六年级的学生充满童真,此部分课程内容选取《阿长与〈山海经〉》《从百草园到三味书屋》《五猖会》《无常》等鲁迅回忆童年时光的文章和同学共同探讨鲁迅童年的乐趣,以期学生能与鲁迅在心灵上产生共鸣,进而拉近与鲁迅的距离。这方面的教学主要以交流探讨为主。通过学生提前预习,课上朗读复习,自由发言交流三步骤,完成课程内容的学习。这部分课程内容的完成无标准答案,以学生的兴趣点为主线串起学习内容,教师不再调控学习进度,而让学生充分将自己在文章中感兴趣的内容表达出来,和其他同学共同交流。

第三部分以"故乡"为主题组织课程内容。故乡令每个人魂牵梦绕,故乡之于鲁迅更是意义非凡,既是他快乐的源泉,又是他痛的延伸。故乡是鲁迅挥之不去的"梦魇",对于故乡他"离去—归来—再离去",在往返间有了不同的思考与感受。此部分学习内容选取《故乡》《孔乙己》《阿Q正传》《祝福》《社戏》等脍炙人口的文章,带领学生看看百年前鲁迅的故乡,看看那里有哪些可爱又可悲的人物,去感受故乡在鲁迅心中的非凡意义,同时由彼及此,去体味自己故乡的美好,同时唤起学生的家国情怀。

第四部分以"我眼中的鲁迅"为题目进行作文创作。通过一学期的学习,学生对鲁迅有了相对充分的认识,请学生将这种认识通过文字表达出来,化作更永久的纪念。此次作文题目对写作内容没有过多的要求,学生从鲁迅其人、文章风格、文章内容,或者自己感兴趣的任何角度写作都可以,表达清楚自己的认识即可。这样相对自由的写作,是期待能看到学生心中真实的想法,看到学生关于鲁迅有自己更新颖的理解。

课程特色:

"相遇鲁迅"是六年级校本课程,与语文课有一定的紧密联系,由于语文课在学生日常学习生活中接触较多,大多数同学会失去对此门课程的新鲜感,因此在课程呈现上采取以下方式,以期唤醒学生的学习热情。

1. 授课方式的变化。传统课堂教师在讲台讲,学生在座位听,两者形成对立关系,而在此课堂中,教师和学生围坐在一起,像朋友间谈心一样将课程内容展开,既拉近了教师与学生的距离,又容易让学生产生向师性,进而产生学习的兴趣。

2. 课程资源的增加。在本课程内容的呈现上加入了大量的图片、音频、视频,大大调动了学生的好奇心及求知欲。尤其是电影及人物访谈视频的加入,让鲁迅在学生心中活起来,再提到鲁迅不再是根根直立的头发和犀利的眼神,学生的心中树立起温情鲁迅的形象。

3. 学习内容的变化。学习鲁迅一定离不开他的作品,作品永远是学生认识鲁迅最好的方式。但本课程的开篇之讲并没有从作品讲起,而是从介绍鲁迅其人开始,让学生明白鲁迅并不是冰冷的,而是有血有肉的,是与我们一样活生生的人。关于鲁迅主要社会关系的讲述,大大激发了学生的学习热情,学生中有四名同学是我自己班级的学生,上完校本课后围着我问下一节课会讲什么,还不断跟我探讨关于课堂中讲述的一些问题,这是在常规课上少见的现象,那一刻我真正明白了校本课之于学生的意义——让他们看到更广阔的天地。

第八节　水浒人物谈

一、课程目标

1. 了解《水浒传》故事情节,认识更多的水浒人物,培养学生阅读经典名著的兴趣。

2. 通过重要情节的语言、动作描写分析人物的主要特点，认识人物性格的复杂性，又通过表演的形式加深学生对水浒人物"侠义"的理解。

3. 能初步理解、鉴赏文学作品，受到高尚情操与趣味的熏陶，丰富精神世界，提高综合语文素养。

二、课程内容

宋代奸臣当道，正直之人无生存之地，很多英雄好汉最终被逼上梁山，这是一部英雄的交响曲；这是一部美丑的照妖镜；这是一部奋斗史；这是一部寒暑表；这是一部世相画；这是一部令人荡气回肠的史诗。校本课程中将以五个阶段与学生共同细细品读，具体内容如下：

（一）精读水浒经典

1. 科学安排，课内课外有机结合

《水浒传》通行版本为一百回，要是泛读，学生一至两周即可读完，但是，以六年级学生的阅读水平，短时间内阅读那么长的小说，肯定是囫囵吞枣，像猪八戒吃人参果那样食而不知其味，同时还会影响各门功课的正常学习。所以我们采取的是有计划精读的教学策略，每周精读五个章节，通常在上周周末布置任务让学生课外找时间阅读，下星期五在校本课程上检查学生的阅读效果，开展讲故事等相关活动，这样，既能检查学生的名著阅读状况，又能激发学生的阅读兴趣。

2. 圈点勾画，把握文章重要信息

当代学者不动笔墨不读书，中学生阅读名著也应读书留痕。我建议学生人手一套《水浒传》，边读边将小说中的重要人物，重要事件以及精彩的语言等用笔勾画出来。我要求学生每读完一章小说，都要将书轻轻合上，检查自己能否记住圈点勾画的重要信息。为了保证精读的要求落到实处，每周五的校本课上，第一个教学环节就是由组长对本组（一般4到6人一组）同学书上的圈点勾画内容进行检查和评比，对做得好的同学提出表扬。其次，利用投影仪，将小说中的重要信息以填空的形式显示在屏幕上，再由每组组长陈述本组成员对小说内容的掌握情况。

3. 概括情节，组内讲述水浒故事

概括能力，是中学生重要的语文素养之一。通过阅读名著，可以很好地培养这种能力。学生课外阅读《水浒传》时,我布置学生每读完一个章节,就用200字来编写小说的故事梗概,每周四下午,我将学生本周必读章节的故事梗概收上来检查批改,选精彩的在周五校本课上进行交流展示。

4. 梳理归纳,深刻认识人物形象

《水浒传》的最大成功是刻画了众多栩栩如生的人物形象,阅读《水浒传》,指导学生认识小说中的人物形象是一项重要任务:按计划一周只读五个章节,大约一个学期才能读完全书,所以对小说中人物形象的认识经常是片面的或者不够深刻。为了解决这个问题,我根据阅读进度,适时指导学生梳理归纳。通过前后联系从整体认识人物形象。比如:我曾经要求学生梳理有关林冲的故事,主要有误入白虎堂,刺配沧州道,棒打洪教头,风雪山神庙,雪夜上梁山,水寨大火拼等,对于每一个故事,我要求学生能用简洁的语言概述,方法同概括故事情节一样,说清故事的时间,地点,以及事情的起因,经过和结果。将这几个故事联系起来,学生就很容易理解了。

(二)重温影视经典

学生通过一阶段的细读,对小说情节、人物形象都有所了解,再结合《水浒传》的重要章回通过在课上进行影视展示,通过动作、语言及演员入木三分的表演让学生更加透彻地认识人物性格的复杂性并且能够辩证地看待水浒人物的"侠肝义胆"。

(三)再现水浒经典

有了初步的经典精读做铺垫,又有了赏析影视经典的前提,学生对于水浒重要人物的语言、人物形象……已经有了更深一层的体会,此时此刻,学生的信心、满足感已经到了顶峰,此时此刻,放手将课堂大权交予学生,让学生进行表演,学生不但能将小说情节牢牢记住,是因为兴趣而记忆,而不是死记硬背,又能将人物形象表现得淋漓尽致,对于《水浒传》的感知力又上升了一个高度。

(四)续写水浒经典

一千个读者,就有一千个哈姆雷特。所以《语文课程标准》要求中学生:欣赏文学作品,能有自己的情感体验,初步领悟作品的内涵,从中获得对自然,社会,人生的有益启示。所以我指导学生进行小说创作训练,一是补写

水浒英雄故事,选择《水浒传》中的一个英雄人物,根据人物性格及其时代特点,设想他还会做出怎样的壮举;二是超越时空,选择《水浒传》中的一个英雄人物,让他来到当今世界,遇上现实生活中与《水浒传》类似的事情,想象一下,看他们是否还会"路见不平一声吼,该出手时就出手",结局又会如何?创作训练,不仅有助于提高学生的写作水平,而且能帮助学生形成正确的是非观,学生大多能以法制的观念看待水浒中的人物行动。

(五)夯实水浒常识

有人说,从熟练到精通,练习占据了至关重要的地位,学生对于知识的掌握也是一样,所以校本课程后的习题练习,夯实基础也是至关重要的,第一,练习能够帮助学生理解知识并加深记忆,第二,练习也可以作为自查的重要学习手段,第三,练习亦可以成为学生日后复习的重要参考依据。所以在最后一阶段,还是要进行必要的习题检测。

第九节　诗词诵读课程

一、课程目标

1. 使学生掌握发声方法和朗读技巧,学说普通话。
2. 教会学生有感情地朗读诗歌。
3. 了解诗人及创作背景,知人论世,培养学生对诗歌朗诵的热爱。

二、课程内容

本课程以诗词朗诵为主要内容,诗歌包括《祖国啊我亲爱的祖国》《再别康桥》等经典现代诗歌,《钗头凤》《将进酒》等古代诗歌。多种诵读方法指导,并辅以电影片段,朗诵视频的教学手段。渗透作者以及写作背景等知识内容。课程以每首诗歌为单位开展学习,具体内容如下:

(一)《再别康桥》

朱光潜先生曾说过:"诗比别类文学较谨严、较纯粹、较精微。"诗歌的内容特点是抒发情感,不管是绘景咏物,还是写人叙事,无不为了抒情。抒情是诗歌的生命、灵魂。因此,《再别康桥》的教学,应捕捉诗歌的意象,联系具体的背景,通过想象体会诗歌中所蕴含的眷恋、愁苦、洒脱之情,从而进行更好的朗诵。

首先,请学生帮助选择配乐。促使学生选小提琴曲《梦幻曲》。《梦幻曲》的基调是温柔、婉约、内敛的,能让人产生无限的遐想,能让人夜不成眠,能让人站在冷风中沉思。而其他几首曲子的基调或过于高亢,或悲壮有余,与《再别康桥》不和谐。学生选用配乐的过程,其实就是感知全诗,并检验自己的整体感知是否准确的过程。

从意象中体会情感。指导学生谈自己从"云彩""金柳""夕阳中的新娘""波光里的艳影""软泥上的青荇"等意象中获得的感受。告诉学生:诗歌中,一切景语皆情语。自然界中的山水草木、鸟兽虫鱼、日月星辰等,一旦写进诗歌之中,就渗透着作者的情感,就成了艺术形象了。这种艺术形象人们称为意象。我们鉴赏诗词就要通过分析这些意象,从这些意象中感受情感,从而正确地理解诗歌。接下来,老师可做示范朗读:第一节"轻轻的我走了,正如我轻轻的来;我轻轻的招手,作别西天的云彩",诗人连用三个"轻轻的",使我们仿佛感受到诗人踮着脚尖,像微风飘来,又悄无声息地飘去。以实例引导学生朗诵诗歌,谈自己的朗读感受。学生经过朗诵,大致会对《再别康桥》做出如下三种理解:第一,诗人向母校剑桥大学告别;第二,诗人向自己告别;第三,诗人向自己的意中人告别。这些见解与许多大学者大专家的观点相一致,可见同学们很善于通过朗诵鉴赏诗歌。最后,句句领读、齐读、范读,结束课程。

(二)《有的人》

教师范读诗歌后,教师带领同学句句跟读标清字音,找同学范读同学跟读强化字音。PPT展示鲁迅生平,教师可引导学生跨越一般的朗读,对朗读进行艺术化处理。本首诗歌适合用赞美与蔑视两种不同的语气进行对比诵读,韵味十足。同学们在配乐《英雄的黎明》中朗读全诗,男女同学对比朗诵,最后再重读最末节三次。通过这样艺术化的处理,学生在朗读中有一种新鲜感、奇异感,在这种情况下,学生就会更深入地感受诗中所寄托的感情。

(三)《钗头凤》

提供陆游的生平经历和背景材料,知人论世,促使学生更准确地理解诗歌。陆游二十岁与表妹唐婉结合,不料唐婉的才华横溢与陆游的亲密感情,引起了陆母的不满(女子无才便是德),在封建礼教的压制下,虽种种哀告,终归走到了"执手相看泪眼"的地步。孰料,情深缘浅的这一对恋人竟在绍兴二十年,于城南禹迹寺的沈园意外邂逅,陆游"怅然久之",于沈园内壁上题一首《钗头凤》,沧然而别。唐婉读此词后,和其词,不久即郁闷愁怨而死。这首《钗头凤》写的是封建礼教压迫下的一出爱情悲剧。资料供学生参考,然后指导学生采用对读的方式进行配乐朗读。配乐《往事》注意几个哭音的处理教授。

(四)《祖国啊我亲爱的祖国》

首先,这首歌颂祖国的诗歌,读起来要避免"矫揉造作"。和其他诗歌的朗诵一样,要自然,决不可以做作。诗词的感情虽然比其他文体来得强烈,但仍然是发自内心的真情流露。要朗诵好一首诗,首先要认真阅读,领会作者的感情。这首诗歌较长,要让学生先熟悉诗歌内容,交流表达了作者何种情感,每一种情感的具体差异是什么,需要以什么样的语气和处理技巧来朗读。让学生生成,老师点评,最后,老师范读,学生跟读,形成集体配乐诗朗诵。

三、课程特色

课程的教学目的是使学生掌握发声方法和朗读技巧,学说普通话。教会学生有感情地朗读诗歌。了解诗人及创作背景,知人论世,培养学生对诗歌朗诵的热爱。通过诗歌赏析努力地去引起共鸣,使学生自己的感受接近作者的情感。

普通诗歌讲授侧重赏析,此校本课程注重朗读技巧的讲授,每首诗歌配有音乐和教师范读,教师教授发音吐字,只有这样,朗诵才能成功地再现作者的情感。

课堂给予每个学生读的机会,课程接近尾声时,都会让每个学生到讲台前进行配乐诗朗诵,老师录制成视频,发送给家长,成为成长学习过程中的珍贵资料。

第十节　风华小驻——记者团课程

一、课程目标

1. 通过有关新闻、记者、摄影等方面理论知识的学习，进而丰富学生的表达写作等能力。
2. 通过丰富多彩的活动，如校园摄影、采访、参观、朗读者比赛等提高学生的兴趣，丰富学生的校园生活，培养孩子积极乐观的情感。
3. 通过参观电台、参观烈士纪念馆、参观高法、参与公益等一系列实践活动，拓展孩子的视野、丰富学生的思想。

二、课程内容

	课程内容
第一课时	《走进记者团》
第二课时	《摄影技巧——理论篇》
第三课时	《摄影技巧——实践篇》
第四课时	《采访技巧——理论篇》
第五课时	《采访活动——实践篇》
第六课时	参观黑龙江广播电台、主持人培训讲座
第七课时	参观、采访东北烈士纪念馆活动
第八课时	手工DIY相册制作
第九课时	《朗读者》欣赏及任务布置
第十课时	小记者《朗读者》比赛活动
第十一课时	参观省高等法院活动
第十二课时	参观哈尔滨市规划馆
第十三课时	校园公益行动系列
第十四课时	手工DIY相册制作
第十五课时	记者团总结表彰活动

以上课程可以分为以下几类。

(一) 理论提升

本课程主要由黑龙江广播电视台主持人芃芃老师、信息组杨老师以及政治组柴老师对于新闻、记者以及摄影等方面的理论知识为学生们提供专业的培训和指导,让同学们走近记者、走近摄影,拓宽学生们的视野。本环节的主要目的是先组织学生就相关主题进行基础知识的学习,确保学生对下一步的实践活动做到有理论、有方向,增强实践的目的性。在课程教学中,利用投影、幻灯等电教课件教学,同时结合视听新闻作品的观摩与评价,互联网络传播的信息流通与教学互动等,让学生在活动中增强新闻敏感,提高新闻采写能力,成为一名合格的小记者。

(二) 校内实践活动

本课程的校内实践活动主要包括:由教师指导、学生小组讨论设计并由授课教师协助组织进行校内的采访活动,其中不仅仅对于风华中学的各门校本课程进行了参观和采访,还与风华中学的老师、校领导、烈士纪念馆工作人员进行了面对面的交流,这些活动不仅仅锻炼了学生们的胆量,还有助于学生们各方面能力的提升。同时,结合同学们对于摄影理论知识的掌握,用相机在风华园捕捉最美的瞬间,并将优秀作品通过海报进行展示。

(三) 校外实践活动

本课程的校外实践活动主要包括参观黑龙江广播电视台、参观东北烈士纪念馆、省高级人民法院、市规划馆以及参与公益等活动,第一,由黑龙江广播电视台的专业记者对小记者们进行记者专业素养和技能的培训,使学生们真正融入其中,get新的技能;第二,由风华中学毕业的学长为同学们讲述那段所有中国人不能忘记的屈辱的历史,触动学生的心灵;第三,通过让同学们亲身参与公益活动,增强同学们对于生活的认识和感悟,培养学生们积极向上、乐于助人的良好品质。同时走进电台、高等法院、烈士纪念馆、规划馆等,让同学们走出课堂,到更专业的地方以及博物馆学习,同学们会更加兴致盎然、感受更真实。

(四) 学生感受反馈

在实践活动过程中,学生分组参与校内或者校外实践,并按照课内理论知识学习的要求,做好实践作业的积累,并记录实践过程与感受。学生们将自己做出的实践作业进行展示,并交流自己在实践过程中的感受与收获,交流有效实践的经验,分析自身的不足,为下一次实践积累经验,并通过相机记录令人感触的每一个瞬间。同时,对于同学们的收获和感悟,以及一些优秀的作品都会通过风华中学的公众平台进行展示,共同见证学生们的成长与进步。

(五)课程特色

"风华小驻——记者团"校本课程的设计,涵盖了学生快乐成长、学科延伸、社会实践以及自我挑战等方面,力争让每个孩子学有所长,乐有所属。风华小驻,这是一个记者团,融入采访、参观等活动,活动中展开摄影、写作方面的知识及锻炼,进行一系列实战采访,挑战自我。风华小驻记者团常常带着孩子们走出教室、走出校园、深入社会生活,让孩子们的视野不断拓展,深受孩子们喜爱。

同时每一次活动的展开,使小记者们树立了较强的团队精神,学会合作、学会与他人交流,养成了尊重他人、遵守团队纪律的良好品质;孩子们在实践过程中,学会聆听,学会获取、处理信息和资源的能力,形成独立思考能力;同时,通过实践活动的组织,使学生们获得了亲身参与实践的积极体验,能够正确地面对困难和挫折,增加了对于新闻的敏感度和辨析能力,形成了对于社会、对自我的整体认识,进而热爱生活、关爱自己、关爱社会,树立强烈的责任感,甚至初步形成一定的职业观念和方向。

第十一节　历史风云课程

一、课程目标

1. 通过学习,带领学生穿越厚重的历史风云,探索历史之谜,追寻历史真相,解读历史人物,还原历史事件,从整体上培养提高学生的历史学科素养。

2. 通过学习,引导学生在探索历史中学会求知,在追寻历史真相中学会合作,在解读历史人物中学会做人,在还原历史事件中感悟人生。

3. 通过开展形式多样的历史活动,如仿制彩陶、历史文创制作书签等培养学生的动手实践能力,小组合作能力,团队意识,从整体上提高学生的综合能力。

4. 通过参观烈士纪念馆、东北抗联博物馆等一系列实践活动,带领学生跨越时空,近距离地触摸历史,在历史博物馆中探索历史。

二、课程内容

	课程内容
解读历史人物	第一课时《从扑克牌到亚历山大》
	第二课时《从扑克牌到恺撒大帝》
让文物活起来	第一课时《破解远古彩陶之谜》
	第二课时《设计远古彩陶图样》
	第三课时《动手仿制远古彩陶》
博物馆中探索历史	第一课时《参观东北烈士纪念馆》
	第二课时观看《热血丰碑——南杨北赵》
	第三课时制作以白山黑水铸忠魂为主题的东北抗联手抄报
	第四课时《参观黑龙江省博物馆》
	第五课时《参观哈尔滨市规划馆》
历史剧表演	第一课时学生创编历史剧本
	第二课时学生练习历史剧表演准备道具
	第三课时学生以组为单位进行历史剧表演并进行点评
历史文创	制作创意书签

以上课程可以分为以下几类

(一)解读历史人物

本课程主要由教师在课上采用多种教学方式和手段,带领学生了解历史人物的生平,并对历史人物进行深度解读。在解读历史人物的过程中引导学生学习历史人物的优秀品质。

(二)让文物活起来

文物是承载中华文明的古老载体,每一件文物都展示着中国古人的智慧与创造,尤其是国宝级的文物更反映着中华民族不断精进的工艺水准和悠久传承,是流动在我们血脉深处的文化底蕴!本课程主要通过教师带领学生了解文物,并通过各种活动让文物活起来,如破解彩陶之谜,揭开高冷文物神秘面纱！设计远古陶器图样，和古人比创意！动手仿制远古彩陶，和古人比手艺等，从而带领学生走近文物让学生更进一步地了解厚重的中华文明！

（三）在博物馆中探索历史

历史博物馆里有大量珍贵的文物，这些文物是最好的历史见证。历史博物馆中大量的文字史料，文物实物、复原的历史景观，再配合声光电的使用，为我们真实地再现历史，还原历史，可以说历史博物馆是一部鲜活立体的历史教科书。本课程由教师组织学生到历史博物馆中参加学习，并请专业讲解员进行生动的讲解。在这里上历史课，学生们可以跨越历史时空，近距离地触摸历史，感受历史。体验和平时不一样的历史课堂！

（四）历史剧表演

本课程在教师的指导下，由学生自己创编历史剧本。历史剧本要再现真实历史，不得戏说和篡改历史，同时要表演积极向上健康的情感。学生创作好的剧本教师要严格把关。历史剧表演五到六分钟，学生在练习历史剧表演时教师要分组给予指导，确保最后汇报演出的效果。通过学生自编自导自演历史课本剧，既激发学生对历史学习的兴趣，又能提升学生的综合能力。

（五）历史文创

文创的精神就是历史的传承。本课程为学生搭建创意平台，教师带领学生自己动手，发挥创意，把在课堂上学习到的历史知识运用到手工艺上，设计出具有历史韵味的书签、课程表、笔筒、书包等历史文创产品。

三、课程特色

历史风云校本课程的设计，本着"以活动促发展"为指导思想，积极开展各种形式的活动，大胆尝试和探索，为学生创造历史学习的新空间，为学生搭建施展才华的新舞台。学生的智慧和创造是无穷的，只要我们相信学生，为学生开展丰富多彩的历史活动，学生就会不断地给我们创造惊喜，我们的历史风云校本课堂也会更加丰富多彩，生机盎然。通过这些丰富多彩的历史校本课程，不仅让学生爱上历史，还让学生在参与这些活动的过程中,学会求知,学会合作,学会做人,让每一个学生在历史风云校本课上都能获得不同程度的发展,最终促进学生的全面成长。

第十二节 天下地理课程

一、课程目标

1.学生通过学习,初步了解地理相关知识,借助视频,图片等多媒体资料,了解我们赖以生存的地球。

2.对地理课堂的更好补充,与部分课堂内容紧密联系,在实践中培养自主学习的能力和兴趣,善于从生活中发现地理。

3.通过动手制作,培养学生动手能力,了解地理知识,感受世界各地差异。

4.通过科普馆的参观,开阔视野,亲身体验,了解相应知识,增长见闻。

(一)你我相聚天下地理

作为天下地理校本课程的第一节课,教师首先进行自我介绍,点名,统一学生的思想。学生之间上台展示介绍,增进彼此的了解,教师进行分组明确要求,重点强调对物品的准备要认真,明确校本课的意义,形成分组电子名单,为以后进行活动做好准备。地球是生命的摇篮,人类在地球上诞生在地球上生息和繁衍,人类与地球的关系是不言而喻的。观看影片《地球的诞生》。本学期的校本课程就是想通过一系列的影像视频,让学生了解我们赖以生存的地球存在的各种危机,让每一个孩子都能深刻地认识到保护地球的重要性,学生书写观影记录感悟。

(二)风华学子呼风唤雨

地理课堂上学习过天气与气候,本节校本课不仅锻炼了同学们的动手实践能力,也是对课堂知识内容上更好的补充,让学生们对天气与气候对人类生产生活的影响有了更加真切的体验。运用生活中简易或废弃的纸板、矿泉水瓶、吸管、牙签等工具,制作方向标和雨量器,通过制作并加以应用,让学生感受到风的大小及对我们的影响,学习使用雨量器,明确降水的大小测量的方法。深刻理解天气与气候对人类生产生活的影响。

(三)国际美食相约风华

地理环境是人类生存的基础,不同地域的人们因为获取生活资料的方式、难易程度及气候因素等不同而产生并积累了不同的饮食习俗,形成风格迥异的饮食文化。本节校本课首先观看视频《寿司的由来》,从地理视角了解寿司的起源及制作方法。学生准备紫菜、米饭、多种蔬菜和水果,学习悠久的美食文化和历史,了解并掌握简单的美食制作,通过亲手制作三明治、寿司和水果沙拉,推动科学健康的美食氛围,感受世界各地饮食差异,感知生活中的地理。

(四)心系天下制作民居

各地的地理气候条件和生活方式都不同,因此,各地人们居住的房屋的样式和风格也不相同,民居体现出人类适应自然的智慧。课前学生需要准备好自己喜欢的民居图片和相对应的材料,在学生制作民居的过程中,不仅对各地的民居特点有所了解,也会深刻地感受到地球上不同地区的自然环境的差异,初步形成人地和谐的地理思想。制作过程也考验小组之间协作、对建筑物的模仿建造能力。

(五)家国天下水果地图

世界是如此浩瀚和巨大,它被分为七个大洲,四个大洋,全球还被划分为13个区域,共有224个国家和地区。学生们找出自己喜欢的一些大洲和国家打印出来,并用五彩斑斓的水果块填充它们,使得那个国家或地区的地图更加立体,学生们动手制作水果地图的同时,也能明确一些大洲或者国家的轮廓,比如中国的轮廓像一只雄鸡,意大利的轮廓像一只靴子等等,发挥他们的想象力,在轻松愉悦的氛围里,更能快速地记忆掌握。

(六)防震减灾地震科普

地震是地球局部的震动或颤动,伴有造山运动或其他地壳运动。当人们听到这个词时,都会感到恐慌和害怕,通过此课程的学习,让孩子们参观防震减灾科普馆,开阔学生们的视野,明确地震相关知识,了解地震这种自然现象的产生、危害、逃避等知识,参观时有提问、互动、获得小奖品、亲身体验地震模拟小屋等环节,激发学生学习和参与的积极性。科普馆通过多媒体展示、模拟情景再现、趣味互动演示、动手搭建等方式,使学生在体验和互动中,掌握地震科普知识,增强防震减灾意识,提高公众应急避险和自救互救能力,最大限度减轻地震灾害。

三、课程特色

天下地理这门课程,有用眼睛看、用手制作、用嘴品尝、用身体感受等环节,更能吸引学生的参与,他们是课堂的主角,发挥他们的巨大作用,并且学到的东西能运用到以后的生活和实践中。

第十三节　生物时代课程

一、课程目标

1. 以培养学生探究能力和精神为中心,从不同角度不同活动内容对学生进行多方位生物科学素养的培养。

2. 掌握生物学基本的观察技能,如利用显微镜、放大镜等仪器观察生物内部结构,了解其结构特征。

3. 将生物与艺术结合,将科学与艺术两种不同学科融合,碰撞出新的火花。

4. 将生物与现代技术融合,将知识应用于生产生活,学以致用。

二、课程内容

"生物时代"校本课程是以培养学生生物科学素养为目标而设立的。生物学科素养的内容具体包括:1. 对生命的理解和尊重;2. 健康生活;3. 探究能力;4. 对社会的责任与担当。由此将校本课程分成显微观察、植物奥秘、生物与艺术结合、模型制作、动物探究、生活生产几部分。如通过显微镜的使用探究微观世界的奥秘,掌握生物最基础的观察技能,生活中常见的动物、植物。并将生物与艺术结合,制作植物贴画、叶脉书签、插花等。生物技术发展迅猛,我们就将生物与生产、技术相结合,尝试制作护手霜、手工皂等。课程模块主要分为:

1. 显微观察：应用显微镜观察动植物、微生物的永久玻片或者自制玻片，进一步了解生物微观结构特征。

2. 观察动物：初步了解观察动物的方法，从外部到内部，从宏观上了解各类动物的特点。

3. 生物与艺术：从生物学的角度认识美，欣赏美，制造美。

4. 模型制作：在初步了解生物特点后，进行加工再创造，并将其生理功能融入其中，体验生理过程。

5. 健康生活：了解自己身体的奥秘，学会科学饮食、健康生活的方式。

6. 生物技术：自己动手将科学技术变成自己生活的一部分，了解现代生物技术。

7. 社会实践：走出课堂，走向自然，走向社会，重在动手实践、亲身体验与社会观察，尝试学习课本以外的知识。

三、课程框架

类别	内容
显微观察	显微观察草履虫
	显微观察动物各结构玻片
	显微观察植物器官中各组织玻片
观察动物	探究动物运动系统组成
	观察部分无脊椎动物
	观察昆虫主要特点
生物与艺术	植物贴画
	制作叶脉书签
	插花艺术
	鸟羽毛拼画
	双色花

- 模型制作
  - 制作细菌模型
  - 制作膈肌运动模型
  - 测量脉搏、测量肺活量
  - 常用实验仪器使用方法

- 健康生活
  - 比较不同水果蔬菜中维生素 C 含量
  - 制作创意食品
  - 胡萝卜的故事
  - 模拟血型鉴定

- 生物技术
  - 自制护手霜
  - 自制精油奶皂
  - 自制润唇膏
  - 自制果醋

- 社会实践
  - 播种的乐趣
  - 参观博物馆

五、课程特色

"生命代码科学诠释,科学探究共同成长",生物校本课程以培养学科素养为目标,以生活、技术、美术、科学为基点。培养学生参加社会活动、经济活动、生产实践和个人决策所需的生物科学概念和科学探究能力,包括理解科学、技术与社会的关系,理解科学的本质以及形成科学的态度和价值观。

以学校为载体,对课程资源进行更大限度地开发。探索与实践将带领学生们走进科学世界,用科学的眼光看待世界。依据学生的知识水平、认知水平,以锻炼能力,发散思维,培养兴趣为目的的生物第二课堂。科学与技术,科学与环境都是密不可分的,关注日新月异的科学新发展,了解发展科技,生产的同时,保护人类赖以生存的环境已成为当今的社会可持续发展的重大课题,环境教育是公民科学素养教育的重要组成。通过校本课程了解社会、技术、环境,增强社会责任感和爱国家爱家乡的情感。学生能够进一步了解地球绚烂多彩的生物,每一种生物都是独一无二的,激发学生探究它们的结构特点,生存环境,面临的危机等。

"生物时代"也是一门生物实践课程,包括生物绘图,制作模型,设计并操作实验等,以此锻炼和培养学生科学探究能力和逻辑思维能力。在探究中体验生物的奥秘,在探究中领会艺术的魅力,在探究中领悟健康的真谛,在探究中体验创新的灵感。

第十四节　趣味数学课程

一、课程目标

1. 在生活中学数学,以学生生活中实实在在的鲜活材料来吸引学生对科学的兴趣。将数学知识巧妙地运用于生活之中,增加学生对数学的兴趣,实现新课改所倡导的情感体验,培养良好的科学态度和正确价值观的目标。

2. 充分利用生活中的数学情境,鼓励学生通过讲故事、做游戏、直观演示模拟表演等形式,引导学生积极探索数学奥妙,激发学生对数学的兴趣,培养学生数学思维。

二、课程内容

趣味数学课程包括数学游戏、数学魔术、九宫格等形式的趣味规律数学、生活中的数学、解决问题策略等。

(一) 数独

数独是一种源自18世纪末的瑞士,后在美国发展、并在日本得以发扬光大的数学智力拼图游戏。拼图是九宫格(即3格宽×3格高)的正方形状,每一格又细分为一个九宫格。在每一个小九宫格中,分别填上1至9的数字,让整个大九宫格每一列、每一行的数字都不重复。

(二)数字(Numbers)

介绍五个重要数学概念的历史沿革,以及这五个数学符号概念带来了哪些文明科学进展,如何对人类生活产生影响。内容深入浅出,表现手法丰富,题材较少见、富于教育性。数字、符号为什么让我们这么着迷?计算一个永远没有尽头、没有标准答案的数字,似乎有点傻气,但就是这股傻气创造了文明。

(三)数学魔术

数学魔术是指利用数学原理做成的魔术。随着时代的变迁,数学魔术也在进化,从简单的加减乘除,到复杂的方程计算,都被应用到魔术当中,甚至面积也包含在内,这就是数学魔术。数学魔术以游戏的形式把人们引向数学领域,无论表演者还是观众在数学魔术的交流中既可以增加乐趣又可以获得成就感。数学魔术不仅让人欣赏到了精彩的表演,更能引起人们的思考。法国魔术学家多米尼克·苏戴在数学魔术领域独树一帜,他开放了数学魔术为人们带来数学中鲜为人知的一面,他被称作近现代最著名的数学魔术师。事实上,世界各国的魔术师或多或少都会一些关于数学的魔术,许多心理魔术、预言魔术也与数学或逻辑学有关。数学魔术可以说是进行了学科之间的融合,把数学知识带入魔术中,而把魔术运用到数学中来。

(四)《数学的故事》——超越无限

带领观众重返数学史上一个又一个的黄金时代,重现数学璀璨星河中,诸如牛顿、莱布尼兹和高斯等数学家传奇的探索历程。在本片宏大的时空叙事中,观众逐渐明白,那些大家如今习以为常的数学理论,实际上是人类数百年甚至数千年的智慧结晶,其成就之伟大,令人肃然起敬。

(五)莫比乌斯带

公元 1858 年,德国数学家莫比乌斯(Mobius,1790—1868)和约翰·李斯丁发现:把一根纸条扭转 180°后,两头再粘接起来做成的纸带圈,具有魔术般的性质。普通纸带具有两个面(即双侧曲面),一个正面,一个反面,两个面可以涂成不同的颜色;而这样的纸带只有一个面(即单侧曲面),一只小虫可以爬遍整个曲面而不必跨过它的边缘。这种纸带被称为"莫比乌斯带"

(也就是说,它的曲面只有一个)。

(六)《改变世界的方程——相对论的故事 Einstein's Big Idea》

1905 年,年轻的阿尔伯特·爱因斯坦改变了我们考虑空间、时刻和物质的方法。他认识到,要了解为什么光速在所有参照系中都相同,仅有的方法就是假定时刻并不像牛顿所认为的那样是肯定的,而是相对的。在运动体系中时刻的消逝是不同的。并且,刚体的长度也不是稳定的而是改变着的,这种现象被称为洛伦兹收缩。此外,爱因斯坦还认识到,物质和能量在本质上是相同的。依据他的出名公式 $E = mc^2$,质量可以转变为能量。

(七)约翰·纳什与《伟大的疯狂》

约翰·纳什,数学家,诺贝尔经济学奖的获得者,电影《美丽心灵》的原型,曾患有长达 30 年的精神分裂。比起艺术化的电影《美丽心灵》,这部纪录片更值得一看,因为它更完整地记录了纳什的生平,并且对理论发现的全过程进行了更深入的探索。

(八)《数学大迷思》

数学一直是其他解释世界基本原理的学科的基础,那么数学到底从何而来呢?又为何如此重要?本节课 PBS NOVA 系列纪录片带我们探索数学运算究竟如何在大脑中运作,并思索为何数学在解码宇宙的探索中是如此适用。

第十五节　化学探索课程

一、课程目标

1. 认识身边的化学物质,了解生命的历程,找寻健康的生活方式。

2. 认识化学对社会的影响,创造适合人类的生活环境,享受化学带来的美好生活。

3. 掌握科学探究的方法,能够独立探索简单的科学知识,感受最新最强大的前沿科学。

二、课程内容

(一)身边的化学物质

认识空气,实验捕捉空气。学生分组利用塑料袋、注射器、水杯、集气瓶捕捉空气。初步了解压强、水、生命、污染、地理位置对空气的影响。

(二)化学与社会发展

衣服中各种成分对人们的舒适性、功能性的改变,实验鉴别各种材料掌握各种材料的特性。

学生分组实验棉、麻、丝、毛等材料在燃烧时的气味以及燃烧产物的特点。

研究食品中的添加剂对口味和健康的影响;实验各种干燥剂的性质;学生分组让铁粉在蜡烛火焰上燃烧;生石灰干燥剂加入冷水让水沸腾;硅酸干燥剂滴加少量水可以在水中舞蹈等。

常见的建筑材料;实验大理石及主要成分碳酸钙受酸性环境的影响;学生分组让蛋壳、贝壳中的成分碳酸钙与食醋反应观察气泡。

交通工具的发展;新型材料及燃料的利用;火灾地震的安全自救措施等。

(三)科学探究

掌握科学探究的步骤,实验独立探究生活中的物质,学会小组合作以培养团队意识,学生分组探究塑料及塑料制品的结构特点,手撕塑料袋、燃烧塑料、尝试修补塑料格尺。

三、课程特色

(一)设计吸引学生的课堂导入

导入课程的方法有很多,如多媒体导入法、实验导入法、比较导入法等等。课堂导入的选择需要教师根据课程的内容、难易程度和学生的实际情况来决定。精彩的课堂导入能在课的开始就紧紧抓住学生的注意力,使学生产生强烈的求知欲,达到良好的教学效果。

(二)有趣的实验教学

初中学生好奇心强、求知欲旺盛,千变万化的化学实验正好符合学生的要求。因此,教师在教学中要借助化学实验激发学生的学习兴趣。同时很多化学探索的乐趣是要自己去寻找的,如:

1. 把醋倒到鸡蛋壳上头,发现有气泡?
2. 为什么放盐要出锅了才放?
3. 煤气中毒的煤气是什么东西?怎么生成 CO。
4. 碳酸饮料遇到薄荷糖可以喷发 还能用来灭火。

(三)与现实生活紧密相连

生活中处处有化学,教师在教学中可以联系现实生活来讲述知识。这种教学方法不但避免了教学的枯燥乏味,而且更能激发学生的学习热情。

(四)课外活动丰富多彩

课外活动是课内教学的延伸,可以让学生在轻松愉快的气氛中巩固化学知识。化学课外活动的内容及方式很多,举办"化学知识讲座""化学知识竞赛""化学展览会"等等,让学生更喜欢学习化学知识。如在"化学知识讲座"中,教师可以讲讲"空气与水污染的危害、原因及防护""温室效应的原因""酸雨的形成""化学与日常生活的关系"等,帮助学生认识学习化学的重要性;也可以讲讲道尔顿、拉瓦锡、侯德榜等著名化学家的成才之路,使学生树立崇高的理想、端正学习态度。精彩的课外活动不但帮助学生巩固了化学知识,还可以联系其他学科的知识,使学生各科的知识得到融合,激发学生更大的学习兴趣。

第十六节 西方节日趣谈

节日是世界各国的宝贵的文化遗产,不同国家的节日反映不同国家的文化背景。我们学习西方传统节日,不仅仅单纯地研究西方传统节日,也要对比研究中西方传统节日的文化差异,从而达到相互理解,相互尊重,以至于跨文化交流的效果。

让幸福通向未来
——哈尔滨市风华中学课程建设的实践研究
RANG XINGFU TONGXIANG WEILAI
HAERBINSHI FENGHUA ZHONGXUE KECHENG JIANSHE DE SHIJIAN YANJIU

一、课程目标

(一) 知识目标

使学生了解西方具有特色的典型节日,如:圣诞节,万圣节,复活节等。不仅仅是停留在节日的名称,庆祝,而是尝试挖掘到节日背后的含义,从而扩大了学生的知识面,开拓了学生的视野。

(二) 情感目标

通过了解西方节日,渗透西方文化,对学生从西方节日开始进行西方文化的熏陶与培养,从而提高学生的文化素养。

(三) 能力目标

课程采取多种形式,例如看视频,阅读文字,情景表演,做手工等方式,达到激发学生的学习兴趣,培养学生小组合作能力的目的。

二、课程内容

(一) 基本内容

西方国家的共同节日,如:元旦,复活节,愚人节,母亲节,父亲节,圣诞节,感恩节,万圣节,分别分单元讲解。每个单元的开篇都会对节日的英文名称,日期,美食,庆祝方式等基本内容进行确认,可以要求学生进行记忆,而针对节日的含义,典故,来源可以进行特殊讲解,例如,开展学生为主进行讲解的小课堂,提前为学生布置任务,方便学生课下查阅资料,在课堂上进行交流,如此,学生的思维摩擦碰撞,大大地提高了课堂学习的效率。

西方国家的特殊节日,例如意大利威尼斯狂欢节,可以学着制作面具;德国科隆狂欢节,可以试着分享巧克力;爱尔兰圣帕特里克节,带领学生学习做帽子;英国格拉斯顿伯里音乐节,学唱英文歌;法国阿维尼翁戏剧节,表演经典西方戏剧等等。除了学习一些必要掌握的西方基本节日,还可以将课程延伸到一些特殊节日,在此举出一些例子,也可以由学生自己选取一些感兴趣的节日,学生自主介绍。

(二) 视频内容

每一个节日都配有对应的英文视频介绍,及一些节日庆祝的视频。除此以外,对于影视剧中的相关的节日的片段,可以进行截取,在课堂上进行表演比赛,不仅了解了知识,同时使学生的英语口语表达能力,合作能力得到锻炼等等。

(三)手工内容

对于一些典型的节日,带领学生进行对应的手工制作,提前布置手工制作材料及用具,在课堂上采取小组合作或者个人独立等方式,在有限的范围内,考虑学生年龄等因素,手工制作小工艺品,进行展览。通过一些手工方式,不仅增强了课堂的趣味性,也加深了学生的理解与记忆。

三、课程特色

(一)内容特色

了解各种各样的西方节日,还可让学生自行选择自己想了解的西方节日,内容丰富,灵活性强。

(二)形式特色

除了基本的教师传授,视频阅读等方式外,更多的是让学生通过各种活动积极参与课堂,在原有课堂形式基础上,侧重于学生准备,学生操练,学生探究,学生制作,在多种形式下增强学生的参与度,培养学生自主学习的能力。例如:做手工,演话剧,学唱英文歌等等。

第十七节 英语影视欣赏

一、课程目标

1. 借助电影这一形式,给学生创造更好的语言学习环境,让学生与原汁原味的英语成为朋友,促使学生练就地道的口语。

2. 在听台词与模仿中让学生逐步养成用英语思维,用英语表达个人的观点和评论的习惯。

3. 借助电影这一形象生动的形式让学生更多地了解英美文化。

二、课程内容

我们在众多的影视作品中找到适合学生年龄特点和他们喜爱的作品,如:《功夫熊猫》(Kongfu Panda)、《哈利·波特》(Harry Potter)、《小鬼当家》(Home Alone)、《星球大战》(Star Wars)、《怪物史莱克》(Shrek)、《小妇人》(Little Women)、《里约大冒险》(Rio)、《夏洛特的网》(Charlotte's Web)(2006)、《音乐之声》(The Sound of Music)、《绿野仙踪》(The Wizard of OZ)等。课程主要包含四大内容:

(一)影视欣赏

以对国外影视作品欣赏为基础,着重孩子对电影的理解和欣赏。让学生结合人物的表情、动作,事件发生的前后因果关系等因素去试着理解故事情节,并可以通过 mind-map 等方式引导学生去了解故事发生的社会背景、不同人物的关系脉络、性格特点、主要事迹、故事发生的轨迹,从而总结出作品讴歌的道德情感,对学生起到促进情感升华的作用。同时,在作品欣赏过程中引导学生去畅游文化的海洋,了解西方国家的文化和中国文化的不同和相同,了解英语国家的风土人情和传统,了解国家的人文历史。

(二)为影视作品模仿配音

在学生对影视作品有了较全面理解的基础上,选择其中一段或几段人物的对白进行体会、拿捏、模仿和配音。引导学生升华对人物的理解,并将这种理解内化、转化为情感、态度、语言的运用,甚至肢体的动作,培养学生对舞台情境的拿捏、配音节奏的变化等。让学生以小组为单位,自己去选择喜欢的段落、喜欢的人物去进行配音,要求学生不只要模仿视频中人物标准的语音,还要去体会、拿捏人物的语调和语气,看谁模仿得最贴切。在这种原汁原味的英语模仿训练中,使学生的语音语调得到提升。具体步骤:

1.问题驱动,情感渲染。教师抓住语感比较强的句子,引导学生通过揣摩主人公心理,更好地模仿其语调。

2.跟读模仿,指导方法。有升有降语调美,有重有轻语感强,有松有紧节奏准。教师提炼模仿的方法,以简单易懂的语言和形象直观的符号提供给学生,引导学生掌握模仿的技巧。

3. 分层任务，体验配音。教师设计不同层次的任务，学生可以根据自己的能力选择并尝试完成，使每个学生都有自己的收获。

4. 交流展示，分享成就。运用"问题驱动，情感渲染—跟读模仿，指导方法—分层任务，体验配音—交流展示，分享成就"这一系列的教学环节，让学生体会到地道的英语，体会到语言的美感。

（三）影视作品戏剧表演

戏剧表演课要引导学生在欣赏和配音的基础上，进行模仿和表演。根据学生的性格特点和喜好，把学生分成若干组，让学生合作表演指定的或自选的情节。在表演过程中，对学生的语音语调和语气、动作表达、表情、台风做细致的引导，并根据影视中的故事情节进行自己的创编或续编。

（四）影视歌曲演唱

对于电影中的插曲进行学习。比如《音乐之声》中的《Edelweiss》和《Do re mi》，《冰雪奇缘》中的《Let it go》。让学生们在优美的歌曲旋律中去感受语言，模仿语言，培养音乐的美感。对歌词中较难的生词及发音进行单独讲解。

三、课程特色

本课程的教学内容有意义，健康，政治导向好。影片人物的语言地道，非常贴近生活，影片长短适中，内容广泛并适合分解。学生通过此课程的学习能够很好地了解背景知识（影片的创作背景，故事梗概，获奖情况，演员简介和影片类型等）。学生有侧重地进行欣赏，并就所观看的片段给出学生思考的问题。学生通过分析难懂的句子，总结段落大意，就各自印象深刻的片段和最喜爱的剧中人发表评论并阐述理由等环节可以大大地提高英语水平，为理解英美文化打下良好的基础。

第十八节　创客空间课程

一、课程目标

（一）知识与技能

学生初步学会策略化思考，并能够自主选择方案和设计简单的解决步骤；掌握基本的编程思维，并能够应用基础编程技术。

（二）过程与方法

学生贴近生活进行观察，创造性地运用软件和硬件，通过分享和协作发现问题、解构问题、探索解决方案，不断实践、完成作品。

（三）情感态度和价值观

学生形成角色和责任意识，能通过协商进行合理分工，主动担当、相互协作，并能够通过交流，形成和分享彼此或共同的成果。

二、课程内容

（一）绘制流程图

用图形化的方式表达出事情的先后顺序、学生在绘制过程中掌握编程思路和解题思路。

（二）组合硬件

对任务进行分析后，学生根据作品要实现哪些功能，选择相应电子元件，正确连接。

（三）编辑程序

学生通过米思奇图形化软件，用搭积木的方式来编程。

（四）团队合作"做中学"

将学生置于一种造物的学习环境中，以小组为单位、合理分工且各司其职，充分利用各种条件和资源制作其作品。

（五）创客作品竞赛

学生在实践任务完成的基础上按照组内的想法和创意进行拓展任务的尝试。展示环节学生说明实践遇到的问题、解决方式、作品有哪些优点、是否存在待改进之处。

三、课程特色

（一）课程内容贴近生活

"闪烁的灯、亮度可调灯、楼道灯、温控风扇……"每个课程内容都精选自日常生活中的真实问题，在解决课堂问题过程中，将所学内容灵活地迁移和应用于解决现实问题。

（二）课程强调小组合作

任务驱动式学习有助于激发学生积极参与、相互评估、相互帮助的热情。注意对学生小组合作中角色与能力加以专门的指导，要求学生轮流承担不同任务，确保每个学生都各尽其职、提高小组内部交流的效率。

（三）课程作品不断创新

创客作品的完成需要学生自主学习很多新的知识和相关技能，为此通过操作演示、观看微视频、模拟实验等活动形式，让学生内化新知识，通过自身不断研究、实践、创新完成新作品。

（四）课程促进深度学习

创客将实践探究与合作学习结合起来。让学生更深地卷入到发现问题、应对问题的思考当中，形成真正有深度的学习。

第十九节　篮球课程

一、课程目标

1. 了解篮球运动的锻炼价值，培养学生参加篮球运动的兴趣和爱好。形成坚持锻炼的习惯。

2. 通过篮球游戏化教学活动，使学生进一步提高篮球的基本技术和简单战术水平，并能在篮球游戏和比赛中运用所学的篮球的基本技术和简单战术。

3. 发展学生的灵活、机敏、反应快捷，以及速度、力量、耐力等身体素质，促进身体的全面发展。

4. 在从事篮球游戏和比赛中，培养学生自尊、自信、集体合作意识，形成积极进取，团结协作的良好作风。

二、课程内容

本课程围绕着篮球的理论知识学习，技术技能学习，实践和考核这四个模块开展课程，具体内容如下：

（一）篮球理论部分

篮球裁判知识游戏化，把裁判手势编成徒手操，裁判知识以诗歌或顺口溜的形式教授给学生激发学生的学习兴趣。

（二）篮球基本技术技能部分

双手胸前传接球、体前变向换手运球、原地或行进间单手肩上投篮、行进间低手投篮、传接配合、原地跳起单手肩上投篮、二攻一配合、半场人盯人防守。

（三）实践部分

通过实践比赛，培养学生参加篮球运动的兴趣，检验学生的练习水平。主要内容包括传接球接行进间低手投篮—全场三对三教学比赛，传接配合—半场控制球，二攻一配合—全场二打一，半场人盯人防守—半场五对五比赛。

（四）考核部分

考核时全班既要有统一的考核标准，又要根据个别同学身体的个别情况进行考核，并把两者有机地结合起来进行考核。

第二十节　排球课程

一、课程目标

1. 掌握排球的基本知识、基本技能及基本比赛规则，对于排球运动及比赛能够熟练参与。

2. 发展学生的速度、力量、耐力、灵敏、协调、柔韧等身体素质，提高心肺功能，促进身体发育，形成良好的运动习惯。

3. 在学习及比赛的过程中，增强沟通、协作意识，培养坚强、勇敢、有毅力等重要品质，为学习生活奠基。

二、课程内容

本课程围绕着排球的理论知识学习，技术技能学习，实践和考核这四个模块开展课程，具体内容如下：

(一)篮球理论部分

排球的起源与发展史,场地与规则,我国排球的发展历程,裁判手势以及排球游戏。

(二)排球基本技术技能部分

排球的基本技术:发、传、扣、垫、拦,以及明确场上最基本位置及走位。

(三)教学比赛

在比赛中熟练运用技术动作,并在比赛中得到运动所带来的快乐。

(四)考核部分

设定考核标准,并根据学生的实际情况进行,把两者有机地结合起来进行考核。让学生在考试中得到锻炼与自信。

第二十一节　啦啦操课程

啦啦操是一项新兴的运动项目,由篮球比赛中场休息的表演演变而来,是融健美操、舞蹈、音乐及各种技巧动作于一体的集体舞蹈,注重激情、活力和团队精神。啦啦操超越健身操范畴,追求最棒的舞蹈动作,听凭感觉天马行空,率性自由,毫无羁绊。既是体育的,又是娱乐的。啦啦操分为技巧和舞蹈两大类,技巧以空中翻腾、托举、搭金字塔等惊险、刺激的表演而极具观赏性,舞蹈又分为爵士、街舞、花球三类,其中,花球表演历史最为悠久,在中国普及程度最高,CBA及一些大型体育活动都可以看到手持花球的啦啦操表演。

啦啦操主要通过团队的合作团结、积极向上、勇于拼搏的精神,去追求一种集体荣誉,形成一种团队精神。它还是一项向人们敞开心扉,让人感动的运动,它强调每一个位置的重要性,让每个人都能感受到他/她是队伍中重要的一分子,使集体中的每个人都拥有同样的目标:通过啦啦操运动,可以形成完完全全的、独特的校园文化。

一、课程目标

通过本门课程的学习,使学生初步了解啦啦操的发展起源和历史,掌握啦啦操的基本理论、基本技术和基本技能,掌握动作编排的基本原则,培养学生的表演能力、教学能力和编排能力；在啦啦操教学过程中，结合专项的特点，培养学生合作意识和团队精神，享受集体荣誉的快乐。

二、课程内容

本课程主要讲授啦啦操运动的基本理论知识、技术动作、创编与评价考核，这四个模块开展课程，具体内容如下：

（一）啦啦操理论部分

啦啦操的发展起源和历史，以及啦啦操运动在国际和国内发展的起源与趋势，并掌握啦啦操的基本理论。

（二）啦啦操的技术动作部分

学习啦啦操的基本动作，不同类型的啦啦操组合与套路及科学的锻炼方法。

（三）啦啦操的动作创编

让学生通过各种渠道尝试对动作、队形、配合进行创编，动作更加科学、合理，队形变化怎样更加流畅，有新意，充满美感，同伴配合怎样体现等等，这是一项充满智慧的挑战工作，对学生提出了更高的要求，提高学生的创新能力。

（四）评价与考核

过程评价，关注学生在啦啦操课程学习中的参与度，包括学习兴趣、学习态度、积极性、表现能力。

结果评价，成套表演＋柔韧难度＋平时成绩，激发学生的表现欲，同时也促进相互学习。

第五章　德育活动系列课程的实践探索

学生活动既是教育的课程资源，又是彰显学生自主管理、体现生命价值的可贵经历。在研究实践中，对传统学生活动进行梳理，使之趋于主题化、规范化、系列化，活动中蕴含合作、坚持、进取、感恩等学生成长的必备品格与能力，成为学生学习成长的重要课堂。

一、日常活动系列课程

每天清晨都由同学演奏钢琴和小提琴，学生伴随乐曲进入校园，这是风华学子每天的晨奏。同时晨读、课前一支歌、课前口号、放学仪式、交往礼仪等都是学生的日常活动，将日常活动重新整理、形成系列课程。将日常风华学子规程以可复制的、相对稳定的方式固定下来，充分发挥这些具有仪式感的日常活动在学校特色文化传承和育人等方面的作用。

二、仪式活动系列课程

在学生的成长过程中，往往会带有"学校印记"，各项仪式活动是留有印记的必要载体，成为学校的特色课程。新生入学仪式会、成长誓师会、开（休）学仪式会、升旗仪式会、毕业典礼等，仪式活动课程突出对学生的规范、礼仪、修养等成长品质教育，不同阶段给学生留有不同的"风华印记"，在实施发展中不断创新。

三、节庆活动系列课程

利用传统节日和重要的纪念日，结合学生年段特点，选取适当课程资

源,形成系列课程。清明节、端午节、中秋节等中华传统节日,融合民俗特点,丰富民俗活动体验,学习中华优秀传统文化,如清明节带领学生到烈士陵园祭扫烈士墓,缅怀先烈。国庆日、反法西斯战争胜利纪念日、"一二·九"运动纪念日等,结合历史史实,对学生进行珍惜和平、勿忘历史的爱国主义教育等。节庆活动系列课程,融合文化、历史、价值观教育,为学生成长助力。

四、主题活动系列课程

根据不同年级的学生特点,融入安全健康教育、感恩教育、团队合作教育等的主题活动课程,如艺术节活动课程,从高雅音乐欣赏入手,到艺术特长的日常展示,再到汇报演出,突出艺术鉴赏主题;诵读古典诗词活动,由日常自主积累,到班级、年级诗词达人的评比,再到少年宫的大型诗会演出,传承经典,体会博大精深的传统文化。主题活动系列课程,超越时空边界向学生的生活、学生的成长延伸拓展,实现个性发展、共同成长。

第一节 德育活动课程实施方案

为了落实立德树人的根本任务,贯彻社会主义核心价值观、中国梦、中华优秀传统文化、文明礼仪、三爱等主题教育要求。针对德育课程目标错位、定位不准,内容不一、教学脱离实际、流于形式等情况,加强德育课程教学和评价的可操作性,增强德育课程开发与实施的主动性、针对性和实效性,依据《中共中央国务院关于进一步加强和改进未成年人思想道德建设的若干意见》,结合我校德育课程的教学实际,特制订本实施方案。

一、指导思想

深入贯彻落实党的教育方针,以践行中小学生守则为目标,以三爱教育为统领。坚持以民族精神为主线,以行为规范养成教育为基础,以班集体文化特色建设为重点,以德育队伍建设为抓手,进一步提高学生综合素质。通过学校德育活动课程化开创德育教育创新发展的新局面,转变德育教育与学科教育相分离、德育活动形式化的局面,将德育工作纳入课程,确保德育教育主题更鲜明、目标更准确、内容更丰富、效果更显著。根据学校教育实际情况和学生发展需求,积极进行德育课程整合、校本课程创新、实践活动丰富的综合设计,力求做到目标系列统整、内容丰富多彩、形式灵活多样,确保每一次活动都成为一个完整的、和谐的、富有弹性的、具有人文气息的教育空间,推进德育使之成为一种自然、愉快的教育过程。

二、课程设置理念

我校德育活动课程的设置以国家"课改"理念为引领,以我校"让幸福通向未来"的办学理念为指导,突出思想性、人文性和实践性,倡导"尊重规律、成全生命"的课程理念,引导学生在活动中感悟生活、体验成长、学会做人。德育活动课程关注学生的生命本质,为学生的终身幸福服务。

三、课程设置原则

(一)整体性原则

积极构建学校"全员、全程、全面"的德育模式。除发挥班主任的骨干作用外,还要充分利用学生会、班干部、团支部的辅助作用,调动科任教师的协同作用以及学校外部(家庭、社会)的力量。以德育实践活动课为德育实施主阵地,学科教学为主渠道,课外活动为主载体。通过详尽的过程管理,精细的量化反馈,温馨的情感传递,逐步形成"全员、全程、全面"的德育模式。

(二)校本性原则

立足北方地域特点。充分体现鲜明的学校特色,立足学校实际,开发德育校本课程,确立校本发展的理念,形成学校有特色、有实效的德育课程体系。

(三)创新性原则

强化全体老师的德育意识,强化改革创新意识,根据学校的性质、特点、任务和培养目标在坚持已见成效的各项德育活动基础上创造性地建立新的、完善的德育课程体系,不断从不同角度挖掘德育的突破点,基于教育节点开发新的德育形式、德育内容、德育方法。并加以梳理总结。

(四)操作性原则

课程设置、内容选择充分考虑学校实际情况和师生特点,采用广大师生易于接受的形式有效实施教育。依据"小""近""实"的原则,确保被师生接受和认同,确保德育课程的实施过程中具有较强的可操作性,确保取得最佳的教育效果。

四、课程设置标准

1. 积极探索有利于推进课程化建设的工作机制、教育途径和教育方法,开展符合德育工作规律和学生成长规律的德育活动,充分发挥课堂教学主渠道作用,将德育与各学科教学融合起来,每个学科都要渗透德育教育和生命教育,学科教育既要目标明确,又要连贯系统。

2. 积极开展系列化、层次性递进的校园文化活动,注重自觉实践、自我体验。以培养学生健康、阳光、文明、乐学、友善的良好学子形象。

3. 积极开展社会主义核心价值观、三爱教育、中国梦教育、新中学生守则教育,弘扬和培育民族精神的主题活动。在课程板块活动设计中引导学生具有爱国主义、集体主义精神,热爱社会主义、继承和发扬中华民族的优良传统,具有社会主义民主法制意识,遵守国家法律和社会公德,逐步形成正确的世界观、人生观、价值观,成为有理想、有道德、有文化、有纪律的一代新人。

4. 凝聚学校与家庭、社会的合力,发挥校外活动场所和社会实践活动基地的重要作用,开发符合学生身心特点、具有吸引力的实践活动项目。通过活动培养学生具有初步的实践能力、创新精神、科学和人文素养以及环境意识,具有适应终身学习的基础知识、基本技能和方法,养成健康的审美情趣和生活方式。

五、课程内容

(一)学科德育课程

充分发挥课堂教学的主渠道作用,将德育内容细化落实到各学科课程的教学目标之中,融入渗透到教育教学全过程。语文、历史、地理等课要利用课程中语言文字、传统文化、历史地理常识等丰富的思想道德教育因素，潜移默化地对学生进行世界观、人生观和价值观的引导。数学、科学、物理、化学、生物等课要加强对学生科学精神、科学方法、科学态度、科学探究能力和逻辑思维能力的培养，促进学生树立勇于创新、求真求实的思想品质。音乐、体育、美术、艺术等课要加强对学生审美情趣、健康体魄、意志品质、人文素养和生活方式的培养。外语课要加强对学生国际视野、国际理解和综合人文素养的培养。

（二）校本德育课程

我校将开设丰富多彩的校本课程。通过综合实践活动加强对学生生活技能、劳动习惯、动手实践和合作交流能力、艺术素养及体育技能的培养。学校的校本课程结合地方自然地理特点、民族特色、传统文化以及重大历史事件、历史名人、国际时事等，因地制宜开发地方和学校德育课程，引导学生了解家乡的历史文化、自然环境、人口状况和发展成就，培养学生爱家乡、爱祖国的感情，树立维护祖国统一、加强民族团结的意识。

（三）地方德育课程

加强社会德育资源的开发利用，请社会德育课程走进风华园，送风华学子走进德育实践基地。做好与当地德育实践基地和相关部门的沟通与协调。大力开展爱国主义教育、法治教育、廉洁教育、反邪教教育、文明礼仪教育、环境教育、心理健康教育、劳动教育、毒品预防教育、安全教育等专题教育。

六、课程实施办法

《哈尔滨市风华中学校德育活动课程化实施方案》是对我校开展德育活动的总体设计，旨在通过整体实施来提高德育水平。使我校德育教育系统化、体系化，依据我校实际情况，结合我校学生特点，对课程实行创造性设计与落实。

1.学校根据课程实施要求制定课程目标、课程实施计划、课程评价标准，科学选编挖掘课程内容、开发校本德育课程资源、积极推动广大教师特别是班主任接受并自觉实践德育课程理念，提高课程实施的主动性。充分体现以生为本的特点。

2. 遵循青少年学生思想品质形成的规律和社会发展的需求，持之以恒地强化学生日常行为规范教育、文明礼仪常规教育、三爱教育，使之内化为学生的自觉行为；落实《风华学子德育形象工程》《风华中学文明班级考核评比细则》《哈尔滨市风华中学学生仪容仪表规范》等各项制度，对学生仪容仪表、纪律、两操卫生、午休等情况进行评分，及时检查和督促学生课余时间内进行的各类活动，通过综合评价和坚持不懈的教育来矫正学生的行为，磨炼学生的意志，培养学生遵规守纪的良好意识。

3. 充分发挥学生会的骨干作用，强化学生会工作，做好风华蓝管理委员会工作，以丰富多彩的课堂内外活动为载体，真正达到"教书育人，管理育人，服务育人"的境界。

4. 积极构建学校"全员、全程、全面"的德育模式。除发挥班主任的骨干作用外，还要充分学生会、班干部、团支部的辅助作用，科任教师的协同作用。以德育实践活动课为德育实施主阵地，学科教学为主渠道，课外活动为载体。通过详尽的过程管理，精细的量化管理，温馨的情感管理，逐步形成"全员、全程、全面"的德育模式。

5. 进行主题升旗校会(每周一早晨)，由政教处统一安排，以多种形式对学生进行有效的教育，增强其实效性。真正落实德育实践活动课(每周一第八节)，德育实践活动课内容根据学校设定的主题，结合本班实际而定，主要是对学生进行道德品质、行为规范、法制纪律、安全环保、心理健康、责任意识等适合中学生成长特点的内容。常规要求：每周德育实践活动课应对本班上周的情况进行小结，对本周工作的要求进行说明。

6. 统筹利用和开发各种教育资源。利用好各类图书馆、实践基地、德育基地等社会资源和自然资源开展教育活动与社会有关组织和校外辅导员相互协作建立实施社区服务、志愿服务、社会实践课程的活动机制。利用节假日和课余时间，选择合适的课程内容，开展群体性教育活动。

七、课程评价

1. 将学校实施德育活动课程情况纳入素质教育工作评价体系，积极开展挖掘学科课程德育资源，地方实践和校本德育的课程再建设、再开发，宣传和推广课程实施取得的成功经验和做法。建立促进课程不断开发的评价制度,周期性对学校课程实施情况、课程实施中的问题进行分析评估,使课程得到过程性的充实和提高。

2.将学生参加德育活动的情况作为综合素质评定的重要内容。把参与情况及其表现记入学生成长档案。坚持正面教育和注重鼓励的评价原则,积极帮助学生认识自我,体验成长,建立自信。在学校评价和教师评价的同时,积极倡导开展学生的自评和互评。

3.将各班级参与德育活动的情况作为每学年度优秀班集体评价的重要指标。实施"认星争优"评比活动,严格执行班级德育活动量化管理制度,"公平、公正、公开"地对各班的德育活动情况综合考核,每周公布评比结果,并以之作为各班德育工作成效的重要评价依据。

4.将教师实施德育活动课程的情况与教师考核、评优和绩效挂钩,强调对教师德育活动的实施能力和总结反思能力的评价,建立学校、教师、学生、家长共同参与的评价制度,科学评估德育课程目标达成程度。发挥评价对教师专业成长的积极推进作用,教师参与德育活动课程的情况记入业务档案并作为四有好教师、优秀德育工作者、优秀班主任、优秀教师评选的重要内容。

八、课程保障

(一)领导重视,科学管理

要建立德育活动课程化工作领导小组,切实把德育工作摆在学校工作的首位。加强领导,高度重视。制订具体可行的实施方案,明确职责,强化管理,做到活动开展扎实有效。把这项工作当作长期任务来抓,不能看成突击性工作。要加大对活动开展过程的检查和指导,把过程抓实,把管理抓细,推动工程持续、稳步开展。定期对学校德育课程进行评议,发现成功之处和存在问题,有的放矢地改进和丰富,并且学校成立风华中学德育课程领导小组。

(二)目标清晰,要求明确

要形成"学校、社区、家庭"联合互动格局,发挥更好的教育效果。坚持

面向全体学生,突出实践性:强调学生亲自参与、主动探索,得到体验和感悟;回归生活,立足发展性:要面向每个学生个性发展,面向学生的整个生活世界;以人为本,落实自主性:要充分重视学生个人的观点、态度和行为,因势利导,激励、教育学生,塑造良好人格;团结互助,注重合作性:引导学生在活动中学会沟通与合作,形成民主意识和团队精神;坚持持久,突出实效性;要抓住各种契机,有机、有序地进行教育,注重形式与内容的统一。

(三) 制度健全,评估合理

建立系统的学习培训制度,明确各自的德育职责,使人人都成为德育工作者,建立德育课程实施细则等一系列规章制度、管理办法,对德育课程体系进行宏观的把握和构建过程中的精细管理,促进学校德育课程体系健康快速有序发展。

(四) 发挥优势,整合资源

学校不断总结已有德育成果和经验,充分利用学校现有资源,根据学生及学校实际,结合学校常规工作,精选传统德育内容,开发新的德育资源。德育活动课程开发与学校德育实践有机融合,在发挥优势项目的基础上,积极开展德育活动课程的研究,寓教于乐,精心设计形成具有我校特色的德育课程体系。

第二节 德育活动课程内容及实施

德育活动课程,从设计到实施制订了明确的课程标准及实施方案,学校教师形成全员德育的统一认识,自觉参与各项德育活动课程,多年来形成了具有特色的德育活动课程体系。

一、日常课程系列

日常活动课程写进学校课程计划,按固定时间实施,学校从课程管理的角度进行评价,利用学期末的优秀班集体述职评比、德育文化节展示等多个平台,交流课程实施及课程管理,强化日常德育教育,从学生个体到班级个体形成良好的习惯,奠定良好的发展基础。

第五章
德育活动系列课程的实践探索

晨曲是每天早晨在学校的教学楼前厅,由学生钢琴演奏名家名曲,同学们伴着悠扬的乐曲走进校园、走进教室,晨曲演奏由各个班级有意愿的学生完成,自愿报名,按约定时间进行演奏,每天晨曲时间是20分钟。进入教室开始的是由学生自主或班主任老师组织的晨读,以经典阅读为主,琅琅读书声成为校园早晨的美妙乐曲,晨读的时间没有严格规定,各个班级到校的学生自主组织,课前结束,晨读可以在教室里,也可以在校园中的亭子或大树下,或全班或小组,或读或诵,没有固化的形式规定,倡导用学生喜欢的方式。

课前一支歌和课前口号是由各班级自行设计并实施的自觉行为,任课教师给予相应的指导和配合,形成习惯。每天上下午会安排一次40分钟的大课间活动,一般为集体活动,以体育锻炼和行为规范训练为主,由学校体育教师整体组织,政教处负责管理与评价,班主任带领学生们共同参与。放学时间,师生列队相互感谢并说再见,以感恩和关爱的仪式结束一天的在校生活。

课程名称	课程目标	主要内容
晨曲	1. 为有特长的孩子搭建展示平台 2. 陶冶情操、愉悦心情	1. 钢琴曲 2. 小提琴曲 3. 民族乐器
晨读	1. 继承和弘扬中华优秀传统文化,自觉树立艰苦奋斗、自强不息、勤俭节约的优良品质,树立以爱国主义为核心的民族精神,陶冶道德情操、养成良好习惯 2. 品读经典、丰富知识	1. 风华经典诵读 2. 古诗词 3. 论语
课前一直歌	1. 丰富课余生活,陶冶情操、营造氛围 2. 提升学生的艺术素养	1. 风华校歌 2. 班歌 3. 积极向上的歌曲
课前口号	1. 营造积极向上的课堂氛围	班级自创
环境卫生	1. 培养学生的劳动习惯 2. 美化校园班级环境	1. 班级卫生打扫 2. 分担区卫生打扫

续表

课程名称	课程目标	主要内容
课间秩序	1. 安全教育 2. 创建良好的校园秩序 3. 规范行为	1. 行进右侧快静齐 2. 站队安静高效有序
大课间	1. 健康教育 2. 训练学生的规范仪式 3. 集体意识	1. 广播体操 2. 韵律操 3. 队列、正步、口号
放学	1. 仪式教育 2. 感恩教育	1. 班级站队 2. 操场师生道别问候

二、节日活动课程

结合中国的传统节日和重要的纪念日,设计并实施主题课程,凸显传统文化和爱国主义教育,节日活动课程会在既定目标的情况下,结合每年节日的时间进行课程内容的和课程实施方式的调整,同时力求课程的有趣、形式的灵活。节日活动课程也是学校的主题教育课程,往往在活动实施的过程中,还会结合学科知识,进行系统整合,在节日或纪念日的当天,各学科教师也会有意识地结合特殊的日子,从本学科角度出发,对学生进行有效的主题式教育,形成整体性并保证有序。清明节、端午节、中秋节、春节等等,这是中华民族的传统节日,有着传承千年的习俗,由于多元文化的冲击和历史的久远,很多学生所了解的越来越少,因此借助节日活动课程,学生增加了对传统节日的了解,更好理解我国的传统文化。而对于特殊的纪念日,引导学生正确理解史实,以史为鉴、创造未来!

课程名称	课程目标	主要内容
清明	1. 缅怀革命先烈,弘扬爱国主义精神,加强爱国主义教育 2. 树立正确的世界观,人生观,价值观	1. 东北烈士陵园祭扫 2. 文明祭扫征文
五四青年节	1. 纪念"五四运动"传承"五四"精神 2. 树立榜样	1. 团章学习培训 2. 新团员入团 3. 优秀团员表彰

续表

课程名称	课程目标	主要内容
端午节	1. 了解端午节的来历及风俗习惯 2. 弘扬传统美德提高学生对民族文化的认同感和自豪感	1. 制作节日小报 2. 粽叶飘香情系端午主题升旗校会
中秋节	1. 了解中秋节来历及风俗习惯 2. 培养学生动手能力	制作"中秋节"节日小报
国庆节	1. 树立"热爱祖国、热爱家乡、热爱学校"的信念 2. 培养广大学生高尚的道德情操和浓厚的爱国情感	1. 向国旗敬礼主题升旗校会 2. 向国旗敬礼网上签名活动
一二·九运动纪念日	1. 增强学生爱国主义情感 2. 培养学生的团队精神、合作意识和集体荣誉感	1. 一二·九大合唱比赛 2. 勿忘历史 牢记使命征文 3. 一二·九演讲活动
元旦	1. 增进师生、生生之间的友谊 2. 给学生搭建展示才华的平台	学生联欢
春节	1. 了解春节的来历和风俗习惯 2. 感受家的温暖,孝敬长辈 3. 礼仪教育	1. 制作"春节"节日小报 2. 与家人团聚

三、仪式活动课程

学生的成长过程中,需要必要的仪式感教育,在仪式活动中形成良好认知,从而塑造心灵,形成完整人格。仪式活动课程实施,对于学生形成良好的规则意识,并懂得感恩与珍惜,是极其必要的。升旗仪式在学校每周一早晨 7 点 40 分准时进行,全体师生操场整齐列队,学生代表或教师代表要发表国旗下的讲话,每次一个主题,指向学生的成长和未来发展,每个班级都有机会承担主持升旗仪式,也称作升旗校会,提供展示平台的同时,实现学生的自我教育。从新生入学到毕业离校,入学仪式会、誓师大会、毕业典礼是

每个学生所经历的,在每一年的固定时间都会准时举行,这些活动的课程目标是既定的,但在活动形式、地点、参与方式等方面是各年度不同的,需要经过精心的策划和实施,更好实现仪式教育、感恩教育、自我激励等等。

课程名称	课程目标	主要内容
升旗仪式	1. 安全教育 2. 核心价值观教育 3. 三爱教育 4. 中华优秀传统文化教育 5. 文明礼仪教育 6. 仪式教育	1. 学雷锋争做阳光美德好少年 2. 文明礼仪伴我行 3. 珍爱生命从我做起 4. 笃行慎思 5. 爱护环境 6. 节日主题等
新生入学仪式	1. 梦想教育 2. 情感教育 3. 家、校形成教育合力	1. 校长寄语 2. 毕业班学生代表发言 3. 毕业班学生家长发言 4. 各组全体教师发言 5. 家长学生互相读信 6. 各班学生代表谈畅想 7. 家长代表投放规划卡 8. 校长带领全体教师承诺
毕业班誓师大会	1. 激扬斗志鼓舞士气 2. 情感教育 3. 仪式教育	1. 校长寄语 2. 家长代表发言 3. 学生代表领诵誓言 4. 教师代表发言
毕业典礼	1. 感恩教育 2. 梦想教育 3. 仪式教育	1. 校长寄语 2. 学生代表感言 3. 学生代表给教师赠送鲜花 4. 放飞梦想 5. 颁发毕业证书 6. 欢送毕业班学生

四、主题活动课程

在每个学期的固定时间段内,会进行主题活动课程的实施,课程的主题会结合学校文化、社会热点和学生身心发展特点等,学校整体构建实施方

第五章
德育活动系列课程的实践探索

案,各部门相互协调和配合,主题活动还包含学校每年一度的大型活动,也是各项德育活动课程的延续和集中展示,如运动会、艺术节等等。

课程名称	课程目标	主要内容
"学雷锋"主题实践活动	弘扬雷锋精神和"奉献、友爱、互助、进步"的志愿服务精神	1. 学雷锋做阳光美德好少年升旗校会 2. 学雷锋主题班会课 3. 组织志愿者服务队社会实践 4. 参观巍巍丰碑红色纪念馆
"争做阳光美德好少年"主题实践活动	增强学生乐于助人、尊敬师长、热爱劳动、乐学善思、文明有礼的意识	1. 主题演讲活动 2. 学习身边阳光美德好少年活动
"我的中国梦"主题实践活动	1. 激励广大学生坚定理想、奋发图强、创新实践 2. 培养广大学生高尚的道德情操和浓厚的爱国情感	1. 向国旗敬礼主题升旗校会 2. "我的中国梦"征文活动 3. "我的中国梦"手抄报
"珍爱生命、安全第一"主题实践活动	1. 树立安全意识 2. 学会安全相关常识 3. 增强自我保护技能	1. 安全疏散演练 2. 交通安全知识讲座 3. 消防安全知识讲座 4. 远离毒品知识讲座
"文明礼仪伴我行"主题实践活动	1. 文明礼仪规范,养成文明生活好习惯 2. 共同营造"向不文明行为说不"的良好校园氛围	1. 文明交通岗志愿服务 2. 我眼看文明实践活动 3. 文明旅行征文活动 4. 讲文明懂礼仪主题班会
"培育和践行社会主义核心价值观"主题实践活动	把我校学生培养成具有世界眼光、改革精神、开放意识,能够传承中华民族优良传统,富有民族自信心和爱国主义精神,敢于创新、勇于实践的社会主义事业的建设者和接班人	1. 核心观主题升旗校会 2. 学习和了解核心价值观的内容及含义 3. 核心价值观主题班会 4. 核心价值观征文活动

续表

课程名称	课程目标	主要内容
"爱祖国、爱学习、爱劳动"主题实践活动	1. 教师和学生的政治思想素质、道德素养，培养学生良好的行为习惯 2. 帮助学生树立正确的世界观、人生观、价值观	1. "三爱"主题升旗校会 2. 以"三爱"教育引领校园文化建设
"经典诵读"主题实践活动	1. 继承和弘扬中华优秀传统文化，自觉树立艰苦奋斗、自强不息、勤俭节约的优良品质，树立以爱国主义为核心的民族精神，陶冶道德情操、养成良好习惯。 2. 品读经典、丰富知识	1. 诗词达人评比 2. 晨读风华经典诵读 3. 风华诗词经典诵读大会
新生军训	1. 强健体魄 2. 磨炼意志 3. 做好学生小升初的衔接 4. 了解学校相关要求	1. 军训 2. 军歌 3. 学习风华学子手册 4. 行为规范训练
运动会	1. 活跃学生身心，增强学生体质 2. 有助于培养勇敢顽强的性格、超越自我的品质、迎接挑战的意志品质 3. 增强集体荣誉感和班级凝聚力	1. 体育竞技项目比赛 2. 班级队列展示 3. 广播操、韵律操、活力操展示 4. 精神文明奖评选
艺术节	1. 搭建舞台展示学生的艺术才华 2. 陶冶学生情操和审美能力	1. 校长致辞 2. 舞蹈、合唱、乐器等艺术表演 3. 优秀美术作品展
体育节	1. 活跃身心强健体脾 2. 养勇敢顽强的性格、超越自我的品质、迎接挑战的意志品质 3. 增强集体荣誉感和班级凝聚力	1. 体育竞技项目比赛 2. 队列广播操评比

第五章 德育活动系列课程的实践探索

第三节 德育活动课程的实施示例

德育活动课程的实施以学校整体课程构建的既定规划执行,有的德育活动课程有固定的实施时间,也有一部分课程是按照学年学期的具体工作进行统筹安排,同时结合时事和环境条件、场馆条件等。

一、毕业班誓师大会

毕业班誓师大会是学校一直坚持的活动,每年临近毕业的4月份和刚进入毕业班的9月份,学校安排全体毕业班师生参加的"誓师大会",就是要鼓舞士气,激发干劲,坚定决心。这是一个动员的大会,宣誓的大会,是一杯决战沙场的壮行酒,是一曲发起总攻的冲锋号。

二、毕业典礼

初中四年学习生活对于每个学生来说都是非常难忘的,通过隆重而又有意义的毕业典礼来展示四年来的学习生活,表达毕业生对母校老师的感谢之情。此外,通过毕业典礼对学生进行再次的感恩教育,引导学生立足今天、脚踏实地,朝着自己的理想奋进。

三、纪念"一二·九"运动年度合唱比赛

纪念"一二·九"运动的意义不仅在于唤起我们当代初中生对国家振兴和民族进步的责任感,也在于引发我们对如何承担这种责任的重新思索。"一二·九"运动是那个时代的学生表达爱国主义热情和追求进步的特殊方式,我们要与时俱进、认真思考不同的历史阶段爱国主义的表达方式。现在要将努力学习科学文化知识同积极参与社会实践结合起来,锻炼自己、充实自己。学校纪念一二·九把革命歌曲与班歌结合起来,形成自己的特色,每个班级都有班歌,而且歌声要带到每一节课的课前。

第五章
德育活动系列课程的实践探索

四、军训活动

多年来,学校与黑龙江省警卫局警卫队共建,对入学新生进行军训。军训之前,警卫队会进行集体备课,形成授课体系,根据计划进行军训。通过组织学生军训,提高学生的思想政治觉悟,激发爱国热情,增强国防观念和国家安全意识;进行爱国主义、集体主义和革命英雄主义教育,增强学生的组织纪律观念,培养艰苦奋斗的作风,提高学生的综合素质。

五、清明节祭扫烈士墓

通过组织祭扫烈士墓的活动,激发学生对英烈的崇敬之情,从而珍惜由无数革命先烈用鲜血和生命换来的幸福生活,努力学习,培养学生严谨治学的态度。使学生接受一次生动形象的爱国主义教育和革命传统教育,弘扬民族精神!

六、升旗校会

升旗仪式作为学校教育活动中的重要内容,它是学校场域中一种必需的教育行为,其目的是要使仪式参与者逐渐产生集体自豪感,激发学生的爱国主义情感。每周一的升旗校会已经成为常态,并形成课程化,仅以2017年下学期为例:

9月11日,本次升旗校会的主题为"将祝福献给敬爱的老师"。本次升旗校会由七年一班和七年二班联合主持。在本次升旗校会上,三位同学进行诗朗诵,表达了对老师的敬爱与赞美。一位同学进行了发言,祝福老师节日快乐!

9月18日,本次升旗校会的主题为"学校班级,共同呵护"。本次升旗校会由七年三班和七年四班联合主持。在本次升旗校会上,两位同学精彩发言,呼吁同学们应该爱护校园的一草一木、一桌一椅,营造良好的学习氛围,共同呵护学校班级,快乐学习和成长。

9月25日,本次升旗校会的主题为"五星红旗,我为你骄傲"。本次升旗校会由七年五班和七年六班联合主持。在本次升旗校会上,两位同学精彩发言,在临近国庆之际,回顾了我们国家先辈的艰苦奋斗,高歌祖国的繁荣昌盛,表达对国旗对祖国的赞美热爱,同时号召同学们学习爱国主义精神,努力学习报效祖国。

10月9日,本次升旗校会的主题为"塑造积极主动的自己"。本次升旗校会由七年七班和七年八班联合主持。在本次升旗校会上，两位同学精彩的发言，让大家了解到什么才是积极主动，积极主动的重要性，如何才能做一个积极主动的人，让同学们努力把自己塑造成为一个积极主动的人。

10月16日，本次升旗校会的主题为"书香满园，润心田"。本次升旗校会由七年十二班和七年十三班联合主持。在本次升旗校会上，两位同学通过精彩的发言让大家认识到读书的重要性，通过介绍朱光潜《谈读书》告诉大家如何读书，让同学们努力读书，热爱读书。

10月23日，本次升旗校会的主题为"让每一秒都过得有价值"。本次升旗校会由六年一班和六年二班联合主持。在本次升旗校会上，同学通过精彩的发言和辩论小对话，让大家认识到要珍惜时间，让自己的生命更有价值，并介绍了几种切实可行的让每一秒都过得有价值的方法。

10月30日，本次升旗校会的主题为"莫冲动，三思而后行"。本次升旗

校会由六年三班和六年四班联合主持。在本次升旗校会上,同学通过精彩的发言让大家认识到冲动造成的严重后果,通过举古往今来的例子呼吁大家莫冲动,三思而后行。

11月6日,本次升旗校会的主题为"长远的眼光,成长的助力"。本次升旗校会由六年五班和六年六班联合主持。在本次升旗校会上,同学通过精彩的发言让大家认识到有长远眼光的重要性,告诉大家通过不拖延、持之以恒等方法让自己更加优秀。

11月13日,本次升旗校会的主题为"参与学校消防,共建平安家园"。本次升旗校会由六年七班和六年八班联合主持。在本次升旗校会上,同学通过精彩的发言介绍了全国消防宣传日,介绍了预防火灾以及当火灾来临的一些应对措施,向同学们普及消防知识,共建美丽家园。

11月20日,本次升旗校会的主题为"远离毒品,珍爱生命"。本次升旗

校会由六年九班和六年十班联合主持。在本次升旗校会上,同学从历史、社会、个人等角度控诉了毒品带给人们的危害,并介绍了不吸烟、不去危险场所等远离毒品的方法,呼吁大家远离毒品,珍爱生命。

11月27日,本次升旗校会的主题为"安静守礼,你我之责"。本次升旗校会由六年十一班和六年十二班联合主持。在本次升旗校会上,同学通过精彩的发言告诫大家安静守礼的重要性,并呼吁同学们要养成良好的习惯,做一名安静守礼的中学生。

12月3日,本次升旗校会的主题为"弘扬宪法精神,普及法制观念"。本次升旗校会由六年十三班和六年十四班联合主持。在本次升旗校会上,同学通过精彩的发言向大家介绍了全国法制宣传日与宪法精神的主要内容,并让学生们了解到如何在生活当中做一名有法制观念的中学生。

12月11日,本次升旗校会的主题为"我的青春飞扬"。本次升旗校会由六年十五班和六年十六班联合主持。在本次升旗校会上,同学通过精彩的发言和朗诵歌颂了我们美好的青春,告诫大家不要挥霍时光,要坚持不懈,勇往直前,希望大家都拥有飞扬的青春。

第五章
德育活动系列课程的实践探索

12月18日，本次升旗校会的主题为"理解为上，沟通为先"。本次升旗校会由七年一班和七年二班联合主持。在本次升旗校会上，同学通过精彩的发言让同学们认识到理解沟通的重要性，并介绍了几种理解沟通的方法。

12月25日，本次升旗校会的主题为"成功源于勤奋"。本次升旗校会由七年四班和七年五班联合主持。在本次升旗校会上，同学通过介绍古今中外名人事迹鼓励大家勤奋刻苦，志向高远。

七、诗词大会

为弘扬中华民族优秀传统文化，品读经典，在经典中传承古人先贤的智慧，激发广大学生学习、传承中华优秀传统文化，不断提高民族自豪感与责任感，弘扬中华民族精神，为中国梦的实现汲取丰富的精神养料，在全校开展中华经典诵读主题实践活动及诗词大会，使学生留有风华语文印记。

八、体育节

为了丰富校园文化生活，推进阳光体育运动，增强学生身体素质，培养学生集体意识，增强班级荣誉感和凝聚力，促进学生德、智、体全面发展，发扬团结友爱、奋发向上的体育精神，学校连续多年组织体育节活动。活动历时两个月，涉及跳绳、拔河、篮球、校园接力赛等内容。

让幸福通向未来
——哈尔滨市风华中学课程建设的实践研究
RANG XINGFU TONGXIANG WEILAI
HAERBINSHI FENGHUA ZHONGXUE KECHENG JIANSHE DE SHIJIAN YANJIU

九、新生入学仪式会

入学仪式会，是新生入学中的一个重要环节，有利于新生对学校的认识，带给新生积极向上的"正能量"；向全校师生展示学校"让幸福通向未来"的办学理念，让同学们懂得要在以后的学生与生活中不断发挥自身潜能，增强自信心，改善自身形象，克服心理惰性，磨炼战胜困难的毅力，启发想象力与创造力，提高解决问题的能力。

第五章
德育活动系列课程的实践探索

十、艺术节

为了培养学生艺术审美情趣和爱国爱校的思想意识,丰富校园文化生活,活跃校园文化氛围,倡导同学们健康向上的文化活动,丰富学生的业余生活,促进学生全面发展,展示学校艺术教育成果,推动学校艺术教育改革和发展,同时也为学生提供一个展示自我的平台,增强师生的集体荣誉感,积极组织开展校园文化艺术节活动。艺术节活动充分体现学校艺术教育的特点,展示学校师生奋发向上的精神风貌和校园精神文明建设的成果。营造健康、和谐、积极向上的校园文化氛围。

十一、英语节

为了进一步推进素质教育,践行"让幸福通向未来"办学理念,营造良好的学习氛围,激发学生对英语的兴趣和爱好,拓宽学生视野,提高学生英语听、说、读、写能力,让学生在实践中体会到学英语、读英语、用英语的快乐,促进学生全面发展。同时结合西方的圣诞节,对学生进行感恩教育。通过英语节一系列的活动让学生常怀感恩之心,不忘父母恩、师长恩等,养成良好的道德品质和行为习惯。

让幸福通向未来
——哈尔滨市风华中学课程建设的实践研究
RANG XINGFU TONGXIANG WEILAI
HAERBINSHI FENGHUA ZHONGXUE KECHENG JIANSHE DE SHIJIAN YANJIU

十二、运动会

　　学校体育运动会是一种重要形式,它有多方面的教育意义,可全面检阅学校田径运动开展情况,检查教学和训练成果,推动学校体育活动的开展,促进运动技术水平的提高;同时还培养学生奋发向上、遵守纪律、集体主义和荣誉感等品质,并具有振奋师生精神,活跃学校生活等作用。

第六章 学校教学常规管理

第一节 教学常规管理概述

一所好的学校,能成为人们向往和追求的目标,不仅依赖于完善的组织结构、优质的资源环境、丰富的师生活动,更重要的是源于先进的办学理念、独有的办学特色散发出的魅力使然。这种良好的"育人氛围"正是社会和家长对于学校的最好诉求。

风华中学一直秉承"让幸福通向未来"的办学理念:不仅追求学生幸福,也要追求教师幸福;不仅关注当下幸福,更关注未来幸福。在此理念的指引下,学校一直坚持尊重教育规律和学生身心发展规律——共性与差异性,尊重事物的发展规律——对立性与统一性,尊重管理的基本规律——科学性与人文性;成全师生生命,尊重每个人自在的生命,重在对人的生命自觉引导。

在风华中学办学过程中,"让幸福通向未来"的办学理念决定了学校的发展方向。受办学理念的引领,学校在长期发展的进程中积累、形成了独有的办学特色,将办学理念付诸实践,并在实践过程中影响了办学理念的发展,最终实现育人目标。基于此,风华中学在管理过程中,以成全每个人的生命为目标,以制度建设为保障,以人文管理为特色,逐步形成高效的风华教学常规管理模式。

一、以人为本,践行常规管理的人文化

生命化教育对"成全"的理解有三层含义:一是顺然,即教育不能违背受

让幸福通向未来
——哈尔滨市风华中学课程建设的实践研究
RANG XINGFU TONGXIANG WEILAI
HAERBINSHI FENGHUA ZHONGXUE KECHENG JIANSHE DE SHIJIAN YANJIU

教育者的天性自然，但顺其自然并不是消极放任；二是应然，即对受教育者做必要的人生价值导向；三是超然，即教育的终极目标在于启迪受教育者的自我成全。因此风华中学教学常规管理过程中，在集体备课制度、巡课制度、作业批改制度、辅导制度等做保障的基础上，始终坚持把人放在主体地位，在管理的各个环节针对每位教师、学生不同的发展需求采取不同的管理方式，进而实现人的主动发展、最大发展。

第一是以教师发展为本，既面向全体教师又关注教师个体发展。学校坚持遵循"尊重、理解、包容、责任、和谐"的管理原则：班子成员每天站在前厅微笑着迎送教师，是对教师一天劳动成果的尊重；教师放学后把学生送到操场行礼问好，是师生之间劳动成果的相互尊重。开展丰富多彩的教师文体活动，增进教师间的理解；特殊节日录制短片，唤起家属对教师工作的理解；孩子生病导致的迟到，值班领导不必追究，因为他的孩子还在医院……尊重每位教师个体的发展需要，聚焦于教师职业生涯中的专业化发展，积极为每位教师提供个性化、多元的发展机会与空间，如定期开展备课组交流，展示教师对教材和教学方式的独特理解，促进教师专业成长；实现国家课程的校本化实施；开发校本课程，发挥教师的个性特长，实现校本课程的师本化实施；对形成一定教学风格的教师，采用校内交流、外出培训相结合的方式，帮其找到自身存在的价值感。

第二是以学生发展为本，减轻过重的课业负担，实施有效分层辅导。风华中学除要求教师要精选习题、杜绝面向全体学生机械重复的抄写等常规做法外，还提倡留分层作业、实践性作业，提倡作业评价方式的多元化与激励性。例如：六年级英语组结合学生实际特点，采用图画与书写相结合的方式进行写作训练，学生的学习兴趣盎然；八年级化学组让学生以自己喜欢的方式梳理知识结构图，彰显个性；寒暑假期间，政治、历史、地理、生物学科给学生留实践性作业：假如你是市长，你将如何把哈尔滨创建成名副其实的文明城？你是怎样看待黄岩岛问题的？太空食品的前景与未来等实践性、开放性作业……这样的作业，考虑到学生的差异性、发展性，成为学生发展的重要功课、快乐功课。

辅导是学校常规教学中的重点工作，而分层辅导则是针对学生差异性而采取的有效策略之一。风华中学的分层辅导，是建立在学情分析基础上的辅导,是依靠风华肯于奉献为保障的分层辅导。

(一)学情分析是分层辅导的基础

不论是六年级刚入学,还是毕业班学生面临中考,学校经常召开学情分析会。包教组所有老师坐在一起,依据每个学生的特点,从智力、家庭、心理、学习习惯、发展潜能等进行分析,充分了解每一名学生,以便在教育的过程中有针对性地施教。每个班级分成若干层次,为每个孩子确立发展方向。教师利用每天午自习、自习课、放学后的时间,把不同层次的学生分别留下来,或分层、或逐一谈话,让每个学生明确自己的目标、努力的方向。学校领导经常深入参加,重点关注学生目前情况与目标情况的差异及下一步调整的策略。

(二)思想工作是分层辅导的重点

风华中学一直坚持以思想工作作为提升质量的保障,充分发挥学生的内在潜力。针对每位学生特点,除传统的班主任找学生谈话、科任教师认领学生等方法外,每个月还安排一次不同层次学生座谈会,由主管校长和学年主任亲自主持,座谈会不仅激励学生,还能发现学校管理中的问题,更体现学生成长的主动性。

(三)个体关注策略是分层辅导的有效方式

个体关注策略即针对学生差异性大的特点,在面向全体学生的基础上进行因材施教的一种有效策略,是一种通过"关注"拉近师生情感、通过"关爱"树立学生自信的沟通方式,是一种目标明确、层次清晰的教学方法,最终变被动学习为主动思考,通过"被动关注"实现"主动需求",从而实现学生生命的自觉。实施个体关注策略主要有以下三种渠道:

首先通过课堂教学实施个体关注。课堂教学是学校教育教学的主阵地,教师可以通过设计不同层次的问题让被关注的学生口头回答,也可以让全体学生就某一问题进行笔答,被关注的学生板演或通过摄像头展示被关注学生的笔答试卷。通过这些方式,既可以展示被关注学生的精彩解答,从而树立自信;也可以展示被关注学生的典型错误,从而帮助其发现并解决学习过程中存在的问题。课堂教学中关注学生,还可以是一个鼓励眼神、一句温馨的话语、一个善意的提醒等。

其次通过课后反馈实施个体关注。课后反馈中的"个性关注",可以是对学生作业、小卷的复批,可以是作文、阅读的面批,可以注重讲过习题的重新体会,可以注重课上内容的抽查反馈,可以在课间有针对性地找,可以在走廊偶遇,可以在辅导过程重点看看答题的速度,也可以在微信群里看看答题的过程。

再次通过谈话实施个体关注。对重点关注的学生,要通过谈话了解学生的学习目标、家庭情况、兴趣爱好、作业完成情况等。从而更有针对性地提供指导意见,这比单纯抓学习要有效得多。

二、以研促教,实现常规管理的持续化

苏霍姆林斯基说过:"如果你想让教师的劳动能够给教师带来乐趣,使天天上课不至于变成一种单调乏味的义务,那你就应当引导每一位教师走上从事教育科研这条幸福的道路上来。"教师从事研究的最终目的不仅仅是改进教育实践,还可以改变自己的生活方式,从而在工作中获得理性的升华和情感的愉悦,提升自己的生命状态。风华中学教学常规在遵循基本原则和基本要求的基础上,追求常规管理的螺旋式上升,不断在教学理念上更新,在教学方法上改进,在教学设计上优化,在备课形式上、研讨方式上、评课角度上、作业布置、批改上突出有效。

一是主题式集体备课、二次备课凸显教学研究的系统性。主题式集体备课即学校围绕"有趣、有效、成长"的课堂教学文化一级主题,结合各备课组平时教育教学过程中发现的"教学困惑",作为集体备课的二级主题。例如:问题设计的有效性,学生活动设计的有效性,课堂上如何关注不同层次的学生学习等。各备课组再结合二级主题、教学内容、学生特点等确定本次备课的三级主题。组内每位教师可以围绕三级主题展开讨论,最后形成相对一致的意见。二次备课即每位教师在集体备课的基础上,结合自己班级学生的个性特点,结合教师自身特点,进行有针对性的个人二次备课。

主题式集体备课和个人二次备课相结合,针对性强,解决问题透彻,实效性高,同时又可以围绕一个主题系列,长期、深入地研究。例如:英语学科关于长课文的处理方式有效性的研究,物理学科关于提出问题有效性的研究,语文学科关于阅读与写作相结合的有效性的研究,政治学科的新闻播报、地理的歌谣激发兴趣研究等,教师们在探索中实践,均取得了一定的成效。

二是主题式课堂教学体现教学研究的科学性。课堂教学是教育教学的主阵地。风华中学的课堂教学,以"有趣、有效、成长"为主题,践行核心素养落地生根。倡导教师的四个带进,即:教师把良好习惯带进课堂、把学习兴趣带进课堂、把宽阔视野带进课堂、把合作交流带进课堂;体现学生的四个多,即:多思考、多实践、多讨论、多合作。

三是教学文化节彰显教学研究的深刻性。教学文化节每年举行一次,已连续举办二十届。教学文化节凸显教师全员参与的意识,采取先公布课题,由备课组长带领组员进行两天时间的集体备课,上课前半小时抽签确定上课教师,课后集体研讨一小时,再抽签确定评课教师的方法。特别是文化节期间的评课,更是层次分明:有上课教师所在组对教学的预设与达成的析课,有本学科教师借助观察量表的诊断式研课,有非本学科教师教学感悟的评课。

同时搭建各种平台,促进教师搞教育教学研究:每学期至少两次网上教研主题回帖,每季度出版一册《风华韵致》,每年出版汇集所有教师教育智慧的《风华教育叙事》,已坚持八年,连续十七年举办论文、案例评比等。教师们在实践中检验规律、寻找方法,提升能力,实现价值。

三、躬身践行,夯实常规管理的常态化

有人言:"简单的招式坚持到极致就是绝招。"风华中学在"绝招"形成的过程中,逐渐把"尊重、理解、包容、责任、和谐"这种风华管理文化沉淀下来,把一些行为规范逐渐固化下来,成为一种制度和程序,成为大家的行动自觉,依靠这种"自觉",学校的常规管理最终不断走近教育的本真。

这种被坚持下来、沉淀下来的常态的教学常规管理行为,主要体现阶梯监控、专业指导、一体管理的特点。阶梯监控即按照校长—主管校长—主任—备课组长的模式进行监控管理;专业指导即把全校中层以上领导按照所学专业进行划分,分别负责1～2个学科,深入指导集体备课,深入指导课堂教学;一体管理即教学与科研管理相结合,学年管理与学科管理相结合,定期检查与抽查相结合,形成全方位、立体交叉的一体化管理。风华中学夯

实教学常规管理,规范教学过程,钻研教材求深、课堂教学求实、反馈问题求真、评价考核求全,在备课、巡课、例会、评价上收效良好。

(一)深入式指导

集体备课时,备课组长是第一责任人,主要负责确定每次集体备课的内容、主题和主备人,检查教师个人备课情况等,学科主任是具体指导者,主要负责对备课方向、教学方式、研究方向等进行指导。在课堂教学中,中层以上的学校领导每人负责1~2个学科,每周至少一次平行听课:即一天听完同一备课组内至少两位教师的课,发现问题及时交流,帮助教师发挥个人优势,形成自己的教学风格,促进教师不断成长。

(二)巡课式监督

教导处干事按学年每天至少巡课两次,教导主任按学年每天至少巡视一次,主管校长每天至少巡视两次,主要记录教师的上课行为,班级的自习情况,学生的听课情况,教师的辅导情况等。巡课的结果会在每周的例会时小结,做到随时监督、及时反馈,即刻拿出策略。减少问题循环的概率,提高管理效能。

(三)例会式反馈

教导处每周召开一次干事例会,一次备课组长例会,学校每周召开一次中层会议,反馈常规教学管理过程中发现的典型事例或问题,并提出解决问题的策略。

(四)多元式评价

对于教案、听课笔记、集体备课记录、作业批改等常规内容,从评价主体角度,主要采用教师自我评价、学生评价、组长评价、主任评价和主管校长评价相结合的方式。从评价方式角度,主要采用签字盖章、书写评价语言、网上交流展示、搭建平台全校展示等。这种评价方式的变化,规范常规中的不足,发现常规中的亮点,调动教师自我调整、自我发展的积极性。

风华中学坚持"让幸福通向未来"的办学理念,从关注师生的生命成长和人生幸福出发,构建高效教学常规管理文化,逐渐形成了以生命化教育为内涵的办学特色,对人的生命自觉引导,体现人文关怀,创建润泽生命的校园文化,成全师生生命成长。作为基础教育践行者,怀揣着"让幸福通向未来"的教育理想,将坚守教育的本真,不断创新实践,带领教师和学生们共同找寻"幸福密码"。

第二节 教学常规管理制度

教学常规是学校管理的中心工作,是学校在引领师生生命成长过程中的核心环节,科学、高效的教学常规管理能够引领教师的成长方向,同时也决定着学生的成长方向,风华中学一直坚持把教学常规管理作为研究课题,学校的教学管理永远处于动态和螺旋式的发展中。面对着有着无限发展潜能的灵动生命,作为管理者思考完善、求实创新每一个常规管理的细节,责无旁贷,这是责任也是使命。

风华中学遵循教育部和省教育厅颁发的课程计划及《义务教育课程设置实施方案》,抓实三级课程的管理。认真执行国家中小学教材审定委员会及市区教育局的相关规定,创造性地使用教材,体现对教材的重组和加工,并根据有关规定积极开发和合理利用校内外各种课程资源。确保理、化、生分组实验和演示实验的开课率,并做好登记,做实管理。

积极开发和建设符合校情,体现学校特色的校本课程,突出目的性、价值性和实效性,不断满足学生个性发展的需求。结合学生的年龄特点自行选择校本课程的开课年级,并做好评价工作。

落实综合实践活动课程,通过开展信息技术教育、研究性学习、社区服务与社会实践、劳动技术教育等活动,加强课程与社会、科技、学生发展的联系,培养学生的创新精神和动手实践能力,提高学生解决实际问题的能力。

一、教学常规工作管理制度

教学五大常规包括备课、上课、作业批改、辅导、学业考核,是教师教学的常规工作,是教学规律的体现,是对教学过程的最基本要求。教学五环节管理是学校管理的重要组成部分,优化教学常规是提高教学质量的有力保障。

(一)备课

1.建立完善的备课制度,加强监控和督导,充分体现资源共享、个人加减和课后反思的原则。

2. 个人备课

个人备课要做到六备：备课标、备教材、备学生、备教法、备手段、备习题。落实三个计划：学期计划、单元计划和课时计划。

3. 集体备课

集体备课坚持每周进行一次，做到"三有"（有计划、有检查、有记录）、"四定"（定时间、定地点、定内容、定主要发言人）、"六研讨"（研讨学情、研讨教学目标、研讨教学重点和难点、研讨进度、研讨手段和方法、研讨习题配置）。

4. 教学管理人员要深入集体备课组，并指导集体备课，定期对集体备课过程进行评价。

5. 定期开展集体备课观摩活动，促进教师积极参与集体备课，把被动式的管理变成集体参与式的活动。

6. 教案编写

要求教师通过个人备课，形成初案；再通过集体备课，结合个人特长撰写个性鲜明和实效性强的教案。教案应体现教师头脑中已经形成的清晰完整的教与学的过程设计。可根据教师的教龄和教师发展需要自行规定教学详案和教学简案。

7. 教案的基本要求

(1) 有明确的三维目标和准确的教学重点、难点。

(2) 有教学过程。教学过程中教学流程清晰，包括活动的顺序、内容、要求等。

(3) 有层次性的问题设计，并体现设计意图。

(4) 有根据不同学情体现对教学问题的预设。

(5) 有学科的思想方法体现。

(6) 有对学生的学法指导的体现。

(7) 有课堂小结，小结最好能体现对学习内容的总结与提升。

(8) 有合理的板书设计和教学反思。

(二) 上课

1. 规范教师在课堂教学中的仪表、语言和行为；避免不利于学生身心健康发展的问题出现,引导教师通过自身的人格魅力感染学生,建立和谐的师生关系。

2. 学校要对一堂好课的标准做出明确的规定,倡导多样化的课堂教学模式,优化课堂教学过程,有效利用现代教育技术,努力提高课堂教学的效率。

3. 教师要尽可能多地为学生创设自主探究、交流、合作的机会,尊重学生的见解,重视学生的经验,鼓励学生创新,引导学生关注生活、关注实践。

4. 学校要为课堂教学的顺利进行做好必要的设施保障,包括硬件(功能教室、教学媒体、实验器材、备品等)和软件(资源库等)。

5. 教学管理者要多种途径地掌握上课情况,使学校、教师和学生形成互动的管理框架。为保证课堂教学实效,可以开展随堂听课、问卷调查、师生座谈、家长反馈等多种形式课堂教学研究活动。

(三)作业批改

1. 学校对作业布置的目的、质、量和形式及作业的批改形式和要求提出明确的管理意见。

2. 作业要有典型性和针对性,内容要精选,数量要适当,难易要适度,时间要控制,各年级作业量一般不超过1.5小时,杜绝机械重复和惩罚性作业。

3. 检查作业要及时,批改作业要认真,探索灵活有效的批改方式和方法,让作业批改成为学生、家长和教师情感交流的载体,促进教与学质量的提高。

4. 培养学生认真完成作业的好习惯,注意书写和对错误问题及时更正。

5. 作业要有利于知识的理解和巩固,有利于能力的发展,做到分层要求、分类布置,尽量布置开放性、综合性习题;作业处理应贯彻"立足课内、减轻课外、优化处理、及时反馈"的原则。

6. 各学科都要有作业,作业要结合学科特点,形式可以是书面式、问卷式、调查报告、手工作品等。

7. 学校应定期对教师作业批改情况进行检查和反馈。形式可以采取备课组每周查一次,教导处每月查一次等。

(四)辅导

1. 辅导是使教学适应学生的个别差异,进行因材施教的重要措施。辅导的任务和内容有答疑、指导完成作业、指导学习方法以及对学习有问题、缺课和少数成绩优异的学生进行个别指导。

2. 辅导应遵循如下原则：

(1) 要有针对性。

(2) 要有层次性。

(3) 要有启发性。

(4) 要注意及时性。

(5) 要有延伸性。

3. 辅导要针对学科的问题采取教师个体辅导、学生互助辅导、家长加盟的联合辅导等。

4. 辅导不仅应关注考试科目的辅导，还应提倡教师对有特长的学生进行专门辅导，学校做好记录。

(五) 学业成绩考核

1. 对学生学业成绩的评价主要采取考试(考试课程)、考查(考核课程)两种方式。考核方法可以采取课堂随机考试(以闭卷考试或者开卷考试为形式的笔试或口试)、实验、设计实践操作、大型作业、技能考评等多种方式进行。任课教师对学生的学业评价应以备课组为单位，以统一标准进行。

2. 考试课程的评价以学段考试的形式呈现，由负责教学工作的领导或学科组长指定命题人和审题人，学科组长对所有试卷的质量负有把关责任。按试卷规范格式拟定试卷，并附有参考答案和评分标准，在规定时间内将试题的打印稿及电子版本交教务处，同时提交此套试题的命题分析、优秀率、平均分的预测。

3. 监考是每一名教师的义务，所有任课教师和有教师资格的教师在考试期间，都应按教务处统筹安排，承担监考任务。

4. 备课组长负责组织试卷评阅工作，尽可能采用分题流水评阅的方式，评卷教师应亲自答题，研究评分标准，统一评分细则后，在校内认真阅卷评分。评卷结束后，认真审核，由备课组长指定专人在规定时间内录入成绩。备课组长及任课教师要对命题质量、学生成绩进行研究分析，并写出试卷分析报告交教务处备案。

5. 在考试管理上，学校每次都要严密布置各项考务工作。考试期间，确保教室内外环境整洁,营造良好的育人氛围。考场要做到单人单桌,排列整齐,两人监考。监考教师不得做任何与监考无关的事情,如随意到学生面前指点、批阅试卷以及聊天、看书、看报、玩手机等。提倡设立诚信考场。

6. 做好批卷—核分—登分—成绩统计—试卷分析工作的安排,做到严密、准确、无误。

7. 杜绝按成绩排名次、排考场、排座位等行为。

二、听评课制度

1. 听课的主要目的是通过检查、监控,将教师的教学行为纳入统一的规范中。

2. 听课与评课的过程是管理者与教师相互切磋,就共同关注的问题进行有针对性的探讨交流过程,是教师在他人帮助下自我反思,自我提升的过程。

3. 校长每学期听课不少于50节,提倡主管教学工作的校长兼课,每学期听课不少于60节。可依据教师的实际情况确定教师的听课节数及学科内互听课的节数。

4. 转变观念,切实改变对教师听课评价的侧重点,将听课"量"的考核转为对"质"的监控,重点放在听课的收获上。

5. 要认真填写听课记录,完整记录整个过程,听课后的反思要及时、客观、公正。

6. 评课应做到:

(1)强化过程评价,达到培养人的目的。

(2)重诊断、激励,达到完善提高的目的。

(3)重评价引导,提升教师教学水平。

7. 学校要定期对教师的听课情况进行检查,确保听课的实效性,促进教师专业技能的提升。

三、教师反思制度

1. 教师撰写反思要结合课堂教学规律和课堂教学的评价体系,围绕"五个点"进行,即:

(1) 成功点。

(2) 失败点。

(3) 遗漏点。

(4) 补救点。

(5) 改进点。

2. 反思的途径可以在自我评价中反思，在他人评价中反思，在评价学生中反思。

四、质量分析制度

1. 质量分析是一个总结经验，吸取教训、调整方法，增强工作实效的重要途径，切忌走过场，流于形式，要严密组织，扎实开展。

2. 制订出真正有效，操作性强，维度广、角度多的质量分析方案，既要有学年组的分析，还要有备课组、包教组及教师个人的翔实分析。

3. 每学期至少在期中、期末进行两次质量分析。分析重在总结成功的做法，同时还要找出存在的问题，并在分析原因后制定出科学的整改策略。

五、质量监控制度

1. 通过有效途径建立促进学校整体发展的多元质量监控体系，不断增强学校管理的效力。

2. 健全课堂教学的监控制度，保证课堂教学的有效性。

3. 检查应注意坚持自查、他查相结合和抽查、普查相结合的原则，注意点面结合、集中与分散结合。制订计划，优选主题，认真组织，实现教学常规管理的有序性。

4. 提高教学工作的检查意识，确定教学工作检查的重点，探索形式多样、方法灵活、注重实效的考核方案，提高学校的教育教学质量。

六、校本教研制度

1. 树立"靠科研上水平，向教研要质量"的思想，立足学校实际情况，建立以校为本的教学研究制度和组织管理制度，积极开展课题研究。

2. 领导和教师必须树立职后教育和终生学习的观念，充分认识到教学改革发展和知识更新的重要性和迫切性。依据学校的长远发展和教师队伍建设的实际需求,科学设计和有效组织主题明确、形式多样、特色鲜明、卓有成效的校本培训系列活动。

3. 学校在每学期都要组织有主题的系列培训活动,教研培训必须做到"五有"(有计划、有目标、有主题、有制度、有监控),重过程,抓成果。

4. 以新一轮课程改革为契机,重点进行课改相关课题研究;加强学科教研组建设,充分发挥教研组的作用,每个学科都应从教学的实际问题出发,提高研究的针对性和实效性。

5. 各教研组要制订学期计划和工作总结。教研组计划可以从以下几个方面考虑:

(1)应依据学校的总体计划、结合学科特点确立指导思想、理论依据和目标。

(2)应对教研组本学期教师配备情况进行说明。

(3)上学期学科组计划实施情况简要分析。

(4)本学期教研组各学年备课组工作要点。

(5)本学期教研组课题研究计划。

(6)本学期教研组主题活动安排。

6. 要做好教研组活动的过程管理,教学管理人员要定期参加各学科的教研组活动,提出指导性意见,并做好活动纪实。

7. 开展学期优秀教研组的评比活动。

七、评价制度

1. 遵循"立足过程,促进发展"的评价理念。

2. 注重评价体系的动态生成,重视评价结果的科学运用,注重评价情境的真实客观。

3. 对学生的评价要从单纯书面测验、考试转变为运用多种方法综合评价学生在情感、态度、价值观,知识与技能,创新意识和实践能力等方面的变化与进步。

4. 注意发挥评价的教育功能,从单纯通过考试对学生某一阶段的学习情况做鉴定,转变为运用多种手段进行过程性评价,及时发现学生学习中的问题,及时反馈与矫正。

5. 评价学生要将考试与其他课程评价方式有机结合,灵活运用,改变目前将笔试作为唯一考试手段,过分重视等级、过分重视量化的做法。

6. 认真完成学生综合素质评价工作。要指导学生进行自我总结,完成自评,指导学生以班级为单位开展互评,组织班主任和任课教师对学生进行评价,让家长参与监督,向学生和家长反馈评价结果,并认真填写学生《综合素质评价报告书》,按时完成综合素质评价输机工作。

7. 构建促进教师不断提高的评价体系,强调教师对自己教学行为的诊断与反思,建立教师自评、校长、教师、学生、家长共同参与的评价制度,使教师从多种渠道获得信息,不断提高教学水平。

8. 评价教师应关注四个工作环节:明确评价内容和评价标准;设计评价工具;搜集和分析反映教师教学和素质的数据和证据;明确促进教师发展的改进要点,制订改进计划。

9. 对学生、教师的评价要坚持定量和定性相结合、形成性评价和终结性评价相结合的原则,不仅要重视结果,更要注重发展和变化过程。

第三节　风华中学教学档案

教学档案管理是一项信息存储工作,其行为是维护教学档案的完整与安全,为教学研究和管理提供服务,其内容主要是教师教学业务档案、教学计划总结、课程表、课务分工表、检查记载表、学生评教及统计表、考试成绩统计表、教学质量分析表、听课记录、评课记录、教研活动纪实等。风华中学的教学常规过程管理都建立健全了完整的教学档案,以便科学进行教学质量分析,不断提升教学管理水平。

以下选取了我校近年来部分教学档案,仅作示例。

风华中学2013—2014学年度下学期学校工作计划

一、指导思想

依据哈尔滨市教育局关于特色学校创办和香坊区教育局关于文化建设

年建设统一要求和部署,继续深入开展特色学校创办和文化建设年活动,以持续提高教育教学质量为学校工作核心,促进师生的生命成长,努力营造人文和谐的学校文化氛围,内强素质,外塑形象,以爱治校,创建特色,提升整体办学质量和办学水平,为我区、市的教育工作贡献力量。

二、价值理念

学校秉承"让幸福通向未来"的核心价值理念,以"尊重规律、成全生命"为价值取向,将学校各项工作纳入这一价值体系之中。通过打造学校文化,形成学校品牌,进而打造幸福人生。

学校教育的终极目的在于打造幸福人生,不仅为学生,更是为教师,在培育学生的过程中,创造教师的幸福人生。依据我校多年来的教育教学实践,逐步形成了"有效、有趣、成长"为主题的育人文化。教师、学生不仅能够体会到风华学校文化的积极向上力量,并因此为"风华"感到骄傲和自豪,而且可以在学校的教育教学生活中切实获得身心的愉悦、健康,实现师生共同成长的最大化。

三、主要工作

按照市、区教育局的相关要求,结合学校实际,我校确定了本学期各项工作的重点及常规工作的具体措施。

(一)德育工作

1. 重点工作

(1)充分发挥雨润春禾德育工作研究室的作用,加强师德建设,强化德育队伍,着重开展班主任培训与考核。每周一下午第一节召开班主任工作例会。本学期继续延续校园文化节活动宗旨,开展德育实践活动课赛课活动,制订比赛方案,开展德育实践活动课的交流评比,深化其内涵。

(2)强化学生队伍建设,以养成教育为着力点,规范学生行为,引导学生做人。在课间秩序方面,学生应在走廊内安静、有序、右侧一行或两行行进,不讲话、不打闹、不跑跳。在文明礼仪方面,要求全体同学到校穿校服,发型符合学校制定的仪容仪表规范。不化妆、不染发、不配戴首饰。提倡每位同学使用礼貌用语十个字。眼操间操的具体要求落实到位。

(3)优化班集体建设,创建有特色的班级文化,使之成为学生成长的一方沃土。从班级文化建设、班级特色活动等方面打造规范、特色的合格班集体。

(4)卫生工作。班级布置干净整洁,有育人氛围。分担区打扫及时。提倡全校师生能够捡起身边的垃圾,爱护环境从小事做起,从我做起。规定每日三次卫生清理,以学生清理、班任督促、学校检查的方式保证校园环境清新、整洁。

2. 常规工作

(1)落实《走进风华那片蓝》《风华中学德育形象工程》《哈尔滨市风华中学学生仪容仪表规范》等各项制度,对学生仪容仪表、纪律、两操、卫生、午休等情况进行评分,及时检查和督促学生课余时间内进行的各类活动,通过综合评价和坚持不懈的教育来矫正学生的行为,磨炼学生的意志,培养学生遵规守纪的良好意识。

(2)继续实施"星级班级"评比活动、班级量化管理制度。"公平、公正、公开"地对各班的班纪班风综合考核,每周公布评比结果,并以之作为各班德育工作成效的重要评价依据。

(3)充分发挥学生的骨干作用,强化学生会工作,做好值周生工作,以丰富多彩的课堂内外活动为载体,真正达到"教书育人,管理育人,服务育人"的境界。

(4)真正落实德育实践活动课(周一第八节);德育实践活动课内容根据学校要求,结合本班实际而定,包括行为规范、法制纪律、安全环保、心理健康等适合中学生成长特点的内容。

(5)进行主题升旗校会(周一);由政教处统一安排,以多种形式对学生进行有效的教育,增强其实效性。

(6)班主任按时上交计划与总结、班主任工作手册、德育实践活动课教案、班务日志。

(7)加强政教干事、值周教师培训,加大楼层、校园内外和周五教师大会期间的巡视和校园卫生监控。

(8)继续加强家校沟通。亲子教育、学校教育形成整体步调一致方可促进学生发展,本学期计划召开两到三次主题式家长会,开展不同学年、不同时段的家长开放周,促进家长和学校的沟通理解,争取更大合力。

(9)其他:封闭校园管理、用餐说明、出门证、课前一支歌、守则、规范、规范学生上课、仪容仪表、校服等各项规定,形成常规,继续加大力度执行。

(二)教学工作

1. 常规工作常态化、规范化

(1)教案的变革——(半)电子教案

本学期,经过总结以往经验,组织部分教师进行研究论证,决定本学期初始试行教案的改革,试行半电子教案,探讨有效教案的合理做法。具体要求:

主备人准备电子详案,组内共享;

集体备课、二次备课标注更改的内容;

课前梳理本节课线索或环节;

课后记录点滴反思或感悟。

(2)关于备课——完美预设、精彩生成

集体备课是组内全体的共同责任,不容忽略;

拿来的教学设计无法实现有效教学;

二次备课贵在坚持。

(3)关于听课——提升的便捷通道

每周至少两节,组内互助提高;

听课用心琢磨,不做其他副业;

听课笔记研究使用。

(4)关于上课——用心关注、真正投入

组织教学的意识,重视歌声与口号的作用;

协同配合指导学生合作学习;

规范教学行为,拒绝学生面前翻弄手机;

出现问题,有效沟通;

教导处监控课堂教学。

(5)关于自习——倡导自主、教育在先

早自习辛苦英语和语文老师,诵读为主;

既定自习课交给学生;

让幸福通向未来
——哈尔滨市风华中学课程建设的实践研究

临时自习课,理解并合理安排;

开展自习课评比,协助班集体建设。

(二)特色工作科学化、精细化

秉承风华的特色办学理念,深入有效开展系列的校本研修活动,使其主题化、规范化,突出有效课堂的针对性。

1. 开展第六届教学文化节

经过假期的详细反复研究决定,召开第六届教学文化节,详细制定文化节实施方案,以课堂观察的形式,重点研究有效提问、合作学习,从教师教的方式、学生学的方式、学习品格的形成角度开展教学研究,打造风华特色教学工作。

2. 集中时间开展校本研修工作,突出实效

本学期重点利用好学科的每次非教研时间,由各位主任分别制订翔实的学科及年级的校本研修方案,延续教学文化节的成果,完善对学习有效学习的指导。研修主要任务是课堂教学研究及学科技能,校本研修以学科为单位,主任负责组织,学科教师通力合作,主旨是全员参与,促进提高。

3. 继续打造优质的校本课程

学校的校本课程由六、七、八(八年物理化学教师)学年的工具学科的非班主任教师、非工具学科的教师们承担学校的校本课程,本学期学校的校本课程的计划为10次(20节),每月3次。教导处在网上共享校本课课表,包含校本课学生的名单,并标注学生所在的原班级。校本教师上交校本课计划电子版,最终汇总为学校的校本教材。

在教师研修时,可以根据平时校本课程的授课情况,推荐1~2节优秀的校本课为全校教师展示,促进学生的成长。

(三)重点工作

1. 学科活动——调动学生、总体设计

突出本学科特点,有创新;

重视组织与指导,深挖学生潜力;

形成实施方案,提前告知协作单位。

2. 汉字听写大赛——把握机会、群策群力

教导主任全面负责,语文教师提供专业支持;

集思广益打造培训、选拔及参赛指导方案；

做好宣传，借助此平台打造更好的学习氛围。

(四) 科研工作

首先从自身做起，加强理论修养和实践锤炼，多思考，勤沟通，重落实，力争把我校科研工作做精、做实，用科研灌溉，使教学之树常青。

1. 课题管理

子课题组长负责对"十二五"学校总课题下的各组子课题上报，新学期科研室将对这些子课题进行管理，督促子课题组长使组内每个成员明确本组研究的内容并紧密结合子课题进行过程材料的积累，杜绝论文信手拈来、临时拼凑、偏离子课题的现象。

2. 科贴发布

本学期将在发布科贴方面做以下尝试：

(1) 学校统一发布的科贴择优刊登在《风华韵致》上。

(2) 增加一项由抽签研讨课所在组的备课组长发帖。在现场评课之后，备课组长可以结合本节课的某个点，针对平时教学中出现的疑惑或大家热衷的话题或自己的思考发帖，请所有参与听课的教师进行回帖，形成学校范围内的网上教研。

3. 科研培训

开学初，科研室计划在教师、学生、家长三个层面进行问卷调查。本学期，香坊区要在我校开展"区优秀科研课题课展示"活动。我校上课教师为李婷婷、葛艳丽。计划在展示活动之前，对子课题组长和科研骨干进行"如何上好课题课"的相关培训。

4. 资源共享

在科研论坛上开办"我的收获你分享"栏目，请老师们将自己平时看到、读到、听到的深受启发的优秀作品推荐给大家，包括内容简介、提供出处或直接给出文本、视频、音频供下载，与其他教师进行分享，充实一下我们的精神生活和教学资源库。

(五) 其他工作

1. 团委工作

本学期我校团委工作将紧紧围绕教育局团委和学校重点工作，以活动为载体切实提高团员青年的思想素质,有针对性地开展风华中学的团队工作。

(1) 常规工作

造就一支德才兼备、朝气蓬勃、富有凝聚力,为团员所信赖的团干部队伍。做好推荐积极分子作为团的发展对象工作,及时吸收符合条件的学生入团,发展壮大团员队伍。重点看"三会一课"的落实情况。进一步加强团员的电子团籍、档案管理工作。使团籍、团的资料管理规范化、制度化。召开观摩研讨会。按部就班地按计划组织生活,有理有据、有计划有实施。

(2) 团的活动

坚持志愿者服务活动。各班级要组建校内志愿服务队和校外志愿服务队,校内志愿服务队有固定的服务地点,每月志愿服务至少一次。

充分发挥团委学生会的作用,保证活动的实效性。发挥文明监督岗的作用。做好学校组织的大型活动的配合辅助工作。

筹备组织开展学生们喜欢的活动,本学期预计开展知识竞赛类的活动,做好学生们的后勤保障,班主任给予的支持是顺利开展的重要保障,学生一定会在这样的活动中得到充分的锻炼。

(3) 评优工作

学期末的"优秀团支部"的考核,总分为 100 分,主要考核指标分为团支部的组织建设、社会实践、宣传教育、校园文化活动等四项。"优秀团支部"的考核评比由校团委讨论、校党支部审批后确定。

2. 办公室工作

(1) 常规工作

及时收发书面和网上文件,并交各位校长审阅。根据各位校长的审阅意见,转达给相关领导或教师办理。及时向教育局和其他上级部门上报学校的各类工作材料。

拟定计划、文件和有关材料。

及时出好会议通知和节假日放假通知。

做好各办公室卫生检查工作。

做好周五大会的考勤和会议记录工作。

管理好学校印章,实事求是地开具各类证明和介绍信。

进一步做好来宾接待工作。

协调、管理好学校车辆的使用并做好车辆的保养。

做好学校值班记录的统计汇总工作，及时报相关领导查阅。

管理好百品源餐的工作，协调好百品源、班主任、学生、财务各方面的工作。

做好学生图书的征订工作。

（2）重点工作

安全保卫工作，排好值班表，每天下班前给值宿教师打电话督促值宿，周五下班前给周末值班的每位教师打电话提醒值班一事。

每天统计教师迟到早退情况，然后形成纸质反馈表交给各备课组长及办公室负责人，以此规范教师良好的办公秩序。

周密安排、布置、组织、协调好教师节及元旦联欢会的庆祝活动。

3. 后勤工作

（1）加强队伍建设，提高工作人员的个人素质。加强政治和业务理论的学习，提高服务意识，进一步树立后勤为教学服务的思想。

（2）进一步健全总务人员的岗位责任制，使每一个人都明确自己的工作岗位和工作职责，做到事事有落实。

（3）树立后勤为教学第一线服务的思想，进一步改进工作作风。

（4）执行"每日巡视制度"，总务主任对学校环境、绿化、卫生、安全、校舍维修、设备使用等进行每日巡视，并做好相关记录。

（5）认真执行财务和财政纪律，严格按规定手续（领导审批）做好采购工作。

（6）加强保洁员和复印室的管理工作。

（7）认真做好学生热饭工作，保证学生饭菜的安全和设备的安全。

（8）做好临时工的管理工作，加强劳动安全教育、防患意识教育，对食堂工作人员，要加强食品卫生、个人卫生、环境卫生的教育。

（9）进一步完善购物、保管、维护、使用等财产保管制度，重新清理校产账目，做到制度健全，职责分明。加大对校产、校舍的定期及日常的检查力度，随时排查各建筑物及管道等设施的安全和使用隐患。

（10）进一步加强水、电管理，增强责任感，加大检查力度，确保水、电安全运转，工作人员每日要进行巡查，并及时处理供水、供电隐患，严禁私拉乱接电线，杜绝长明灯、长流水，使每一滴水、一度电都物尽其用，杜绝浪费现象及安全事故的发生。

(11)开展经常性的检查，在房屋、用电、楼梯及通道等方面排查安全隐患，发现问题及时整改。

综上，在各级教育行政部门的领导下，我校会一如既往地认认真真地钻研教学，满腔热忱地开展德育，细化精化科学研究，使学生的素质不断提高，学校的办学品位不断提升，持续推进特色的办学文化。

承前启后，继往开来，风华中学会一如既往地秉承学校"培育通向未来幸福的人"的核心价值理念，将学校各项工作纳入这一价值体系之中。通过打造学校文化，形成学校品牌，进而打造幸福人生。

风华中学2013—2014学年度下学期期末工作总结

本学期，是我校深化教育改革、认真落实贯彻区教育局"文化建设年"的文件精神，稳定和谐发展的一年。在上级主管部门的悉心关怀下，通过学校领导和全体教职工的共同努力，我校的各项工作取得了长足的进步。回顾过去，在以下几个方面的工作取得了较好的成效：一是学校的教育教学质量不断提高，毕业班取得了令人满意的中考成绩；二是抓好教学常规管理，带领教师进行教育教学改革，促使教师的教学行为和学生的学习方式发生转变，以适应新课程的要求；三是以学生养成教育为重点，整合教育资源，努力提高德育工作效果。

我们始终坚持正确的办学方向，认真贯彻执行教育方针和教育法规，贯彻实施文化建设年的精神，继续落实我校发展规划，做到目标到位，责任到人；树立正确的教育观，面向全体学生；积极创设良好的育人环境，不断丰富校园文化，为学生的健康发展奠定良好的基础。

学校秉承"幸福·未来"的办学理念，继承和发展风华的优良传统，不仅关注教师和学生当下的幸福，更着眼于教师和学生未来的幸福。当下的幸福立足于教师教得有趣，学生学得有趣。未来的幸福立足于学校的一切教育教学活动不仅实现教育教学目标(有效果)，还要追求用较少的时间实现教育教学目标(有效率)，更要追求教师和学生长远的发展(有效益)。所以，学校将"有趣、有效、成长"定位为学校教育教学活动的价值取向,一切教育教学活动,均以此为出发点和落脚点。

一、队伍建设

1. 干部队伍建设

一是抓理论学习,学习教育法规条例、教育教学理论,提高自身的管理水平和指导教育教学的能力;二是抓作风建设,要求学校领导班子成员具有民主的作风、团结协作的精神,使得学校的工作贯彻、执行有力。

2. 教师队伍建设

一是利用每周三非区里教研时间组织校本研修活动。从六、七学年每组抽取一位教师上课,其他教师听课、评课。从不同课型进行研究,如:听说课、阅读课、语法课和单元复习课。上课教师有魏学斌、蔡春玲、吴柯、张燕冰、胡妍、沈静媛、孙青云、赵红。重点关注的问题有小组合作、课堂提问、活动设计及学生的差异性。

二是通识性培训,本学期主要进行了如下培训:

(1)香坊区2013年拟任区骨干教师在我校进行培训。

(2)学校的教师培训,进行2次读书讲坛活动。

(3)学校对《新课程标准》进行培训。

(4)组织学校全体教师进行网上培训,回复科帖,网上交流。

(5)组织全校教师进行教师技能、专业知识考试。

3. 班主任队伍建设

以雨润春禾德育工作室牵头,突出实效性。针对学校出现的棘手问题,工作室成员开展深入研究与探讨,形成有效的教育策略。

辛治国培训:优秀班主任成长

辛治国培训:抄作业的思考

辛治国培训:德育实践活动课——德育教育的有效途径

(1)名优班主任工作室——辛治国工作室:工作室成员由全国优秀班主任、省优秀班主任、哈尔滨班主任标兵、哈尔滨市德育标兵、省级班主任培训者、学科骨干教师、学科带头人组成。

本工作室以"研修的平台、成长的阶梯"为工作宗旨,充分发挥名班主任

的示范、引领、辐射作用，建设"德育高地"，提升班主任的职业崇高感，切实推进班主任的专业化发展，努力打造一支"德艺双馨"的智慧型班主任队伍。

在辛治国主任的带领下他们进行了德育实践活动课的观摩、德育教育的座谈交流、网络互动、全市经验交流汇报等多种活动。

(2)学模范、树典型：榜样的力量是无穷的。一个人、一个故事、一段话语，看似平凡简单，却能点燃许多人心中的激情与梦想。按照市、区教育局的最新要求，我校深入开展、大力推进"我身边的好教师"的评选。我校出现了一批省班主任、师德标兵和优秀班主任领头的优秀教师群体。他们被称为我们身边的最美教师。这些教师成为我校教师学习的榜样和楷模。

二、重视教学常规管理，努力提高教学质量

1. 常规检查

(1)教案、听课笔记、作业的检查：

A：在学校检查前每位教师先自查，由教导处下发自查条，教师自查填写完毕后置于教案间。

B：自查后，组长在3月26日、4月25日、5月26日、6月26日分别对每月的常规进行了初查，内容包括：教案、听课笔记的栏目齐全、教案、听课的量、组长给予教师的意见或建议以及组长的签名或名章，并标好初查的日期，有建议的，找时间与教师们进行交流，提出改进方向。

C：在组长初查后，教导处分别在3月27日、4月28日、5月27日、6月27日对教师的常规进行检查，并在查后把检查结果与组长们进行了交流。

(2)分层式常规巡课。

①教学校长每日的随机检查，检查教师授课情况与学生的课堂表现。

②主任的每日分学年定向检查一次，检查课表执行情况、教师授课情况、班级课堂表现。

③干事们的每日分学年的定向两次检查课表执行情况、清理走廊学生，让学生回归课堂。

2. 集体备课

本学期的集体备课回归办公室，教导处把备课的要求、原则进行明确（详见风华教师教学常规一点通），组长认真管理，组员认真执行，确保集体

备课的质量。本学期备课组共进行了17次集体备课(含组内研讨课)。

3. 研讨课

(1)校本学科研修课:本学期学校组织的抽签研讨课共计68节,毕业班研讨课共计70节。

(2)全员课:每位主任、校长集中听全全校所有学科教师的课,共计350多节课,及时与教师交流感受与建议。

4. 校本课程

学校的校本课程由六、七、八(八年物理化学教师)学年的工具学科的非班主任教师、非工具学科的教师们承担学校的校本课程,本学期学校的校本课程共计进行了8次。

5. 特色活动

本学期,共开展如下学科活动:六学年英语学科组织的英语朗读大赛、七学年英语学科的百题大赛、八学年的物理知识大赛、六学年综合素质能力大赛。这些活动的开展,进一步丰富了课堂教学内容,活跃了校园文化。

6. 重视体卫艺工作

学校开好体育课、健康课;保证学生每天体育活动时间,落实"两操活动";各年级学生轮流做广播体操、跑步。开展了学生体育节活动,对学生进行了卫生工作和安全健康教育,学校坚持"预防为主"的工作方针,有效防止传染病、流行病和食物中毒事故发生。

三、重视科研,以科研促发展

1. 申报并指导区级小课题研究

我校申报的区级小课题为历史组的"'历史现场'在初中历史课堂上的有效运用"与地理组的"初中地理歌谣创编及应用的实践研究"。研究时间为一年。两位小课题组长在科研室的指导下,完成了小课题研究的部分工作,如撰写实施方案,月滚动计划,设计课堂观察量表等。在区科研部两次来校调研过程中又进一步明确了小课题研究的价值与方法。历史组的程艳庆老师还借助观察量表上了一节课题实践课并受到区科研部黄老师和刘老师的高度评价。

2. 中央电教馆课题

"信息技术环境下学生有效思维训练的实践研究"中期检查。整理、提炼研究过程材料,将我校该课题研究现状如实上报。

3. 科贴平台

本学期发表科贴为读黄克剑的《论教育 学术 人生》有感。全校大多数教师在认真研读的基础上均主动参与回帖。

4.《风华韵致》

编辑出版第19、20期《风华韵致》。第19期《风华韵致》为第六届教学文化节专刊。刊中收集、整理了教学文化节实施方案、课堂观察量表、最佳教学设计、析课、评课以及文化节总结。

5. 新闻发布

本学期由柴亚丽负责发布新闻10余条(如:文化节、校务会、青春诗会、毕业典礼、体育节等等),图文并茂的报道宣传了学校重点工作,加强外界对风华中学的了解。

6. 教师讲坛

本学期由科研室组织了三次教师读书讲坛活动,主讲人分别是胡继营、闻晓清、孙欣,为风华教师读书与思考做了有意义的引领。

7. 教育叙事和论文征集

设计、发布了《2013风华叙事》的征集方案及校第十三届论文、案例、随笔评选方案并负责叙事和论文的收集、整理工作。

8. 设计课标学习

在校长的指导下负责设计期末校本培训之课标学习并进行备课组长的先期培训工作。

四、整合德育力量,注重养成教育

1. 强化学生队伍建设,以养成教育为着力点,注重自我教育自我管理,规范学生行为,引导学生做人。

挖掘学生的自我管理能力,逐步形成学生行为养成教育的系列化、规范化。

(1)继续推进德育形象工程,保障养成教育,注重文明礼仪教育。

为了提升风华学子的良好形象、优秀品质和行为规范,保障养成教育的有效实施,学校决定在本学期继续推进德育形象工程。内容包括以下四个方面：

①环境卫生

共同携手创造干净、整洁、温馨的风华园。要求班级布置干净整洁,有育人氛围。门窗玻璃干净透亮,地面、墙面干净,卫生角规矩整洁,物品摆放整齐。能够保证经常通风、消毒。分担区卫生要求：打扫及时、效率高、效果好、无死角,能够保证一天三次打扫,做到分担区干净整洁。同时学校大力提倡全校师生能够随时随地捡起身边的垃圾。爱护环境从小事做起,从我做起。坚决杜绝乱扔垃圾的不良习惯。

②文明礼仪

要求各位同学要有文明的形象,使用文明的语言,行文明的礼仪,成为文明的典范,更希望各位同学把这种文明带到每个家庭,带到全社会,成为文明的传播者。具体要求：1.文明的形象：要求全体同学到校穿校服,发型符合学校制定的仪容仪表规范。不化妆、不染发、不佩戴首饰。2.文明的语言：学校提倡每位同学使用礼貌用语十个字："您好""请""谢谢""对不起""再见"。坚决杜绝：说脏话和不文明用语。3.文明的礼仪：礼貌是一种柔韧的智慧,它是一个人修养和品位的体现,一个懂礼貌的人肯定更会受到周围人的接受和认可。各位同学要学会礼貌待人,在校园内进出或上下楼梯如果是整班集体行进遇到老师可不用问好,如果是非集体行进遇到客人或老师应礼让同时统一使用"老师好"这样的礼貌用语。

③课间秩序

要求各位同学下课后能够自觉、主动、迅速退出教室到操场活动。走廊内安静、有序、右侧一行或两行行进,不讲话、不打闹、不跑跳。预备铃响后,学生迅速按指定地点安静有序站队进楼。春季到来,气温回升,是户外活动锻炼身体的大好时机,为了同学们的身心健康,学校提出要求：六、七、八学年课间都要到指定活动的操场进行户外活动,班级内留人不允许超过5名。午间要求活动到12:45准时在指定区域站队带回班级。同时,学校提倡各位同学选择踢毽子、跳绳、做游戏等有意义的活动。

④眼操间操

在上课间操时要求做到"快、静、齐、准"。快：下课后迅速离开教室站队到达指定位置。静：在行进队伍和做操期间,要保证安静、有序。齐：上操期间各班要保证人数齐、队列齐、动作齐。准：做操时，要求每位同学动作要有力、合拍，姿势准确。眼操要求各位同学态度认真、姿势端正、用力得当、穴位准确。同时要保证眼操的时间。

(2) 加强监督管理，落实养成教育

课间的管理办法是：

①每天有13名值周教师负责楼梯口的疏导和监控——由1名主任负责管理安排。

②6名室内干事负责室内管理，分楼层、分片管理，我们称为片长（各班卫生、纪律、站队情况、班主任和值周教师到岗情况）。

③7名室外干事负责操场卫生、学生课间活动安全和课前站队的管理，室外干事基本上是体育老师，每人手里有一个小哨，铃声一响，组织各自操场站队安静进教室。

④每天26个值周生分布在学校的半楼梯和拐角处——由学生会纪检部管理。

(3) 运用激励机制，推进养成教育。

①开展星级班级评比，在养成教育过程中，开展"纪律、卫生星级班级"的评比活动，授予星级班级旗帜，通过每周一的政教处工作例会评比，让班主任及时了解班级工作中的不足，及时采取措施，及时纠正，提高班级管理水平。

②期末评优：集体和个人，标兵班／文明班；三好学生／优秀班干部／优秀团干部／优秀团员／各类美德阳光少年

(4) 家校联系，合力养成教育

学生成长的空间不仅仅在学校，家庭、社会都是他成长的有机土壤。我们主要通过家访、家长会、致家长一封信等方式，指导家长要用自身的良好行为熏陶学生，同时与学校积极配合，做好学生在家时的良好习惯养成、教育和训练的督促工作，这样也能有效弥补学校教育在假期的"空白"。

2. 围绕做一个有道德的人和我的"中国梦"积极开展系列化、层次性递进的校园文化活动，注重自觉实践自我体验，以培养学生诚信正直、爱心节俭、关心互助和有责任感等良好德性。

(1) 做一个有道德的人主题实践活动

①大力开展学习雷锋做美德少年系列活动：开学初进行了以"当先锋做文明学生"为主题的升旗校会。同时，六、七学年开展了学习雷锋的主题班会。6月份进行了"学习雷锋做美德少年"网上寄语活动。同时我校还大力开展"寻找身边的活雷锋"活动。学习"尚百余、田祖豪"的先进事迹。

②大力开展"日行一善"主题教育活动：号召全体同学行动起来，日行一善。在这种氛围的影响之下，我校涌现出许许多多做好人好事的同学：七年四班同学开展了"点亮蓝灯，关爱自闭症儿童"的活动，利用周末他们勇敢地走上街头举办了一次爱心义卖活动，将赚来的钱全部捐给患自闭症的孩子。七年十五班同学成立了爱心援助小组。自成立以来，爱心援助小组陆续进行了一系列活动。建立了爱心互助课堂、策划了古诗文游戏大联盟活动、组织了创造干净、整洁校园的义务劳动、举办了关于学习方法的经验推介会、开展了"奉献爱心 温暖心灵"的社会行动。

③4月初，我校进行了多种方式的清明祭扫活动，全体六学年的同学到烈士陵园进行清明祭扫活动，同时梁校长给同学们介绍了朱瑞将军的生平事迹，鼓励同学们传承他的精神，踏着烈士的足迹，在人生的跑道上永不放弃，为创造美好的明天做好充分的准备。最后，全体师生井然有序地瞻仰烈士墓。我校还进行了"祭洒情思，缅怀英烈"主题升旗校会活动。全校学生还积极地参与了网上祭英烈的活动。

④5月份学校大力开展了"洒扫应对"评比活动，同时还进行了"洒扫应对"手抄报展的活动。

⑤5月份我校还进行了以"粽香飘洒，端午寄情"为主题的升旗校会，同时，学校还进行了"节日小报"的征集活动。

⑥为了让孩子们更加健康、快乐、阳光、活力、团结、和谐，在周校长的号召策划下，我校6月份在全校范围内开展了风华首届体育节活动。这次体育盛会的内容包括：广播操、韵律操、队列比赛、全班跳大绳、全班接力赛、篮球赛等一系列活动。活动旨在让每个孩子都参与，让每个孩子都健康、快乐成长。孩子们在赛场上挥洒汗水、奋力拼搏，他们在磨砺中成长，他们在锻炼中健康。

让幸福通向未来
——哈尔滨市风华中学课程建设的实践研究
RANG XINGFU TONGXIANG WEILAI
HAERBINSHI FENGHUA ZHONGXUE KECHENG JIANSHE DE SHIJIAN YANJIU

⑦诵经典,品人生;织梦想,致青春。2014年5月15日,我校举行了以"青春寻梦"为主题的中华经典诵读诗会。古典的气息,情感的流转,整场诗会弥漫着令人陶醉的空气,激发了学生对诗歌诵读的热情,唤醒了学生内心深处的民族精神,经过一个多小时的时间圆满落下帷幕。

⑧6月份,我校进行了"我的中国梦"系列活动。在六七学年大力开展了"童心描绘中国梦"手抄报活动。在六、七、八学年开展了"唱响中国梦"课前一支歌评比活动。我校参加的我的中国梦征文活动,多名同学在活动中获奖。

⑨文明礼仪进课堂,由政教主任进课堂对学生的文明礼仪和行为规范进行教育。

⑩本学期共进行了12次升旗校会,共有48个班级参与主持。每期主题都从不同的角度对学生起到思想教育的作用。其中围绕学习雷锋开展了两次,以不同的侧重点,每一期的升旗校会都围绕学校的整体德育目标,起到积极的促进作用,明确了自身的责任。从大处着眼,从小处着手,升旗校会成为德育的又一重地。

4. 强化法制安全教育

校园是一个培养人、塑造人的地方,对于安全教育,学校领导高度重视,建立健全的制度,管理到位,安全教育落到了实处。

(1)每年3月份最后一周的星期一,为全国中小学生"安全教育日"。为此,2014年3月25日,我校举行以"普及安全知识,确保生命安全"为主题的升旗校会。升旗仪式上,两位同学代表在国旗下宣讲,从一个个眼泪书写的数据,到一组组悲痛收尾的镜头,同学们深切感到树立"安全第一"的意识是多么重要。

(2)校园安全隐患排查

(3)张贴宣传标语和安全警示牌

(4)根据哈尔滨市教育局《关于开展"防邪知识进校园"活动的通知》要求,我校大力开展崇尚科学、反对邪教的系列活动。

五、共青团工作

(一)加强团员队伍建设,发挥团员的榜样性和示范性

抓好团的队伍建设,发挥团员的榜样性和示范性作用,是团员队伍建设

的重要工作,也是学校德育工作的重要方面。为此,加强团组织建设,发挥团员的榜样性和示范性,一直是团委工作的重点。

1. 切实做好团干部队伍建设,提高团干部队伍的整体素质,是做好团队工作的重要保证。本学年,我们十分注重团干部的思想教育,每月召开一次班级团支书会议,听取班级团支书工作汇报,了解团员队伍状况,并组织他们学习团的理论、班级团支部活动的做法、经验等,逐步提高团支书的思想意识,从而调动团支书工作的主动性和积极性。要求六、七、八年级每月开一次团会,每周一次民主生活会,并定期组织团支书深入班级观摩团会,有力地促进了团队活动在各班级的开展。

2. 加强团员的思想教育,提高团员队伍的整体素质,能较好地促进学校的德育工作。本学年,我们要求班级团支书定期对本班团员进行思想教育、组织学习团的知识,提高团员对团组织的认识,收到了初步的效果。还要求团支书对本班团员的言行进行监督,发现不规范的人和事要进行批评教育,情节较重的上报团委,由团委实行诫勉谈话并纳入优秀团支部的评选范围。

3. 进一步规范入团程序,严把入团关。在团员发展上,始终坚持实行团员发展接受团内外学生的评议监督制度,入团必须过四关:首先确立培养对象,全班公示接受考察,上团课,票决,班主任签字同意,这样提高了团员的质量,增加了它的吸引。

4. 做好对团员的评议活动,对评议不合格的团员,要求其写出书面保证,限期改正。

(二) 以活动为载体,增进团组织的凝聚力

活动的有序开展,能增强团组织的生命力和凝聚力,提高学生对团组织的认可度。本学期团委紧紧围绕学校中心工作有序地开展系列教育活动,有力地推动了学校整体工作的进行。

1. 清明祭扫活动。六学年全体学生接近千人从学校出发,列队步行前往烈士陵园,在前往过程中,每一名同学都严守纪律、迅速集合,队伍井然有序,认真地开始了祭扫活动。本次活动由六年级同学主持,学生代表向烈士们敬献了花圈,全体同学默哀一分钟,在默哀过程,同学们保持安静,神色肃穆,充分体现了我校学生的优良素质。随后,举行了新团员入团仪式,新团员郑重宣誓。这次祭扫暨新团员入团仪式,不仅发展了团组织扩大了团的

影响力,还有效地强化了新团员的团员意识,提高了团队伍的整体素质。

2. 五四表彰活动。5月19日召开了风华中学纪念"五四运动"九十五周年暨"青春的榜样"表彰大会。这是首次将团的所有表彰在此时颁发的大会,这次盛会意在发现我们身边的榜样,让同学们认识到任何人的身上都能找到可贵的品质,或乐于助人,或刻苦学习,或尽职尽责,或坚持不懈,或自立自律。从而让榜样就像一名友善的向导,引领你不断向前,向前!学校对此次活动非常重视,除颁发证书以资鼓励外,还投入了资金购买了书籍,作为奖品,鼓励越来越多的榜样出现。会上几名优秀团员代表八年四班姜璎伦、八年十四班的王铭朔都做了诚恳、真挚的发言,他们让大家知道,不仅热爱学习的人值得我们学习,每一个拥有优秀品质的人都值得我们学习。优秀团支部代表七年十五班也做了精彩的展示。他们团支部组织在母亲节卖花,这样的义卖活动让更多班集体看到一起付出才能体会到成功的快乐,一起经历,才能知道彼此的重要。这次展示也确实带动了更多的集体快乐成长!七年四班团支部在不久也组织了义卖活动,并且将义卖的款项捐献给了自闭症儿童。

3. 毕业班誓师和毕业典礼。配合学校的计划,组织大型的活动,从中对全体青年学生做一次洗礼式的教育,四年的拼搏与奋斗,四年的泪水与汗水,都将化为无尽的怀念,送走届届学子,换来桃李满园!

4. 学校艺术节活动。今年更改了艺术节的活动时间,调整为假期举办,这不仅给学校整体工作带来了冲击,也给我们团委工作带来了不小的难度。结合平时的艺术工作,做了以下调整,尽快出台了艺术节方案,利用学期末进行重组,在学生考完期末试后,立即举办了单项比赛,成绩将在闭幕式上公布,学生参加的集体类比赛准备工作都会在假期训练,着实增添了不少困难,但参与的音乐教师毫无怨言,义务奉献,为学生取得优异的成绩做出了卓越的贡献。相信大家的共同努力定会迎来新一轮的胜利闭幕!

六、做好后勤保障工作,进一步树立后勤为教学服务的思想

1. 总务工作是学校管理的一个重要组成部分,后勤服务是烦琐而又平凡的工作,后勤服务的好坏直接影响到整个学校教学工作的顺利进行,总

第六章
学校教学常规管理

务工作是学校工作的基本保障。

2.进一步健全总务人员的岗位责任制,各项规章制度要上墙,要从学校工作需要出发定岗、定责,使每一个人都明确自己的工作岗位和工作职责,做到事事有人管,事事有人干,事事有落实。

3.树立后勤为教学第一线服务的思想,进一步改进工作作风。要多思考、多学习、多听反映、多听意见。做到嘴勤、眼勤、手勤、腿勤,遇事能做的,随时处理,不拖拉,不能处理的及时向领导汇报。

4.执行"每日巡视制度",总务主任对学校环境、绿化、卫生、安全、校舍维修、设备使用等进行每日巡视,并做好相关记录。对发现的问题及时做好处理和反馈。学校各部门、教研室、班级等提出的报修,必须在最短的时间内做好维修,并做好记录。

5.认真执行财务和财政纪律,严格按规定手续(领导审批)做好采购工作。本着少花钱多办事的原则,精打细算,把好质量关。

6.加强保洁员和复印室的管理工作;保洁员要按规定的时间,对卫生间、前厅及所负责的会议室进行打扫,总务指派专人定期检查,发现问题及时整改。复印人员要对复印和速印的纸张用量进行登记,一次复印数量较大时,要有领导批示。

7.做好临时工的管理工作;要加强劳动安全教育、防患意识教育,对食堂工作人员,要加强食品卫生、个人卫生、环境卫生的教育。培养临时工对后勤工作的责任感,鼓励他们安心在后勤工作,让他们在明白后勤服务的要求的前提下,全面提高自己的工作能力和服务质量,对临时工的遵守规章制度、工作能力、工作完成状况等情况进行考核。对考核不合格者,应一律辞退。

8.进一步完善购物、保管、维护、使用等财产保管制度,做到制度健全,职责分明。对办公用品的发放实行登记制,明确责任,减少浪费。对按规定借出的物品要及时督促归还。加大对校产、校舍的定期及日常的检查力度,随时排查各建筑物及管道等设施的安全和使用隐患。对发放的各种物品及室内设施责任到办公室、班级,谁丢失谁负责,对学校桌椅、门窗等要及时检查,并做好修理及登记工作,与政教处配合,通过班主任对学生进行爱护公

物的教育，强化班级财产管理制度力争把人为损耗降到最低程度。

9. 进一步加强水、电管理，增强责任感，加大检查力度，确保水、电安全运转，工作人员每日要进行巡查，并及时处理供水、供电隐患，同时号召学校各个部门、各班级齐抓共管、群策群力，牢固树立节水、节电的意识，严禁私拉乱接电线，杜绝长明灯、长流水，使每一滴水、每一度电都物尽其用，杜绝浪费现象及安全事故的发生。有故障时维修人员要随叫随到，发现问题及时处理。

七、存在的问题和不足

1. 教师的观念还有待于进一步转变，校本培训还要进一步加强。
2. 学校管理过程中，还没有找到制度管理与人文管理的最佳契合点。
3. 学生养成教育水平需进一步提高。

基于以上的不足，在今后的工作中，我们将通过多种培训手段和措施引导教师不断地学习，同时，把新课程中出现的问题变成科研任务，组织教师进行研究和探索。我们相信，风华的明天会更加美好。

八、下学期工作设想

1. 继续开展好校本研修工作。
2. 在原来基础上，加强校本课程的开设和管理。
3. 针对本届学生特点和 2015 年哈尔滨市中考招生政策，开展好毕业班教育教学活动。
4. 加强对全校学生养成教育的培养。
5. 做好新生入学的适应性工作。

2013—2014 学年度下学期毕业班教学工作计划

一、指导思想

依据香坊区教育局"文化建设年"和 2014 届毕业班总体目标的要求，结合教育局为我校制定的升学指标（省重点升学率 50.09%，市重点 19.68%，平均分364.38）和我校实际情况，特制订2013学年度—2014学年度下学期毕业班工作计划：

认真贯彻党的教育方针，以深化素质教育为核心，以提高课堂教学质量为突破口，以提升教师素质为主旨，紧紧围绕"聚焦有效教学，构建生命课堂"的教学工作主题，全面提高教学质量。

本届学生人数少，突出的拔尖生少，后进生面也大。经过三年多的教育，绝大部分学生已养成良好的行为习惯、学习习惯和优秀的思维习惯，少部分学生学习习惯较差，成绩不稳定。但我们有着年富力强、搭配合理、老优带新的教师队伍，有着多年抓毕业班工作的丰富经验，有着良好的教学与学习氛围，有着不断完善的设施设备和经验教训。我们坚信能在2014年再创风华中学中考之辉煌佳绩！

二、工作目标

坚决执行市区教育局的工作方针，全面推进以"生命化教育"为核心的素质教育，切实关注毕业班课堂教学的有效性，努力构建优质高效课堂；务必真抓实干，细致管理；务必使教学质量保持稳定，务必使我校2014年中考再创佳绩，更铸辉煌！

三、领导小组

组　　长：周　瑛

副组长：刘国华、梁晓强、王丽坤

成　　员：潘亚滨、宋传勇、李军、孙飞、李晓曦、李亚娟、张玉明及各班班主任

四、本届毕业班的主要特点

（一）优势

1. 师资方面：数学、物理、化学从毕业班补充了精兵强将。
2. 经验方面：所有教师均有过带毕业班的经验。
3. 学生方面：人数少，便于实施盯人战术。

4. 管理方面:政教处精兵强将负责本届毕业班。

5. 政策方面:配额生比例增加5%,2014年中考出分报志愿、实行平行志愿。

6. 上学期期末全区统考、统一阅卷的良好成绩坚定了全体师生的信心。

(二)劣势

1. 第一届完全对口学生,经验不足、原有教学方法需要调整。

2. 家长配合程度不如往届,配合方式不够科学合理。

3. 班主任经验不足,全部12位班主任中,有4位第一次当毕业班班主任。

4. 待进步学生数多,尖子生少。

5. 部分学习不好的学生,开始不听课、甚至扰乱课堂纪律,不完成作业。

五、具体措施

(一)明确职责,增强质量意识

每位教师都要认清形势、明白学校的处境和明确自己的职责,踏踏实实地做好本职工作。本届毕业生整体来看学情稳定,习惯良好,但学习质量不高,尖子生和优秀生的比率仍然不够高,要求全体教师一切从实际出发,以更大的热情和爱心,创造性地开展工作,切实加强服务意识,不让每个学生在初中的最后阶段留下遗憾。

(二)以规范教学行为为重点,重常规教学,抓过程管理

(1)认真备课。本学期毕业班的新授课已经结束,开始进入单元复习和专题复习,各备课组结合本学科梳理出来的专题,特别是最近两届文化节上过的专题,认真研究,切实减轻学生不必要的负担。各备课组要充分发挥集体的力量,钻研教材、研究哈尔滨市最近几年中考命题特点和2015年中考命题方向,力求把握重点,突破难点,一步一步地夯实基础知识,训练目标要求和基本技能。切不能为了赶时间,抢进度,盲目求快。要把握学生学习循序渐进原则,结合本班学生知识起点,接受能力,切实抓好边缘学生。对课堂教学的基本要求是:①课前准备充分,每节课教学目的明确,组织严密,准时

上下课。②讲授正确,重点突出,难点突破,讲有重点,练有目的,教法灵活,学生学得轻松有趣,练得有劲,课课有得。③复习知识要呈现系统化和重点化,规律化和实用化。④训练要使基础夯实化,使能力提升化,使成绩飞跃化。

（2）认真上课。切实向 40 分钟要质量,不加重学生负担。坚决杜绝一张试卷从头讲到尾,一本练习册从头讲到尾的现象。在认真备课的前提下,课堂教学讲究艺术,使学生学得扎实,学得轻松。教导处和备课组要狠抓课堂这个教学重要环节。要采取"推门"听课、跟班听课等形式,对教师在教学研究上进行具体的磋商和指导,提高教师的教学研究能力;尽量使学生课堂上消化记忆,融会贯通,提高课堂教学效率。

（3）认真批改作业。按哈市中考要求,结合学生实际,精心设计作业,习题要精选,数量要适度,加强书写和步骤要求,使学生逐渐适应"网上阅卷"的考试要求,对作业的批改要及时、认真,重视讲评,督促学生及时订正错误,要求学生有改错本和错题集。

（4）认真辅导学生。辅导学生分层次进行。为了尽量减少后进生对中考总复习的干扰和大面积提高升学率,每个包教组原则上按照 A、B、C 的方式进行分层。对后进生采取集体辅导与个别辅导相结合,学校辅导和家庭检测同步走的办法,重视基础知识和基本技能的掌握。对成绩较好的学生提高要求,适当增加一些有难度的训练,最终达到既保证及格率又有尖子生这个目的。

（5）认真组织考试。考试要严密组织,严格要求,精心安排。从出题、组织考试、阅卷、统分、进行质量分析等都要严肃认真对待,及时查漏补缺。

（6）抓好复习。毕业班的教学,特别是综合性复习是至关重要的一环。要求我们的老师一定要忠于课标,忠于教材,认真分析近几年的中考试题,指导复习。首先要加强集体备课,发挥集体优势,根据考试说明,确保知识点传授无误,要以备课组为核心,认真拟定复习计划,组织学生对所学知识全面系统地复习。

（7）注重各科协调,学校希望各科教师都为毕业班学生的"减负提质"献一份爱心,办一件好事,出一分力量。

(8) 注意使学生劳逸结合,保证学生身心健康成长,关注学生的积极健康心理因素。

(9) 开学之初,各包教组、备课组再进行一次质量分析,对学生情况做到心中有数,以便进行分类要求,切实保证教学质量。在此基础上订好教学计划。毕业班后期管理,我们要抓适度的强化训练,对于一些基本的知识点、基本技能要求达到的目标,要求学生人人过关,层层打实,牢固掌握。对于一些有关能力培养的目标,老师应根据本班情况在统一复习原则下,灵活掌握,适度强化。对优生在理解深度、广度、灵活运用上强化,对后进生可精选部分基础题训练,抓正确率,抓答题时间掌握。

3. 继续开展好各项教育教学活动。

根据以往毕业班工作经验,只有尊重教育规律,劳逸结合,充分调动学生的积极性,才能取得好的成绩。所以,学校将一如既往地开展好以下教育教学活动。

(1) 教师研究类:每次月考后,要召开质量分析会,由班主任和备课组长对照升学指标和具体工作进行汇报,学校从宏观管理和具体落实的角度进行指导和监控;每个备课组每周一次研讨课,每周一次集体备课。市、区调研活动结束后,认真研究调研试题并上好试卷讲评课

(2) 学情分析类:以保教组为单位,每天一议(5分钟)主要解决各科作业量问题;每周一议(10分钟)主要解决盯人问题;每月一议(120分钟)主要解决目标落实问题。

(3) 学生活动类:开好毕业班百日誓师大会、毕业典礼等。

我们坚信,在香坊区教育主管部门的正确领导下,在全体风华人的通力协作下,本届毕业班仍然会取得优异的成绩。

风华中学小组合作学习实施方案

一、产生背景

随着素质教育的全面实施和课程改革的逐步深入,我校教师在实际教学过程中,面临如下日益突出的问题:一是生源变化导致学生的个体差异性

越来越大；二是大班额导致不能面向全体学生；三是学生学习能力差，导致有些学生越到高年级越学不会、越不愿意学。如何找到一个合适的切入点，使这些问题能够在"有趣、有效、成长"育人文化的影响下，得到合理解决，从而为学生的终身学习奠定坚实基础，是摆在我们面前的重要课题。合作学习由于强调了学生的主体地位，重视了学生在学习过程中的互助交流，从而使学生间相互依赖、彼此欣赏，从中学会聆听、尊重与合作。为问题解决明确了方向，提供了方法，搭建了平台。

二、合作学习的理论支持

合作学习被认为是"当代最大的教育改革之一"，支撑合作学习的理论主要有：

(1) 社会互赖论。认为群体是成员之间互赖性可以变化的动力整体，各成员之间的互赖有其差异性。

(2) 选择理论。是一种需要满足理论，学校则是满足学生需要的场所，依照此理论，不爱学习的学生，绝大多数不是"脑子笨"，而是"不愿意学"。

(3) 发展理论。来源于维果茨基的发展区理论与皮亚杰的认知发展理论。

(4) 精致理论。认知学的研究证明，如果要使信息保持在记忆中，并与记忆中已有的信息相联系，学习者必须对材料进行某种形式的认识重组或精致。精致的最有效方式之一是向他人解释材料。

(5) 接触理论。认为人际间的合作能提高小组的向心力及友谊。

(6) 人本主义学习理论。罗杰斯认为同伴教学是促进学习的一种有效的方式。

(7) 马斯洛层次需求理论。马斯洛把需求分成生理需求、安全需求、社交需求、尊重需求和自我实现需求五类，依次由较低层次到较高层次。

(8) 建构主义学习论，认为个体是在与世界环境相互作用的过程中积极建构，改组自己的认知结构而进行学习的，学习涉及学习者之间的相互效仿、协助和激发。

三、合作学习的意义

合作学习是一种以学生为中心,以小组为形式,为了共同的学习目标共同学习、互相促进、共同提高的一种学习方式。合作学习是一种信息互动的过程。区别以往的互助小组活动,合作学习的互动不是师生的单向互动,而是师生间双向和师生与生生间的多边互动。教师不再是唯一的信息来源,师生共同活动,平等互助交流。合作学习可以营造友好的氛围,缓解个人间的竞争。在团队合作中,学生之间可以扬长补短,相互支持,优势互补,培养团队精神和集体荣誉感。合作学习有助于因材施教,使不同水平的学生互帮互助、共同发展。而且合作学习的轻松环境可以降低焦虑,增强自信,促进人际交往。这对于学生的积极学习有很大好处,学生在小组中顾虑较少,会大胆开口,不怕出错,更容易产生愉快感,更有利于实现"有趣、有效、成长"的课堂教学。

四、合作学习的策略

（一）编组策略

编组过程中,教师结合班级和学科特点,可采用按座位就近组合或以项目为基础的组合。合作小组由学业水平、能力倾向、个性特征、性别等方面不同的4~6个成员组成为宜。成员间存在一定的互补性,为小组互助合作奠定基础。全班各小组总体水平应基本一致,为小组间展开公平竞争创造条件。

（二）分工策略

面对教师布置的任务,小组内每位成员都应有明确的分工,一方面可以避免因成员间互相依赖而造成的惰性,另一方面减少因角色争执而浪费的时间。分工过程中,一般情况下每个小组设组长一名,记录员一名,发言人一名,观察员若干,但也要根据学科特点和具体内容而有所不同。例如对于物理和化学实验需要所有人观察,而语文、英语等学科可能需要共同完成角色表演等。在分工过程中,如遇到新知拓展、习题讲解等问题,对于成绩好的同学,只有在帮助组内其他成员共同掌握新知后,才算完成任务。面对不同的学习任务和内容,组内的角色还可以变换,确保每个成员能够全面发展。

(三)内容选择策略

合作学习是一种很好的学习方式,但并不是所有的内容都适合合作学习,过易的内容自己就能解决,过难的内容合作也解决不了。因此,在备课过程中,教师要筛选能促进学生思考的问题,作为合作学习的主要载体。一般情况下,主要有以下几种类型的问题适合合作学习:

1. 矛盾型问题。主要指新旧知识之间的矛盾、现场展示与生活经验的矛盾、不同地域、文化之间的差异性矛盾等,这些问题能引发学生认知上的冲突,从而引发学生思考。

2. 假设型问题。教师可要求学生以已知的内容为前提进行猜测、推断。

3. 发散型问题。教师要求学生紧密围绕某一问题,从多侧面、多方位进行思考,以探求问题的多种答案。

4. 生活型问题。在与生活息息相关的教学中,教师可让学生说出生活中的感受,为小组学习提供不同的生活元素,补充和完善学生的知识结构。

5. 操作型问题。当个人难以独立完成动手操作时,需要集体的力量来完成教学目标,开展小组合作学习。

6. 开放型问题。开放型问题因其解决策略不唯一,答案不唯一等,凭一己之力难以全面完成,需群策群力才能展示各种策略和结论。

7. 重难点型问题。在教学中,教师应在重难点处设计活动,充分发挥学生的主体作用,培养学生探索知识发现问题的能力。

(四)交流策略

1. 组内交流。各小组成员应围绕要解决的问题,先独立思考后,再进行组内交流。组内交流可以是互相交流观点,也可以是高水平的同学给一般水平的同学讲解,还可以是围绕共同的困惑一起想办法。

2. 组际交流。即各小组派代表向全班进行汇报交流。主要汇报本组是如何解决问题的,并接受其他同学提出的疑问,或提出本组未解决的问题寻求得到帮助等。

3. 交流过程中使用"请求、感谢、道歉、赞同、反对、补充"等规范用语。

4. 交流过程中教师注意引导学生养成倾听的良好习惯。

(五)评价策略

1. 在评价方式上,重视综合评价,关注个体差异,实现评价指标的多元化。例如教师巡视过程中深入小组及时点拨评价、小组汇报交流过程中点拨评价、专题结束后评价、课后作业评价等。

2. 在评价主体上,强调评价主体的多元化、交互化,将学生从被动评价的位置向积极主动参与评价的主体转变。

3. 在评价标准上,强调发展性的评价标准,建立既体现大多数学生应当达到的基本要求,又体现使每个学生都能充分发展的多层次、多方面的评价标准。

实施过程:

启动阶段(2013年5月20日—7月1日):从六~八学年的部分学科、部分教师中,召集有研究愿望和能力的教师,在课堂教学中,每周至少尝试一次:或课堂教学中的某种专题课中尝试使用,或在课堂教学中的某个环节尝试使用。并不定期召开研讨会,总结经验,解决困惑。

实施阶段(2013年9月1日—12月1日):全校所有学科、所有教师的课堂全面铺开小组合作学习。但仍以"小步慢走"为主,根据教师自身特点、班级特点制定适合本班学生发展的小组合作学习方式。

总之,为培养学生终身学习的能力,切实减轻学生负担和教师的繁重压力,希望广大教师身体力行,躬身实践,切实走出一条适合我校教师和学生发展的学习方式之路。

风华中学第十一届教学文化节实施方案

今年是改革开放40周年,是第8次课程改革(2001年开始)第17年,是我校课堂教学系列研究第20年。20年来,技术的飞速发展深刻地影响着我们的生活,也深刻地改变着教育的大环境。面向未来的学校,必须对未来的学习有深入的思考,比如,如何通过技术增强学生的学习体验?如何利用技术构建新的学习生态?如何借助技术改变学生的学习方式?如何在学习与真实生活之间建立有效的连接?等等。我们认为:在以"立德树人"为根本目的的前提下：

"有趣、有效、成长"的课堂，应当是个充满生产力和创造力的学习空间，在这样的空间里学生能够发展他们在未来从事工作所需要的能力，而教师更多扮演的是学习的支持者和促进者角色。

"有趣、有效、成长"的课堂，应能满足学生身心发展需要，并促进学生高级思维、有效沟通、积极合作等多方面能力发展。

"有趣、有效、成长"的课堂，要切合学生个体认知、性格、情绪等特点，满足学生个性化发展的需求。

"有趣、有效、成长"的课堂，要增加学生动手实践和体验感悟的机会，密切学生与自然、社会、个体生活的联系，让学生用完整的视角去发现和解决真实的问题，培养学生创新精神与实践能力。

"有趣、有效、成长"的课堂，是学生生命成长的精神家园，是突破时空的立体学习场，是信息技术助力教育教学的实践场域，是学习要素高度互动的活动社区。

基于此，确定本届教学文化节：以"有趣、有效、成长"为主题，重点体现以自主学习、合作学习、探究学习为主的"翻转课堂"理念，促进学生核心素养的提升。

一、参加对象

全体教师。其中上课教师要求年龄45周岁以下（含45周岁）、非毕业学年教师。

二、上课题目

由备课组自行确定，课型可以为专题课、新授课、综合实践活动课等。

三、活动流程

（一）第一阶段：硬件与理念更新

1. 硬件完善。12月18日前进行硬件设备的完善，并将所有教师和学生信息录入平台。

2. 集中培训。12月18、19日,邀请专家进行"翻转课堂"集中培训。

(二)第二阶段:初步体验

12月18日—1月11日。所有教师和学生初步登录平台,了解平台的主要资源,并尝试使用。

(三)第三阶段:筹备与指导

1. 解读实施方案:1月14日8:00,主管副校长对方案进行解读;

2. 内化实施方案及组内备课:1月14日全校大会结束后由备课组长带领组内教师针对方案要求和本学科情况进行准备;

3. 汇报交流及答辩:1月15日8:00开始,各备课组长带领组内所有教师到和祥路校区录播教室进行汇报交流答辩,所有校长和学科主任参加,每组汇报时间15分钟、答辩15分钟。汇报主要围绕以下主题:

一是本备课组是如何理解翻转课堂的;

二是对本备课组准备的教学设计进行说明解读(汇报时打印6份教学设计)。

具体时间安排如下:

序号	备课组	时间	序号	备课组	时间
1	六年级数学	8:00—8:30	11	八年级物理	13:30—14:00
2	历史	8:30—9:00	12	生物	14:00—14:30
3	七年级语文	9:00—9:30	13	信息	14:30—15:00
4	七年级数学	9:30—10:00	14	八年级化学	15:00—15:30
5	六年级英语	10:00—10:30	15	八年级英语	15:30—16:00
6	七年级英语	10:30—11:00	16	六年级语文	16:00—16:30
7	八年级数学	11:00—11:30	17	美术	16:30—17:00
8	政治	11:30—12:00	18	音乐	17:00—17:30
9	地理	12:00—12:30	19	体育	17:30—18:00
10	八年级语文	13:00—13:30	20	地方	18:00—18:30

4. 确定上课教师:2月20日上午,抽签确定上课教师。

5. 示范与指导:13:00孙太龙上课,专家评课指导,上课教师、所有备课组长、5年以内所有年轻教师听课学习。

6.试讲:2月22日,全校教师上班,上课教师试讲。

(四)第四阶段:课堂教学展示

1.时间:2月25、26日,27日上午

2.地点:在和祥路校区多功能厅

3.主要环节:

(1)说课。每位上课教师进行3~5分钟的说课,主要说明教学目标、重难点、学生课前学习后获取的学情、课堂教学重点关注点。

(2)上课。

(3)本学科析课。一是从上课教师所在备课组抽签确定一位教师进行预设与生成的分析评价;二是从上课教师所在学科内不承担上课任务的备课组抽签确定一位教师进行评价。时间3~4分钟。

(4)跨学科评课。抽签确定若干教师进行跨学科分析评价。时间3~4分钟。

(五)第五阶段:评价与表彰

1.学校教学评价委员会评价。2月25、26号,每天18:00—22:00,校长、主任、备课组长进行讨论交流;

2.总体评价。2月28日下午,主管校长代表评价委员会进行总体评价。

四、组织保障

(一)材料汇总:科研室。

(二)照相录像:信息技术组

(三)技术支持:孙太龙

(四)主持:

1.语文、政治、体育学科:江大林;

2.数学、历史、信息学科:宋传勇;

3.英语、地理学科:邢春宇;

4.物理、化学、生物学科:张玉明;

5.音乐、美术、地方学科:毛曙红。

让幸福通向未来
——哈尔滨市风华中学课程建设的实践研究
RANG XINGFU TONGXIANG WEILAI
HAERBINSHI FENGHUA ZHONGXUE KECHENG JIANSHE DE SHIJIAN YANJIU

风华中学第十一届
教学文化节上课班级相关安排

2月25日安排：

课节	学 科	上课班级	上课地点	说课及上课时间
1	语文（1）		一楼多功能厅	8:10—8:55
2	语文（2）		一楼多功能厅	9:05—9:50
3	政治		一楼多功能厅	10:00—10:45
4	体育		一楼多功能厅	10:50—11:10
	组内研讨			11:10—11:50
	评课与析课		一楼多功能厅	13:00—13:30
5	数学（1）		一楼多功能厅	13:30—14:15
6	数学（2）		一楼多功能厅	14:25—15:10
7	历史		一楼多功能厅	15:20—16:05
8	信息		一楼多功能厅	16:10—16:30
	组内研讨			16:30—17:00

2月26日安排：

课节	学 科	上课班级	上课地点	说课及上课时间
	评课与析课		一楼多功能厅	8:00—8:30
1	英语（1）		一楼多功能厅	8:30—9:15
2	英语（2）		一楼多功能厅	9:25—10:10
3	地理		一楼多功能厅	10:20—11:05
	组内研讨			11:10—11:50
	评课与析课		一楼多功能厅	13:00—13:30
4	物理		一楼多功能厅	13:30—14:15
5	化学		一楼多功能厅	14:25—15:10
6	生物		一楼多功能厅	15:20—16:05
	组内研讨			16:10—17:00

2月27日安排：

课节	学 科	上课班级	上课地点	说课及上课时间
	评课与析课		一楼多功能厅	8:00—8:30
1	音乐		一楼多功能厅	8:30—9:15
2	美术		一楼多功能厅	9:25—10:10
3	地方		一楼多功能厅	10:20—11:05
	组内研讨		一楼多功能厅	11:10—11:30
	评课与析课		一楼多功能厅	11:30—11:50

风华中学教学管理常规细则

一、备课

1.一次备课:个人思考完成备课,教案体现一周左右余量。

2.集体备课:全员全程参与,指定地点保证时间。

(1)备课组长集体备课开始前,检查组内成员一次备课的教案,了解主备人准备情况,课件、小卷等资源准备要完备。

(2)主备人阐述核心问题,每位成员积极参与(主备人为5年以下教龄年轻教师的,主备内容应提前经备课组长审核);

(3)认真完成集体备课记录。

3.二次备课:在一次备课基础上,结合自身和学情,对教案进行调整和改进。

二、教案

1.项目填写齐全,关注问题设计、课后反思等;不能以题代案和试卷粘贴;

2.教龄5年以下年轻教师写详案。

三、上课

1.课前:上课预备铃响后进入班级,组织学生课前准备,关注课前一支歌、口号等;

2.课中:上课与听课,不得随意接打电话,随意出入课堂;不得随意坐着

上课以及使用扩音设备(特殊情况请示协调);

3. 下课:杜绝压堂,铃响后,上课教师组织学生有序离开教室;

4. 教学环节完整,特别是每节课必须有小结,有作业布置。

四、辅导

关注不同层次学生。

五、反馈与评价

(一)作业

1. 设计:科学合理、个性化、创新作业。

2. 批改:(1)具体数量:不同学科有统一批改数量等要求。

(2)批改方式:批与改,合理。

(3)整改:重视整理与改错的习惯培养。

(二)考试

1. 命题:立足备课组,做好日常积累。

2. 监考:监考教师不将手机带入考场。

3. 质量分析:备课组质量分析、包教组质量分析、家长会。

六、听课

1. 每月每人听课至少 8 节课,记录规范,项目齐全。

2. 听课过程不做与课堂内容无关的事。

3. 课后要有交流记录和具体沟通。

七、研讨课

研讨课需要体现翻转课堂、STEAM 课程理念。

1. 开学初必须上报研讨课计划,前三个月全部完成。

2. 上课前将教案、课件上传至指定教导处文件夹。

3. 建议:集体备课主备人要与上课教师一致。

4. 课后研讨:采取备课组集体研讨的形式,或者备课组微信群内研讨并截屏上报的形式。

5. 备课组长每学期推荐一节,作为校级优质课发证。

八、其他研修活动

1. 按要求认真参加市区教研活动,以及校内学科研修活动。
2. 骨干引领课、青年教师汇报展示课。
3. 年轻教师系列培训活动。

九、教学常规监控管理

1. 个人—组长—主任—主管校长—校长,各负其责。
2. 开学初上交计划(课时、集体备课、研讨课、学科活动等),学校研读后进行统筹。
3. 检查方式:
(1)检查与深入相结合。
(2)抽查与联合检查相结合(主任或主管校长周抽查;月末联合检查)。
(3)巡视与展示相结合。
(4)期末学科常规展示(期末考试后)。

优秀备课组评选方案

评选原则:工具学科与非工具学科分开评选

一、基本条件

1. 组内和谐:积极参加学校各级各类活动。
2. 教学常规全员完成(以学校常规检查为准)。
3. 无违反师德师风等一票否决事件发生。
4. 按时考勤。

二、加分条件

1. 区级以上级别赛课、讲座、展示活动等。
2. 校级及以上论文获奖或文章发表。

3. 教学常规有创新、有特色：创新型学生学科活动。

4. 学科成绩区级前三；其他学科训练队成绩优秀。

5. 校级年度教育叙事全员上交并被收录。

三、评选流程

1. 备课组申报。
2. 学校评委会初选。
3. 优秀备课组展示。
4. 颁奖。

风华中学2016届毕业生规划卡

姓名：　　　　班级：　　　　理想高中：

学科	语文	数学	英语	物理	化学	总分
目标分数						
最近考试实际分数						

目前存在的主要问题：

1. 课堂教学方面：

2. 作业方面：

3. 学科方面：

语文：

数学：

英语：

物理：

化学：

续表

解决问题的主要措施:
1. 自己要做到:
2. 希望老师帮助:
3. 希望家长帮助:

风华中学2017届毕业生寒假作业反馈情况安排

序号	时间	负责人（传作业、批改作业）				
		语文	数学	英语	物理	化学
1	1.16					
2	1.17					
3	1.18					
4	1.19					
5	1.20					
6	1.23					
7	1.24					
8	1.25					
9	1.26					
10	2.3					
11	2.6					
12	2.7					
13	2.8					
14	2.9					
15	2.10					
16	2.13					
17	2.14					
18	2.15					
19	2.16					
20	2.17					
21	2.20					
22	2.21					
23	2.22					
24	2.23					
25	2.24					

2016届毕业班学生基本情况分析

班级：　　　总人数：　　　省重点目标人数：　　　省市重点目标人数：

层　次	人数及当前分数范围	目标分数	优势学科人数					劣势学科人数				
			语	数	英	物	化	语	数	英	物	化
第一层												
第二层												
第三层												
第四层												
第五层												
后进生												

具体做法：

每层次学生的优势学科如何保持？劣势学科如何提升？

风华中学2016届毕业班学生基本情况分析表
（　　班　　学科第　　层次）

优势	姓名	
	特点	
	措施	
劣势	姓名	
	特点	
	措施	

让幸福通向未来
——哈尔滨市风华中学课程建设的实践研究
RANG XINGFU TONGXIANG WEILAI
HAERBINSHI FENGHUA ZHONGXUE KECHENG JIANSHE DE SHIJIAN YANJIU

风华中学 2014 年 11 月领导班子深入课堂听课反馈表

听课领导_____

序号	任课教师	课堂教学主要优点	课堂教学主要不足	评价等级

风华中学 2014 年 11 月领导班子深入课堂听课汇总表

听课领导_____

亮点汇总：

主要问题及解决问题的办法或建议：

凤华中学2014—2015学年度上学期期末复习方案

组别：　　　　　组长：　　　　　组员：

一、复习课的基本要求

要关注学生，要讲练结合，要夯实基础，要重点突出，要举一反三，要分析条件，要层次分明；忌就题讲题，忌一言堂，忌以试卷代复习，忌无限压堂，忌大量作业。

二、目标

学年总目标：

优秀率：　　　　　及格率：　　　　　差生率：

三、情况分析

1. 课时分析：总课时数多少？复习课、专题课、考试课、试卷讲评课、习题课所占课时分别为多少？

2. 学生存在的主要问题（哪些知识背得不熟？哪些知识应用不好？哪些能力需要加强）：

3. 重、难点分析：

四、主要措施

1. 复习研讨课引领与实践

（1）学习篇

复习课怎么上更有效

复习课很容易上成单纯的知识回忆课，课堂上只是把学生过去所学知识再回忆一遍，或者干脆以练代讲，让学生在题海中摸爬滚打，将复习课变成了知识训练课。这种方法虽然不能说是完全无效的，但是教学效率肯定不会很高，而且不利于学生知识的掌握和能力的培养。复习课教学的基本原则应是"温故知新、提高能力"。"温故"是复习课的首要任务，但温故绝不是将所学内容重讲一遍，这样做不但费时费力，而且时间也不允许，温故重

在查缺补漏,凡是学生自学能够掌握的知识不再补,补的是那些学生容易遗忘和易于出错的知识。其次是知新,其含义有二:一是将旧知识进行归纳、概括,纳入新的知识框架,构建新的知识网络,因为系统的知识比分散的知识更易于学生理解和掌握;二是在此基础上将知识升华为解决问题的能力,为学生提炼解决问题新方法,这需要教师高度的归纳概括能力和丰富的经验积累。

做到了"温故知新",只是完成了复习课一半的教学任务,"提高能力"才是复习课的落脚点和归宿。能力的提高需要适当的训练,但不是以练代讲,让学生不厌其烦地重复做题,而是联系社会生活,设计一些针对性较强的训练题,让学生运用上阶段掌握的知识和方法,独立解决类似的问题,以举一反三,完成知识和能力的迁移。因此,训练题的选择既要有典型性,又要体现思维的深度和广度,量不在大,而在精。学生做题后,教师要及时反馈,回扣所学方法,进行进一步的总结和归纳,使方法进一步套路化。

复习课的基本环节如下:

一、导入课题,引领目标

复习课的课题导入,语言要简练,最好由一句话导入。复习课的目标定位要突出对新授课知识的弥补、充实、完善和深化,突出整体构建、方法迁移和综合应用,突出思维的拓展与科学方法的形成。要立足双基,突出发展,通过整体构建和综合应用落实思路和方法的培养;既要最大限度地挖掘学生的潜能,又要避免脱离学情的"一步到位"。引领目标要突出复习的必要性,让学生明确要深化、完善的重点及要求,要探究的思路与方法。复习课的目标定位要考虑到新授课还没有到位的目标。

二、自主梳理,构建体系

获得的知识如果没有完整的结构把它联在一起,那是一种多半会遗忘的东西;一连串不连贯的知识在记忆中仅有短得可怜的寿命。所以复习课要高度重视调动学生主动梳理,科学构建,使学生对所学的知识和方法能够实现条理化、系统化、结构化。梳理要在归纳的基础上进行,突出知识所描述(或反映)的物理属性,不要搞成了对知识内容的复述再现;整合要根据概念、规律和方法之间的相互联系,突出知识间的逻辑关系和结构层次,不要搞成了知识点的罗列再现。梳理和整合最好让学生自主完成,教师创设平台,让学生展示交流,互动完善。在梳理(不是复述)、归纳(不是罗列)、感悟

（不是问答）的过程中实现知识和方法的温故知新。

三、深化完善，典例导练

实现知识在"温故"基础上的"知新"，在综合应用基础上的"思路和方法提炼"是复习课的关键环节。"知新"的意义包括深化、完善、提高，即内涵的透彻理解——深化，外延条件的全面把握——完善，相近知识的准确辨析——提高。要突破薄弱环节，澄清认知误区，关注学生新课学习中疑惑不解的问题、复习过程中生成的问题，这是复习课的根本问题；例题的导练要突出审题能力的培养、解题过程的规范和思路方法的提炼。在综合应用（不是套公式）、互动辨析（不是对答案）、方法归纳（不是就题论题）的过程中实现知新，确保学生头脑中知识和方法的正确性。

四、应用感悟，变式训练

例题教学所探究出的思路和方法，学生往往掌握不够准确，理解存在误区，教学中要通过变式训练让学生在解题过程中进行检验、内化，感悟思路和方法的含义、功能与应用注意事项。变式训练的题目设置要跟例题相近又相异，提高例题教学的指导功能。训练要规范时间、氛围和格式，允许同学之间讨论、合作。变式训练的题目设置要关注学情，做到分层设计，落实因材施教，注重让学生在体验成功的快乐中实现能力的提升。

五、综合检测，达标演练

复习课的主要活动是围绕知识主干、重点难点、学生存在的问题展开的，不可能对复习范围内的所有知识面面俱到，同时不同学生的难点和存在的问题往往不同，所以在面向全体的同时要充分关注个性，最后必须进行综合检测，针对暴露的问题进行个性化补救复习，以消除教与学的盲点。

六、归纳链接，拓展提升

归纳、拓展可以有效地提升复习课的效果。归纳是针对本课题的内容，是为了从更高的角度审视知识体系与方法体系，以突出知识主线、方法主线、问题主线；拓展是针对相关联的内容，是为了实现本单元知识体系与前知识体系的链接，本单元的方法与已掌握的方法的整合，以突出知识的整体功能与方法的迁移应用。

总之,复习课教学是一个师生再学习、再提高的过程,要突出知识的整合和应用,杜绝知识罗列式或压缩讲课式复习,明确夯实双基并不意味着低效重复,立足教材要避免"温故有余,知新不足",提升能力但不能搞题海战术。要做到知识让学生自主梳理,网络让学生参与构建;应用让学生充分训练,规律让学生探究发现;错误让学生互动争辩,方法让学生感悟提炼。我想,这样才能真正提高复习课的效率吧。

(2)实践篇(研讨课的教学设计)

1. 后进生辅导:
2. 批改与反馈:
3.
4.
……

五、复习进度表

课时	课型	主要内容	重难点分析	突破方法	课件、小卷负责人	作业

风华中学_____学年度上学期
期末考试××学科××备课组质量分析

一、成绩对比

班级	授课教师	平均分	优秀率	及格率	差生率
1					
2					
3					
4					
……					

二、试卷分析

课标及教材要求学生掌握的知识点		本套试卷考察的知识点(划√即可)	题型	分值
序 号	知识点			
1				
2				
3				
4				
…				
非本学期内容				
课标及教材之外内容				

三、重点错题分析及今后教学的策略

错题	错误人数	教师平时教的过程	学生存在的问题	今后教学策略

后　　记

哈尔滨市风华中学作为一所名优公办初中，多年来一直致力于课程体系构建的研究。由于哈尔滨地区初中学制为五四制，而我国绝大多数地区都为六三制，2001年义务教育课程设置实施方案中，也将课程标准按六三学制加以规定，同时对于各学科的教材也存在版本各异，教材与学制出现不配套情形，针对教学中所存在的客观问题，再加以师生成长和学校发展的需求，学校决定着手进行课程体系构建的研究，历经近十年的研究，目前学校初步构建了具有学校特色的课程体系，以期在该课程体系下培养有风华印记的学生。

在课程建设的研究实践过程中，我们也遇到了很多困难，如，课程资源的开发、教学方式的转变、课程实施的评价等，特别是在思想理念、行为方式上，难以得到所有老师的认同，需要相对较长时间的指导、实践以及专家引领，逐渐地从表象认识过渡为对课程深度内涵的理解，逐渐实践和完善我们的课程建设。2018年，我校的课程建设成果"基于学生未来发展的学校课程建设研究"，获得黑龙江省基础教育教学成果奖一等奖，同时获得国家级二等奖，这既是对我校研究实践的肯定，同时也是再研究的动力，本书旨在总结梳理，我们在之前近十年的课程构建过程中的基本做法和阶段成果，我们也深知课程建设是一个长期、系统的研究，没有终结，因为教育总要面对不同的人，适应不同的发展阶段，没有最好，只有更适合。

本书的编写耗时近一年的时间，从体例的确定到每篇文章的形成，经过了反复的斟酌，其间得到了全体老师的支持和帮助。当然，语言还很朴素，笔触也很稚嫩，所呈现的都还只是我们的点滴做法，一方面作为我们自己课

让幸福通向未来
——哈尔滨市风华中学课程建设的实践研究
RANG XINGFU TONGXIANG WEILAI
HAERBINSHI FENGHUA ZHONGXUE KECHENG JIANSHE DE SHIJIAN YANJIU

程建设的总结反思,另一方面也为同行提供点滴的建议或思路,以期待更好的课程建设成果。本书由周瑛完成第一章、第二章和第四章的编写,王丽坤完成第三章编写,刘国华完成第五章和第六章的编写,由周瑛进行了统稿并提出修改意见,编写过程中得到孙飞、蔡晶、潘玲、张玉明、毛曙红、陈海霞、徐丽莎、刘秀云、杜艳芳、柴亚丽、崔艳妮、关海光、顾丽婷、杨青清、刘静等很多老师们的大力协助,在此一并表示谢意!特别是长期以来支持指导我们工作的哈尔滨市香坊区教师进修学校李军校长,在百忙之中为本书作序,在此表示敬意与感谢!

编者

2019 年 3 月 22 日